Film in der Schweiz

Reihe Film 17

Mit Beiträgen von
Bernhard Giger
Urs Jaeggi
Hans Günther Pflaum
Wilhelm Roth
Karl Saurer
Martin Schaub
Alexander J. Seiler

Carl Hanser Verlag

Die Reihe Film wird herausgegeben
in Zusammenarbeit mit der
Stiftung Deutsche Kinemathek
von Peter W. Jansen und Wolfram Schütte

Redaktionsschluß: 31. Juli 1978

Reihe Hanser 265
ISBN 3-446-12638-4

Reproduktionen: Repro Knopp, Inning
Gesamtherstellung: Appl, Wemding
Printed in Germany

Reihe Hanser 265
Reihe Film 17 · Film in der Schweiz

Die Reihe Film stellt das Werk von Regisseuren, bestimmte Genres oder andere übergreifende Themen des internationalen Films in Monografien vor. Dabei werden die einzelnen Bände unter wechselnden Perspektiven und verschiedenen Aspekten erarbeitet. Eine umfangreiche Filmbibliografie gehört zu jedem Band.
Kaum ein Land besitzt augenblicklich ein reicheres Filmschaffen als die Schweiz. Der neue Schweizer Film, der mit vereinzelten, zumeist provinziellen Produktionen seiner Vergangenheit nichts gemein hat, ist Ergebnis einer breiten Anstrengung vieler – Regisseure, Kameraleute, Produzenten, Schauspieler –, die sich gegen politische Vorurteile, Geldmangel, Distributionsschwierigkeiten und nicht zuletzt gegen die marktbeherrschende ausländische Konkurrenz mit Zähigkeit und Phantasie, Erfindungsreichtum und Solidarität behauptet haben.
Wenn international oft allein die Spielfilme Tanners, Gorettas, Soutters, Daniel Schmids bekannt wurden, so bedeutet das eine beschränkte, wenn nicht gar verzerrte Wahrnehmung des gesamten Filmschaffens in der Schweiz. Denn anders als z. B. in der Bundesrepublik ist dort der Dokumentarismus dem Spielfilmschaffen gleichrangig; und die Produktions- und Distributionsformen, die man entwickelt hat, führen beide Bereiche nicht nur zusammen, sondern könnten auch zukunftsweisend für andere Länder sein. Der vorliegende Band gibt Auskunft über die Geschichte und Gegenwärtigkeit des aktuellen Schweizer Filmschaffens, in Form von Einzelporträts, Essays und einem Lexikon der wichtigsten Personen des »Films in der Schweiz«.

Die Autoren

Bernhard Giger (1952, Bern). Kunstgewerbeschule. Lehre als Photograph. Mitarbeiter am Kellerkino Bern, Herausgeber von »Dokumentarfilme aus der Schweiz«, 1977. Film- und Fernsehkritiker u. a. bei »Der Bund«, Bern, »Tages-Anzeiger«, Zürich, ZOOM. Mitherausgeber von CINEMA.
Urs Jaeggi (1941, Bern). Abschluß als Volksschullehrer (Primarlehrer), vier Jahre Schule in Müntschemier, Kanton Bern. Seit 1960

Filmkritiker. 1965–70 Redaktor beim »Berner Tagblatt«, u. a. Betreuung der Filmseite und der Filmkritik. Seit 1970 Redaktor bei ZOOM. Freier Mitarbeiter an verschiedenen Zeitungen und Zeitschriften sowie beim Rundfunk.

Hans Günther Pflaum (1941, München). Studium Germanistik, Zeitungswissenschaft, Theatergeschichte. Filmkritiker; 1972–76 Redakteur der »Film-Korrespondenz«; Mitarbeiter »Süddeutsche Zeitung« u. a. . Herausgeber von »Jahrbuch Film«. Lebt in München.

Wilhelm Roth (1937, Regensburg). Studium Germanistik, Geschichte. 1968–72 Redakteur der »Filmkritik«. Seit 1973 Mitarbeiter der »Freunde der Deutschen Kinemathek«, Berlin.

Karl Saurer (1943, Einsiedeln). Studium Medienwissenschaft, Germanistik, Sozialpsychologie. Mitarbeit als Co-Autor und Realisator bei Film- und Fernsehproduktionen. Theater-, Film- und Fernsehkritik als freier Mitarbeiter bei schweizerischen und bundesrepublikanischen Zeitungen und Zeitschriften. Lebt derzeit in Köln.

Martin Schaub (1937, Zürich). Studium Germanistik. Mitarbeiter bei »film«; Filmredaktor beim Züricher »Tages-Anzeiger«, Mitarbeit bei der »Weltwoche«; Mitherausgeber von CINEMA.

Alexander J. Seiler (1928, Zürich). Dokumentarfilmregisseur (Daten in diesem Band, S. 223).

Inhalt

TONHALLE ZÜRICH
13.-20. SEPT. 1924 JE NACHM. 3 UHR U. ABENDS 8 UHR
„... mit diesem zweiten Pfeil durchschoss ich Euch ..."
Emil Harders Prachtfilmwerk
DIE ENTSTEHUNG DER EIDGENOSSENSCHAFT
Sunshine Film inc.
Scenen beginnend mit dem Bund der Eidgenossen am 1. Aug. 1291 und endigend mit der Schlacht am Morgarten am 15. November 1315.
Erstaufführung Samstag den 13. Sept. Abends 7 Uhr
Billete für alle Aufführungen im Vorverkauf im Reisebureau Kuoni, Bahnhofplatz, und an der Tonhallekasse eine Stunde vor Beginn der Aufführung
EINTRITTSPREIS FR. 7.-, 5.- UND 3.-

Die entfremdete Heimat
Entwurf einer Perspektive zum neuen Schweizer Film

Von Alexander J. Seiler

Seit seinen Ursprüngen bewegt sich der Schweizer Film zwischen Heimat und Fremde.
Ein Amerika-Schweizer, Emil Harder, engagiert um 1924 einige Schauspieler von Schweizer Theatern und dreht mit ihnen und Laiendarstellern aus der Innerschweiz für die »Sunshine Productions Inc.« das Epos *Die Entstehung der Eidgenossenschaft* frei nach Schillers *Wilhelm Tell.*
Im selben Jahr gründet der kurz zuvor in Opfikon bei Zürich eingebürgerte, aus russisch Polen gebürtige, an der Eidgenössischen Technischen Hochschule diplomierte Bauingenieur Lazar Wechsler in Zürich die Praesens-Film und eröffnet seine Produktion mit einem Reklamefilm für Batschari-Zigaretten, der orientalischen Zauber mittels deutscher Bauchtänzerinnen aus einem alten Film der Emelka herstellt. Wechslers erster Kameramann wird der Flugpionier und spätere Swissair-Gründer Walter Mittelholzer, der für weitere Werbefilme authentisches Material aus Afrika und Grönland beschafft und später einen Expeditionsfilm in Abessinien dreht. Für den ersten »großen« Film der Praesens, das Aufklärungs-Drama *Frauennot – Frauenglück* holt Wechsler, russisch telephonierend, Sergej Eisenstein samt Kameramann Edouard Tissé und Assistenten Grigorij Alexandrov aus Berlin nach Zürich. Erst weitere fünf Jahre später, 1934, produziert die Praesens den ersten Dialektfilm *Wie d'Warret würkt* – und erzielt damit einen eklatanten Mißerfolg. Die Filme der Jahre 1938–45, die wir heute der »geistigen Landesverteidigung« zuzurechnen gewohnt sind, entstehen zum Teil in mühsamster Auseinandersetzung der Praesens mit der Bürokratie des Eidgenössischen Militärdepartements, wobei dem Schweizer Bürger Wechsler – ich zitiere aus amtlichen Dokumenten – seine »israelitische

Emil Harder: *Die Entstehung der Eidgenossenschaft*

Konfession«, »jüdische Abstammung« und »frühere Zuständigkeit nach Rudiko, Galizien« vorgehalten und quasi als Sicherheitsrisiko angelastet werden.
Ich beginne mit diesen Rückblenden, weil ich meine, daß man den neuen Schweizer Film der Jahre nach 1960 nicht isoliert betrachten kann. Gerade weil wir unsere Filme in bewußtem und betontem Gegensatz zur Tradition der Praesens und ihrer Ableger zu machen begannen, kann man die jüngsten zwanzig Jahre schweizerischer Filmgeschichte nicht verstehen, ohne die vorhergehenden dreißig bis vierzig mit im Horizont zu haben. Die Dialektik von Heimat und Entfremdung, in der ich das Grundmotiv des neuen Schweizer Films sehe, hat ihren Ursprung nicht zuletzt darin, daß der alte Schweizer Film seine eigene Dialektik von Heimat und Fremde nicht mehr bewältigte – auf der wirtschaftlichen und technischen Ebene sowenig wie auf der »künstlerischen«. Daß die schweizerische Produktion nach den drei Welterfolgen der Praesens *Marie Louise* (1943), *Die letzte Chance* (1945) und *Die Gezeichneten* (1948) einen Gegensatz zwischen Weltmarkt und Binnen-

markt konstruierte und darin wirtschaftlich aufgerieben wurde; daß die Praesens, unterstützt vom damaligen »Syndikat schweizerischer Filmschaffender«, die Ausbildung eines filmtechnischen Nachwuchses in der Schweiz versäumte, wenn nicht geradezu verhinderte – diese beiden Tatsachen haben die Anfänge des neuen Schweizer Films nicht weniger bestimmt als unsere Reaktion auf die durch die geistige Landesverteidigung geprägten Dialektfilme der Kriegsjahre und auf die exportorientierte Auftragsfilmproduktion der Nachkriegszeit.

An diese Stelle gehört eine Anmerkung zu meiner Optik. Ich stelle diese Betrachtungen nicht als Filmhistoriker an, sondern aus dem Bedürfnis, eine Entwicklung zu reflektieren, an der ich selbst beteiligt bin. Auch wo ich in der dritten Person spreche, ist die erste Person – Mehrzahl oder Einzahl – stillschweigend mitenthalten. Es geht mir nicht so sehr um eine Bestandsaufnahme als um ein besseres Selbstverständnis. Um Vollständigkeit habe ich mich weniger bemüht als um Redlichkeit.

Emil Harder: *Die Entstehung der Eidgenossenschaft*

Eine schlechte Filmheimat

Obwohl die Anfänge mit *Rhythmik* von Walter Marti und Reni Mertens und mit *Nice Time* von Claude Goretta und Alain Tanner bis in die Jahre 1956/57 zurückreichen, scheint es mir richtig, 1964 als das Geburtsjahr des neuen Schweizer Films anzusetzen. 1964 sehen an der Schweizerischen Landesausstellung in Lausanne Hunderttausende die fünf Kurzfilme von Henry Brandt mit dem bezeichnenden Gesamttitel *La Suisse s'interroge.* An der »Expo« Lausanne wird auch der erste lange Dokumentarfilm von Alain Tanner, *Les apprentis*, uraufgeführt. Und wenige Wochen später zeigen Rob Gnant, June Kovach und ich der Presse in Zürich *Siamo italiani.*
Es ist schwierig, sich heute die Situation zu vergegenwärtigen, in der und aus der diese Filme entstanden. Vielleicht wird sie am konkretesten verdeutlicht durch die Werdegänge der Autoren. Keiner von ihnen hat das Filmhandwerk auf einem Weg erlernt, den man in anderen Ländern als regulär bezeichnen würde. Henry Brandt, geboren 1921, ist ursprünglich Mittelschullehrer und beginnt mit ethnographischen Filmen in Afrika; 1961 dreht er zu einem Jubiläum der Société Pédagogique Neuchâteloise praktisch im Alleingang den abendfüllenden Dokumentarfilm *Quand nous étions petits enfants*, der den Lauf eines Jahres in einer Dorfschule des Neuenburger Jura schildert. Es folgen Auftragsfilme für die Loterie Romande, das Schweizerische Rote Kreuz und die Uhrenindustrie. Alain Tanner, geboren 1929, hat in Genf Wirtschaftswissenschaften studiert und mit Claude Goretta den Universitätsfilmklub gegründet; gemeinsam gehen die beiden nach London und hospitieren am British Film Institute, das ihnen den Kurzfilm *Nice Time* ermöglicht, ein mit versteckter Kamera gedrehtes Stimmungsbild vom nächtlichen Piccadilly Circus, das in mancher Hinsicht den Cinéma direct vorwegnimmt und 1957 in Venedig als bester Experimentalfilm ausgezeichnet wird. Mehrere Jahre arbeitet Tanner unter unbefriedigenden Umständen als Assistent in London und Paris. 1961 dreht er den Kurzfilm *Ramuz, passage d'un poète* und 1962 einen Auftragsfilm über schweizerische Schularchitektur für die Triennale Mailand. Ich selber, Jahrgang 1928, hatte ein Doktorat in Theaterwissenschaft erworben und als Berufsjournalist über Theater, Literatur, Film und etliches andere geschrieben, ehe

Leopold Lindberg: *Die letzte Chance*

ich dazu kam, für die Schweizerische Verkehrszentrale zwei Kurzfilme zu realisieren. Wir alle waren zwischen fünfunddreißig und vierzig, als wir unseren ersten abendfüllenden Film fertigstellten, Brandt und ich als unsere eigenen Produzenten, Tanner für die Teleproduction von Walter Marti und Reni Mertens. Keiner von uns hatte mit dem traditionellen, dem alten Schweizer Film mehr als oberflächliche Kontakte, keiner hatte ihm mehr zu verdanken als ein paar Eindrücke und – das Vakuum, das er hinterlassen hatte. Wir waren Einzelgänger und Außenseiter in einem Land, das zwar noch immer Heimatfilme produzierte – im selben Jahr 1964 entstand mit *Geld und Geist* die letzte der sechs Gotthelf-Verfilmungen von Franz Schnyder –, das sich aber als Heimat für Filmer, als Filmheimat, denkbar wenig eignete.

Manche von uns haben es mit der schlechten, der kargen und engen Heimat gehalten wie die Tessiner und Bündner Bergbauern im späten 19. und frühen 20. Jahrhundert: sie sind ausgewandert und haben ihr Glück, das heißt Produktionsmöglichkeiten für ihre Filme, in der Fremde gesucht, als Emigranten oder – wie die Schweizer Proletarier noch früherer Zeiten – als Reisläufer.

Einige wenige haben ihre Filmheimat wirklich anderswo gefunden: Jean-Luc Godard, der nicht nur seinen Erstling *Opération béton* – über den Bau der Grande Dixence-Staumauer,

Leopold Lindberg: *Die letzte Chance*

Franz Schnyder: *Die Käserei in der Vehfreude*

an dem er als Handlanger mitarbeitete –, sondern auch einen ersten Kurzspielfilm in der Schweiz gedreht hatte; Niklaus Gessner, der als Nicolas oder Nicholas seit 1965 in Paris und London internationale Spielfilme macht; Niklaus Schilling, dessen Rolle im jüngsten Filmschaffen der Bundesrepublik man entfernt mit jener des Innerschweizers Paracelsus in der Schulmedizin seiner Zeit vergleichen könnte. Das Bild vom Reisläufer trifft wohl am genauesten auf Daniel Schmid zu. Zwischen München, Paris, Rom und seiner Graubündner Heimat bewegt sich dieser geborene Kosmopolit gleichsam als Condottiere an der Spitze einer internationalen Filmtruppe. Seine Filme dreht er in mehreren Sprachversionen, aber mit Vorliebe in den Kulissen der Schweizer Berge und von Schweizer Schlössern. Und in seinem neuesten Werk *Violanta* ist es nicht umsonst ein Heimkehrer, der als *revenant* in der alten Heimat Lebenslügen aufdeckt und die Daheimgebliebenen in die Katharsis treibt.

Franz Schnyder: *Die Käserei in der Vehfreude*

Die Schweiz der Schul- und Bilderbücher

Wie war es dazu gekommen, daß die Schweiz, als Filmland bei Kriegsende international bekannt geworden und mit vielen Vorschußlorbeeren für die Zukunft bedacht, fünfzehn Jahre später das Bild einer filmischen Einöde bot? Erinnern wir uns kurz an die Blütezeit des Schweizer Films 1938–45. In diesen acht Jahren wurden in der Schweiz insgesamt 44, in der Deutschschweiz 39 Langspielfilme hergestellt, davon 13 allein im Jahre 1942. Genau ein Viertel dieser Produktion, nämlich 11 Spielfilme, entfiel auf die Praesens Film, in die restlichen drei Viertel teilten sich nicht weniger als 22 Produktionsfirmen, von denen nur sieben mehr als einen und nur drei mehr als zwei Filme produzierten. Die Kontinuität – und weitgehend auch die Qualität – der Produktion konzentrierte sich in der Praesens, deren Verwaltungsrat mit einflußreichen Männern aus Wirtschaft, Politik und Kultur bestückt war – ich erwähne bloß Walter Boveri und Gottlieb Duttweiler –, und deren Filme einen annähernd offiziösen Charakter trugen. Es ist kaum ein Zufall, daß sämtliche sieben Schweizer Spielfilme, die ich in jenen Jahren, also als Zehn- bis Siebzehnjähriger, zu sehen bekam, aus der Produktion der Praesens stammen, und ich erinnere mich, wie die Schülerschaft des Kantonalen Gymnasiums Zürich, dessen zweite Klasse ich damals besuchte, im Frühjahr 1942 geschlossen die Rämistraße hinunter ins Kino Urban zu einer Sondervorstellung des *Landammann Stauffacher* geführt wurde. Der Praesens-Film jener Jahre war eine überaus schweizerische, eine sowohl heimatliche wie vaterländische Angelegenheit. Und er war – das muß mit Nachdruck betont werden – ein redlicher Beitrag zu jener geistigen Landesverteidigung, die mindestens bis zu Hitlers Niederlage in Stalingrad von vielen hohen Vertretern der militärischen und politischen Landesverteidigung mehr verbal als mit Überzeugung betrieben wurde. Das Engagement des russisch-polnischen Juden Wechsler für die demokratischen Werte seiner Wahlheimat war tiefer als das mancher Beamten und Offiziere, die ihm und seinen Mitarbeitern bei den Außenaufnahmen zu *Landammann Stauffacher* und noch zu *Die letzte Chance* die Arbeit wegen angeblicher Gefährdung militärischer Geheimnisse sauer machten. (Darüber haben Walter Boveri und David Wechsler 1961 in der Festschrift zu Lazar Wechslers 70. Geburtstag unter dem vielsagenden Titel »Morgarten kann nicht stattfinden« berichtet.) So wird die Heimat in diesen Filmen, für die fast durchwegs Richard Schweizer als Drehbuchautor, Leopold Lindtberg als Regisseur und Emil Berna als Kameramann zeichnen, von ihrer besten, allen vertrauten, für alle annehmbaren Seite gezeigt, und das heißt im wesentlichen: nicht als in der Gegenwart erfahrbare Realität, sondern als wiedererkennbares Bild aus Schul- und Bilderbüchern, aus einer ferneren oder näheren Vergangenheit. (Max Frisch würde sagen: als Mythos.) Es sagt sehr viel aus, daß von den erwähnten 11 Filmen der Praesens nur der noch vor Kriegsausbruch gedrehte *Wachtmeister Studer* und wieder die letzten drei in der Gegenwart spielen.

Aber selbst diese Gegenwart hat, wie Bernhard Stettler in einer Untersuchung des Instituts für Journalistik an der Universität Freiburg nachweist, wenig mit der Wirklichkeit eines industrialisierten Landes zu tun, dessen Bevölkerung zu einem großen Teil in städtischen Verhältnissen lebt. Im Schweizer Film jener Jahre hat die Schweiz fast durchwegs ländlichen

Anonym: *Die rote Pest*

oder kleinstädtischen Charakter, und die Bevölkerung besteht, von ein paar Großbürgern abgesehen, aus lauter potentiellen Mitgliedern der mittelständischen Bauern-, Gewerbe- und Bürgerpartei. Wie gesagt: es ist eine Schweiz der Schul- und Bilderbücher, und da Schul- und Bilderbücher, absinkend ins Vorbewußte, das Bewußtsein nachhaltiger prägen als der nur sehr bewußt erfahrbare Alltag, darum wird ihr Abbild im Film bereitwillig als Wirklichkeit wieder- und verkannt. So ungerecht es wäre, Filme wie *Füsilier Wipf*, *Die mißbrauchten Liebesbriefe* oder *Der Schuß von der Kanzel* als Heimatfilme üblichen Zuschnitts zu bezeichnen, so sehr ist der Schweizer Film jener Jahre in einem zentralen Aspekt Heimatfilm: er wiegt den Schweizer in der Sicherheit, nicht nur ein Vaterland im etwas unverbindlichen Sinn des Nationalstaats, sondern eine Heimat im ursprünglichen Sinn des Heims, der Geborgenheit in einem Zuhause, zu besitzen. Noch heute bedeutet ja »Heimet« im schweizerdeutschen Sprachgebrauch so viel wie ländliches Eigenheim, eigene Scholle. Wie viele Schweizer im eigenen Land bloß Mieter waren, spielte angesichts der faschistischen Umzingelung keine Rolle.

Selbststilisierung nach innen und außen

Ich erinnere mich lebhaft an den einen Praesens-Film, der nicht in dieses allgemeine Bild paßte: *Wilder Urlaub* von Franz Schnyder nach einer Erzählung von Kurt Guggenheim. Sein Held ist ein Besitz- und Beziehungsloser, einer, der nichts zu verlieren hat und darum über die Grenze in die Legion abhauen will, als er im Militärdienst einen Offizier bewußtlos und vermeintlich tot schlägt. Er treibt sich eine Nacht lang in einem Zürich herum, das nicht in Fremdenführern zu finden ist (wenigstens in den Fremdenführern von damals nicht zu finden war), und kehrt dann zur Truppe zurück. Eine harmlose Geschichte, sollte man meinen, aber der unpathetische und genaue Realismus, mit dem Franz Schnyder sie erzählte, machte sie für das an Selbststilisierung gewöhnte Schweizer Publikum jener Jahre irreal und unglaubwürdig. Realismus war als sogenanntes »Milieu« vielleicht im französischen Film möglich, aber mit Heimat vertrug er sich nicht. *Wilder Urlaub* wurde zur größten Pleite in der Geschichte der Praesens, und es scheint nur folgerichtig, daß Franz Schnyder sich nach einer Pause von mehr als zehn Jahren mit wechselndem, im ganzen aber doch weit größerem Erfolg Jeremias Gotthelf und dem Heimatfilm zuwandte. Immerhin: der nämliche Franz Schny-

Leopold Lindberg: *Die mißbrauchten Liebesbriefe*

der unternahm 1957 mit *Der 10. Mai* den bis in jüngste Zeiten einzigen Versuch, schweizerische Zeitgeschichte im Film kritisch darzustellen und das heroisch-humanitäre Klischee der wehr- und hilfsbereiten Schweiz im zweiten Weltkrieg zu durchbrechen. Schnyders Geschichte um den 10. Mai 1940 – den Tag, an dem große Teile der Bourgeoisie aus Zürich, Basel, St. Gallen und den übrigen Städten der Nord- und Ostschweiz sich in Taxis und Mietautos nach der Innerschweiz absetzten – zeigt nicht nur tapfere, sondern auch feige, nicht nur hilfsbereite, sondern auch selbstgerechte und zynische Schweizer – und er nennt auch ihre Opfer, jene Verfolgten, die in der Schweiz kein Asyl fanden, weil das Boot angeblich voll war. Daß auch dieser Versuch Schnyders, die Heimat zu entmythologisieren, ein Mißerfolg wurde, dürfte mindestens zum Teil auf die unzulänglichen Mittel zurückzuführen sein, mit denen der Film sein brisantes Thema weniger anpackt als antupft: die innenpolitischen Zusammenhänge bleiben ausgeklammert, und ein gesellschaftliches Problem wird auf die Ebene individueller Ethik reduziert. Wie immer: Franz Schnyder scheiterte mit einem mutigen Ansatz zum zweitenmal und zog sich zum zweitenmal auf Gotthelf und schließlich auf die *Kummerbuben* zurück.

Franz Schnyder: *Der 10. Mai*

Franz Schnyder: *Der 10. Mai*

Ich kann darauf verzichten, die Entwicklung bis zum Stichjahr 1964 im einzelnen zu verfolgen. Bei Kriegsende, das ist bekannt, stellte die Schweiz sich selber in *Marie-Louise* und *Die letzte Chance* als Ersatzheimat für Kriegskinder und Flüchtlinge dar, und der Welterfolg der beiden Filme zog die Praesens in die Fremde. Zwar behielt sie ihren Sitz in Zürich, zwar versuchte sie mit *Matto regiert* nach Friedrich Glauser und mit Heinrich Gretler an den *Wachtmeister Studer* von 1939 anzuknüpfen, aber *Die Gezeichneten* (Regie: Fred Zinnemann) und *Die vier im Jeep* waren auf internationalen Schauplätzen für den internationalen, vor allem amerikanischen Markt gedreht, und in *Swiss Tour* wurde die Heimat Schweiz dank offener Grenzen und zahlungskräftiger U.S. Armed Forces wieder zum Touristenland. Den Binnenmarkt beherrschte wie eh und je der amerikanische, englische, französische und italienische Film, und mit dem ließ sich noch am ehesten konkurrieren, indem man für die Verfilmung von Johanna Spyris *Heidi* den Italiener Luigi Comencini als Regisseur gewann.
Ich übergehe die späteren Filme der Praesens, die Dialekt-

filme von Kurt Früh, die noch einmal der Typenwelt und dem Mief des Kleinbürgertums Poesie und Melancholie abzugewinnen suchten, die angestrengten Komödien von Karl Suter und die Filme von Alfred Rasser, welche die geniale, dem Schwejk nachgebildete Figur des Läppli unnötigerweise und ganz unzulänglich von der Kleinbühne auf die Leinwand verpflanzten. Anfang der sechziger Jahre war der Schweizer Film tot, er hatte sich selber der Heimat und der Welt entfremdet, und indem er von der Heimat während langer Jahre ein unwirkliches und unwahres Abbild gezeigt hatte, war sie nicht zuletzt durch ihn all denen entfremdet worden, die sie im Hier und Jetzt der Wirklichkeit suchten.

An dieser Stelle muß an die beiden Regisseure erinnert werden, die um 1940 eigene Wege abseits vom *mainstream* der Praesens zu gehen versuchten und denen der alte Schweizer Film drei seiner wichtigsten Werke verdankt: Hans Trommer (*Romeo und Julia auf dem Dorfe*, 1941) und Max Haufler (*L'or dans la montagne*, 1938, und *Menschen, die vorüberziehen*, 1942). Was die drei Filme verbindet, ist eine stark der Landschaft verpflichtete Bildpoesie, sind aber auch Figuren, die inmitten einer heimatlichen Landschaft heimatlos oder zu Außenseitern geworden sind: der Falschmünzer und *Outlaw* Farinet aus C. F. Ramuz' Roman und die fahrenden Zirkusleute nach Zuckmayers *Katharina Knie* bei Haufler; die Kinder der durch die eigene Unversöhnlichkeit um Grund und Boden gebrachten Bauern aus Gottfried Kellers Novelle bei Trommer. Anders als in den Praesens-Filmen dieser Zeit, welche die Heimat als heile und bergende Welt zelebrieren, ist in den Werken von Trommer und Haufler bereits die Grundthematik des neuen Schweizer Films vorweggenommen – die beiden Regisseure haben sie aber auch persönlich vorweggelebt, indem sie mitten in der Hochblüte des alten Schweizer Films kein eigenes Projekt mehr realisieren konnten und in die Randzone von Auftrags- und Assistenzarbeiten abgedrängt wurden. (Seinen wachsenden, ab Ende der fünfziger Jahre internationalen Erfolg als Schauspieler hat Haufler, ursprünglich Maler, nie ganz ernst genommen: er beging 1965 als 55jähriger Selbstmord, kurz nachdem er in Bernhard Wickis *Morituri* die Schwelle zu einer Hollywood-Karriere als Schauspieler erfolgreich überschritten hatte. Sein Lieblingsprojekt *Der Stumme* nach dem Roman von Otto F. Walter wurde zehn

Jahre später von Gaudenz Meili für das Schweizer Fernsehen realisiert.)

Hans Trommler: *Romeo und Julia auf dem Dorfe*

Fremde im eigenen Land

Ich versetze mich zurück in den Frühsommer 1963. Im Vorjahr haben Rob Gnant und ich für die Schweizerische Verkehrszentrale den Auftragsfilm *In wechselndem Gefälle* gedreht. Auftragsfilme sind damals die einzige Sorte Film, für die man in der Schweiz als Außenseiter mit Ideen und etwas Glück Geld findet. Das heißt: man möchte einen Film machen und sucht sich dazu den Werbeauftrag und den Auftraggeber, die einem das größtmögliche Maß an Freiheit bieten. Die Schweizerische Verkehrszentrale wirbt nicht für ein Industrieprodukt, sondern für die Schweiz, und ihr neuer Direktor Werner Kämpfen meint, es müsse möglich sein, für die Schweiz im Film anders zu werben als mit Landschafts- und Städteansichten. Er ist damit einverstanden, daß wir unseren Werbeauftrag erfüllen, indem wir ungewohnte, hochstilisierte, beinahe ungegenständliche Bilder von Wasser, Gewässern und Wassersport rhythmisch montieren und mit elektronischer Musik vertonen. Am Schluß dieser Bildfolge, die ebensogut in einem unserer Nachbarländer hätte photographiert werden können, steht der Satz: »Dieser Film wurde gedreht in der Schweiz.« Die Heimat, für deren Fremdenverkehr wir werben müssen, und deren bloßes Abbild uns entfremdet ist, haben wir weiter entfremdet zur vertauschbaren Ware. Dafür sind wir in Cannes mit der Goldenen Palme für den Kurzfilm und in Bern mit einer der eben eingeführten Qualitätsprämien des Eidgenössischen Departements des Innern ausgezeichnet worden. Und nun wollen wir einen eigenen, einen Film ohne Auftrag machen. Worüber?

Wir sehen uns in der entfremdeten Heimat um, und wir sehen auf Straßen und Plätzen, in Bahnhöfen und Warenhäusern, in Straßenbahnen und Restaurants Menschen, die hier fremd, in der Fremde und auch uns fremd sind. Wir beschließen sie kennenzulernen, indem wir sie filmen. Wir drehen *Siamo italiani*, und indem wir drehen, lernen wir nicht nur die Italiener, sondern auch ein Stück Schweiz kennen. Wir werden in Bezirken unserer Heimat heimisch, die uns vorher fremd waren. Ein Stück Entfremdung ist aufgehoben, das nicht nur uns, sondern auch jenen Schweizer Arbeiter betrifft, der in unserem Film sagt: »Me sotti nid meine, mer sig in dr Schwyz. Mer chunnt sich sogar sälber vor als Usländer.« (Man würde nicht

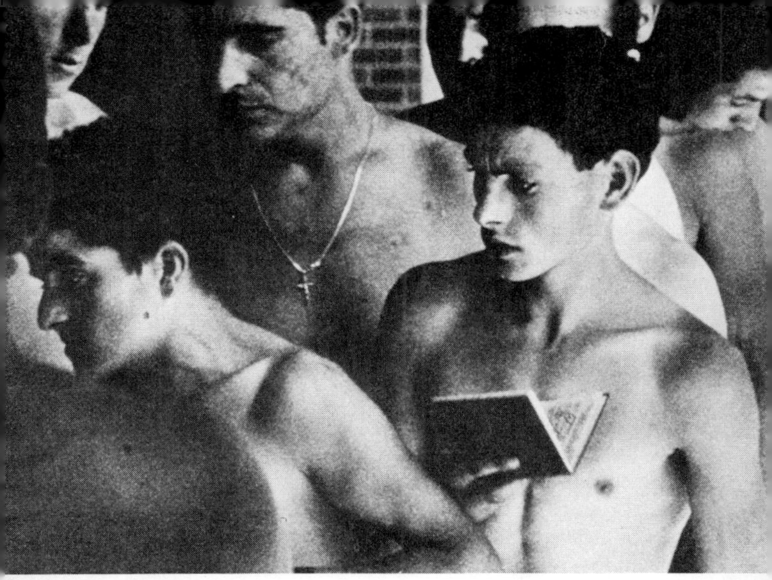

Alexander J. Seiler: *Siamo italiani*

meinen, man sei in der Schweiz. Man kommt sich sogar selbst als Ausländer vor.) In einer nicht entfremdeten Heimat wäre nicht von Überfremdung die Rede, denn im äußeren Bild und den Symptomen dessen, was man so nennt, wird lediglich greif- und angreifbar, was man als Entfremdung längst spürte, ohne es artikulieren zu können. Oder umgekehrt: wäre der Schweizer Arbeiter im eigenen Land wirklich bei *sich*, wäre die Schweiz *sein eigen*, müßte er sich nicht bedroht fühlen durch Kollegen ausländischer Nationalität.

Eine entfremdete Heimat als Wirklichkeit kennen und sehen lernen: das ist der erste Schritt, den der neue Schweizer Film zu tun hat. Henry Brandt zeichnet ihn in den fünf Vierminutenfilmen der Expo-Serie *La Suisse s'interroge* in exemplarischer Weise vor. Er beginnt mit der schönen Schweiz der Ansichtskarten und Werbefilme (*La Suisse est belle*) und stellt ihr im zweiten Teil (*Problèmes*) die Schweiz der ungelösten Probleme, der Fremdarbeiter, der alten Leute, der Wohnungsnot und der Bodenspekulation gegenüber. Im dritten Film *La course au bonheur* gibt er das Robotbild einer Familie durchschnittlicher Konsumenten und ihrer entfremdeten Glücksvorstellungen. Im vierten Teil *Croissance* exponiert er die Umweltprobleme, die durch Wirtschaftswachstum und Bevölkerungsexplosion entstehen. Und im fünften Teil *Ton pays est dans le monde* öffnet er die in Abwehr und Pharisäertum isolierte Schweiz zur Welt. Damit sind die meisten Themen vorweggenommen, die den neuen Schweizer Film während der nächsten zehn Jahre beschäftigen werden.

Menschen und ihre Sprache

Daß der neue Schweizer Film sich zunächst als Dokumentarfilm ausbildet, ist nicht nur die Folge davon, daß das Anfang 1963 in Kraft gesetzte eidgenössische Filmgesetz Herstellungsbeiträge des Bundes ursprünglich nur für »Dokumentar-, Kultur- und Erziehungsfilme« vorsieht. Bevor man daran denken konnte, Wirklichkeit in erfundenen Geschichten zu brechen und zu reflektieren, hatte man die Realität wiederzuentdecken, zu deren Entfremdung – um nicht zu sagen Verlust – der traditionelle Dokumentarfilm vielleicht noch mehr beigetragen hatte als der Spielfilm. Während wir den falschen Anspruch des alten Schweizer Spielfilms auf Realismus heute gut überblicken und durchschauen, ist die Geschichte des sogenannten Dokumentarfilms jener Zeit noch nicht geschrieben. Soviel ist sicher: es war ein verdinglichter, ein im ursprünglichsten Sinn der Marxschen Warentheorie entfremdeter Film der Landschaften einerseits, der Landwirtschafts- und Industrieprodukte andererseits. (Es ist ein beschämendes, mehr: ein grausames Kapitel der Schweizer Filmgeschichte, daß Potenzen wie Hans Trommer, Max Haufler und der Kameramann Otto Ritter sich jahrzehntelang mit Themen wie *Die Fabrikation von Maggi's Produkten* [Haufler, 1950] oder günstigerenfalls *Lucerne and its International Music Festival* [Trommer, 1946] herumplagen mußten und dabei zugrundegingen oder sich verbrauchten.) Menschen kamen in diesen Filmen nur zur Betätigung von Werkzeug und Maschinen oder als Vordergrund für Panoramen vor. Martin Schaub hat in diesem Zusammenhang auf den Kurzfilm *Kleine Schweizer Fahrt in C-Dur* hingewiesen, den Niklaus Gessner 1962 für die Schweizerische Verkehrszentrale gestaltete. Darin fährt zu Musik von Rossini ein Pferdegespann ohne Kutscher und ohne Passagiere

ganz allein über abseitige Schweizer Landstraßen: ein reines Vehikel für die Präsentation der Ware Landschaft.
Die Realität, die es wieder- und neu zu entdecken galt, waren also, etwas abgekürzt gesagt, die Menschen, und für diese Entdeckungsreise hatte sich mit der Technik des »Cinéma direct« (geräuscharme Handkamera, lippensynchroner Direktton, hochempfindliche Emulsionen) eben erst ein neues Instrumentarium herausgebildet. Statt über Menschen zu sprechen, konnte man sie nun selber sprechen lassen. Das ist ein zentrales Motiv, das sich durch den gesamten neuen Schweizer Film hindurchzieht: Menschen sprechen zu lassen, Menschen zur Sprache zu bringen, die vielleicht das Stimmrecht, aber keine Stimme haben, die nicht gehört werden oder die vollends verstummt sind. In Tanners *Les apprentis* sind es die um ihre Jugend betrogenen billigsten Arbeitskräfte unserer Industrie – in den Filmen von Walter Marti und Reni Mertens im buchstäblichen Sinn Benachteiligte: behinderte, zum Beispiel taubstumme Kinder, denen der Film zu der ihnen möglichen, ihnen angemessenen Sprache und damit zur Selbstverwirklichung verhilft. Ich denke weiter an Hansjakob Sibers *Porträt von Max Bosshard*, wo sich ein Tramper, ein Ausgeflippter und Verwirrter quasi unter seinesgleichen ausspricht, an die Obdachlosen in Hans und Nina Stürms *Zur Wohnungsfrage 1972*, an den klassenbewußt-resignierten Thurgauer Textilarbeiter in Peter Ammanns *Les Neinsager*, an Richard Dindos *Naive Maler in der Ostschweiz* und des nämlichen Autors *Schweizer im spanischen Bürgerkrieg*, denen hinterher vom Schweizer Fernsehen bescheinigt wurde, sie seien nicht zuständig, sich in Sachen Demokratie zu äußern. Die Invaliden in Roman Hollensteins *Freut euch des Lebens*, *Die letzten Heimposamenter* von Yves Yersin, der Heimzögling Viktor in June Kovachs *Wer einmal lügt oder Viktor und die Erziehung*, dem man gerade darum zuhört, weil er unsichtbar bleibt – sie alle haben etwas zu sagen, das bisher keiner hören wollte. Die Beispiele ließen sich vermehren: von Hans Ulrich Schlumpfs *Armand Schulthess – j'ai le téléphone* bis hin zu Fredi M. Murers *Wir Bergler in den Bergen sind nicht schuld, daß wir da sind*, wo wortkarge, sprachgehemmte Urner Bergbauern nicht nur zur Sprache, sondern auch dazu ermutigt werden, sich selber zuzuhören, das Gewicht der eigenen Aussage noch einmal abzuwägen und dadurch zu bekräftigen.

Fredi M. Murer: *Wir Bergler in den Bergen*

Gerade an der Sprache läßt sich zeigen, wie der neue Schweizer Film Heimat aus der Entfremdung zurückgewinnt. Der Dialekt des alten Schweizer Films war ein literarischer, am Schreibtisch quasi aus dem Schriftdeutschen rückübersetzter. Indem der Dokumentarfilm die Menschen zum Sprechen brachte, erschloß er auch dem Spielfilm eine lebendigere, eine wirkliche Sprache. Vergleicht man etwa den Dialog in Kurt Frühs Filmen der Fünfzigerjahre mit dem Dialog seines *Dällebach Kari* (1970), dann wird spürbar, wieviel gehörte, erfahrene Sprachwirklichkeit dazwischenliegt. Vollends in Markus Imhoofs *Fluchtgefahr* wirkt der gesprochene Dialekt zuweilen realer und echter als die Figuren, die ihn sprechen.

Vertrauen in die Evidenz

Vom Zuhören zum Anreden: der neue Schweizer Film wird oft im Zusammenhang mit der neuen Linken gesehen und ist von reaktionären Politikern verschiedenster Schattierungen wiederholt als subversiv, nestbeschmutzend, vaterlandslos angegriffen worden. Sicher steht der neue Schweizer Film in seinem Gesamtbild links. Sicher setzt mit dem Jahr 1968 auch im neuen Schweizer Film eine Politisierung ein, die – vor allem in

Peter von Gunten: *Banana Libertad*

den Filmen Kurt Gloors und am direktesten in Jürg Hasslers *Krawall* – enge Berührungen mit der neuen Linken aufweist. Diese Linie ist mit Peter von Guntens *Bananera Libertad*, mit *Ein Streik ist keine Sonntagsschule* von Hans und Nina Stürm und Mathias Knauer und mit Vili Hermans *Cerchiamo per subito operai, offriamo...* auch nach 1970 nicht abgerissen und hat sich mit der Gründung der Filmcooperative und des Filmkollektivs Zürich zu einer eigentlichen Schule ausgebildet. Aber auch deren neueste, am direktesten auf konkrete politische Wirkung bedachte Filme wie *Lieber Herr Doktor* (für die Legalisierung des Schwangerschaftsabbruchs) und *Aufpassen macht Schule* (über die Repression gegen linke Lehrer) unterscheiden sich vor allem von bundesdeutschen Pendants durch die Bemühung, politische Befunde und Postulate nicht so sehr doktrinär zu verkünden, überhaupt zu verbalisieren, als vielmehr konkret zu dokumentieren und in der Anschauung erfahrbar zu machen. Im intimen, ja sinnlichen Umgang mit ihrem Material und im Vertrauen auf dessen Evidenz (Martin Schaub) vermeiden es die Dokumentaristen des neuen Schweizer Films, es zur bloßen Illustration abstrakter Thesen zu verwenden und damit einer neuen Entfremdung auszusetzen. Analoges gilt für ihren Umgang mit dem Zuschauer, der kaum je, wie es im marxistischen Jargon heißt, »agitiert«, also mit fertigen Einsichten und Losungen bombardiert, sondern mit Realitäten in der Perspektive des Autors konfrontiert wird. Es scheint, als hätten die Autoren des neuen Schweizer Films auf ihrer Expedition in die entfremdete Heimat gelernt, daß es nicht angeht, fremdes Bewußtsein einfach mit dem eigenen zu besetzen, ohne damit gleich wieder eine Entfremdung einzuleiten. Der Zuschauer soll in der Begegnung mit dem Autor »bei sich« bleiben und sein Bewußtsein selber erweitern dürfen. In dieser Beziehung ist der neue Schweizer Film zumindest in Ansätzen vielleicht ein Beispiel für das, was der brasilianische Pädagoge Paulo Freire »Konszientisation« nennt: für einen Lernprozeß also, der nicht auf Herrschaft, Beherrschung, letzten Endes Kolonisation, sondern auf eben der Befreiung beruht, die er bezweckt.

Von der Wirklichkeit der Entfremdung zur Mitte der Welt

Wie stellt sich aber das Motiv von Heimat und Entfremdung im Spielfilm dar, der am internationalen Ruf des neuen Schweizer Films weit größeren Anteil hat als der Dokumentarfilm? Daß sein Schwerpunkt bis heute in der französischen Schweiz liegt, wo umgekehrt das Dokumentarfilmschaffen außerhalb des Fernsehens nur ausnahmsweise über den Kurzfilm hinausgediehen ist und heute fast ganz stagniert – das könnte leicht zu voreiligen Schlüssen hinsichtlich zweier nicht nur nach der Sprache verschiedener Schweizer Filmkulturen verführen. In Wirklichkeit dürfte die unterschiedliche Entwicklung in den beiden Landesteilen ebenso sehr auf wirtschaftliche, genauer: auf Marktgründe zurückzuführen sein wie auf kulturelle Ursachen. Denn während sich für den Deutschschweizer Spielfilm bis heute kein ausländischer Kinomarkt von Belang gefunden hat, wurden Alain Tanner, Claude Goretta und Michel Soutter zuerst nicht in der Schweiz, sondern in Paris für das Kino entdeckt.
Sowohl Tanner wie Goretta haben indes nicht nur als Dokumentaristen begonnen, sondern sie haben – Goretta neben seiner Tätigkeit als Regisseur von Fernsehspielen und Fernsehspielfilmen – für die Télévision Suisse Romande eine große Anzahl von Reportagen und Dokumentationen in der Technik

Alain Tanner: *Charles mort ou vif*

des Cinéma direct gedreht, die trotz sehr kurzer Herstellungszeiten zu einem guten Teil als ausgewachsene Dokumentarfilme gelten dürfen. Nicht von ungefähr geht Tanners erster Spielfilm *Chales mort ou vif* von einer fiktiven Fernsehreportage aus. Die genaue Beobachtung und Darstellung der Wirklichkeit ist für ihn wie für Goretta selbstverständliche Voraussetzung des Spielfilmschaffens. Aber so wie Fredi M. Murer in seinen Künstlerporträts eine Schweiz zu dokumentieren suchte, die es nicht gibt, und auf dieser Suche nach einer Gegenwelt ständig an die Grenze der Erfindung getrieben wurde – so genügt auch Tanner die Wirklichkeit nicht mehr, an die er sich als Fernsehdokumentarist zu halten hat. Er spinnt sie weiter in jenen Bereich, der dem Dokumentaristen außer in Glücksfällen verschlossen bleibt: jenen der plötzlichen Veränderung, des Ausscherens aus dem Alltag und der Norm, der Verwirklichung jener Träume, die normalerweise unverwirklicht bleiben und gerade darum den Träumer der Wirklichkeit entfremden. Der Fabrikant Charles Dé, der aus dem helvetischen Bürgeralltag ausbricht und für kurze Zeit ein Refugium bei den Bohémiens Paul und Adeline findet, wird von seiner Familie folgerichtig ins Irrenhaus gesteckt, das auf französisch *Maison d'aliénés*, Haus der Entfremdeten, heißt. Indem er

seine eigene Entfremdung annimmt und vollzieht, kommt er zwar sich selber näher, wird bei sich selber heimisch, aber nur um den Preis des totalen Bruchs mit der Gesellschaft, von der er sich und die ihn sich selber entfremdet hat. Einen Schritt weiter geht Tanner in *La salamandre*: der Emanzipationsprozeß des Mädchens Rosemonde bleibt nicht nur selbstbezogen, sondern verändert auch die beiden Freunde Pierre und Paul, indem er dem Dichter die Wirklichkeit und dem Journalisten die Erfindung, den Bereich des Unwahrscheinlichen und möglichen Unmöglichen, wenigstens ein Stück näher bringt. *Le retour d'Afrique* schließlich, für mich bis heute Tanners stärkstes und konsequentestes Werk, bildet innerhalb des neuen Schweizer Films so etwas wie einen Wendepunkt in der Dialektik von Heimat und Entfremdung. Françoise und Vincent beschließen nach Afrika auszuwandern, weil sie sich in der Heimat nicht wohl, das heißt sich selber und einander entfremdet fühlen. Indem sie durch äußere Umstände an der Abreise gehindert werden, geraten sie in der eigenen Stadt in ein Exil, das sie zur Konfrontation mit sich selber und miteinander, man kann auch sagen: zu einer Expedition ins eigene Innere zwingt. Ein Freund, der als Fremdarbeiter von der Polizei aus der Schweiz ausgewiesen und zur Rückkehr in die ihm entfremdete, weil von einem Diktator ursurpierte Heimat Spanien gezwungen wird, holt sie vollends heim aus dem Afrika ihrer Fluchtgedanken. Sie kehren zurück in die Wirklichkeit einer Stadt, die ihnen nur dann Heimat sein kann, wenn sie sie zu verändern suchen – und die sie nur dann verändern können, wenn sie sie zunächst samt ihrer eigenen Entfremdung als Heimat akzeptieren.
Auch bei Michel Soutter taucht das Motiv »Es wird hiergeblieben« schon im zweiten Film *Haschisch* auf und unterliegt in der Folge stillschweigend dem ganzen Œuvre. Aber anders als Tanner objektiviert Soutter die Entfremdung seiner Figuren nicht in der Auseinandersetzung mit der Realität, sondern ermutigt jene gleichsam dazu, sich in ihrer eigenen, etwas versponnenen Welt so gut wie möglich einzurichten und miteinander auszukommen. Überspitzt ließe sich sagen, daß Soutters Figuren ihre Heimat *in* ihrer Entfremdung von einer entfremdeten Wirklichkeit finden. Auch topographisch werden sie vom Autor in jenen Randgebieten der Stadt angesiedelt, die das von innen nach außen wachsende Geschwür der Bauspe-

kulation noch nicht erreicht hat und die – um das Bild von Soutters fünftem Film *Les arpenteurs* zu verwenden – noch nicht bis in die letzten Ecken vermessen sind.
Die Werke von Tanner, Goretta und Soutter verdanken ihren internationalen Erfolg wohl nicht so sehr abstrakten formalen oder inhaltlichen Qualitäten als vielmehr dem Bild von der Schweiz, das sie einer überraschten Welt vor Augen führen.

Michel Soutter: *Les arpenteurs*

Das ist ja gar nicht das langweilige und aseptische Musterland der Präzisionsuhren, der Dampfschiffe und Bergbahnen und der teuren Internate für höhere Töchter und Söhne! Das ist nicht das Land, das den Frieden und die Humanität erfunden und ein für allemal gepachtet hat! Das ist nicht das Land, in dessen Banken das Geld so geheim und sicher liegt, weil es alle inneren und äußeren Konflikte für immer neutralisiert hat. Oder vielmehr: das ist dieses Land, aber es ist auch das Land von Menschen, die sich fremd fühlen in diesem Land, die an-

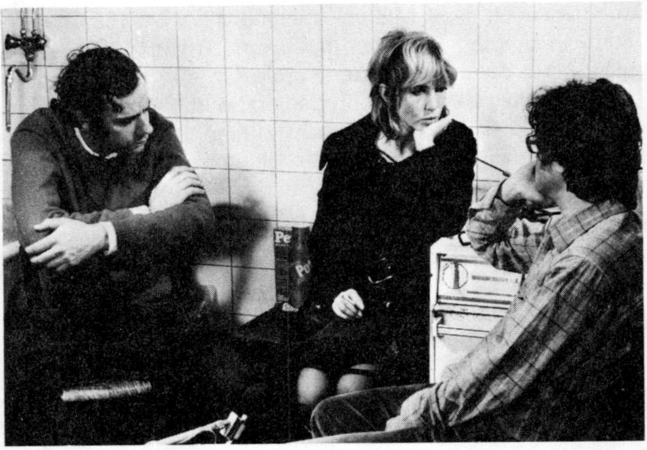

Alain Tanner: *La salamandre*

ders sind als das Bild, das sich ihr Land von sich selber macht, und die umgekehrt gar nicht anders sind als der Zuschauer draußen in der Welt: ebenso unvollkommen und unzulänglich und verletzlich, erfüllt von den selben Sehnsüchten und Leidenschaften, ausgesetzt den nämlichen Konflikten. Und eben diese Menschen, die nicht anders sind als die anderen, werden in den Spielfilmen der Genfer Regisseure wiederum in ihrer unverwechselbaren Prägung durch ihre schweizerische Umwelt gezeigt, und unverwechselbar schweizerisch sind auch die Filme selber: karg in den Mitteln, sorgfältig und oft etwas schwerfällig, eigensinnig und spröd und meistens sehr genau.

Indem Tanner, Soutter und Goretta ihre Filme in einem sehr intimen Bereich, sozusagen im eigenen *quartier* der entfremdeten Heimat ansiedeln, heben sie auch einen Teil der Entfremdung auf, der die Heimat in der Welt ausgesetzt war: sie bringen die Heimat der Welt ein Stück näher und gewinnen der Heimat ein Stück Welt zurück. Durch ihren Erfolg verändern sich ihre Filme: mit französischen Koproduzenten hergestellt, von französischen Verleihern finanziert und mit französischen Stars besetzt, werden sie eleganter, geschliffener, kosmopolitischer. In *L'Escapade* und *Repérages* von Soutter wie vor allem in *Pas si méchant que ça* und *La dentellière* von

Claude Goretta: *La dentellière*

Goretta scheint mir mit dieser Professionalisierung und Internationalisierung auch wieder ein Stück Selbstentfremdung einherzugehen. Tanner dagegen läßt sich in *Le milieu du monde* in Thematik und Stil nicht beirren und entwickelt das Motiv der entfremdeten Heimat konsequent weiter. Hier ist es die Fremde, die Fremdarbeiterin Adriana, die sich selbst entfremdet würde, wollte sie die Heimat annehmen, die ihr der Schweizer Ingenieur Paul in einer Liebesbeziehung nach seinen eigenen Maßstäben und Begriffen anbietet. Adriana zieht es vor, in der Fremde fremd, aber sich selber treu zu bleiben. Und Paul, dessen Leidenschaft für Adriana seine politische Karriere zerstört, verpaßt die Chance, in der Beziehung zu ihr eine neue Heimat, ja deren geometrischen Ort zu finden, eben »die Mitte der Welt«.

Alain Tanner: *Le milieu du monde*

Sprachprobleme

Daß der deutschschweizerische Spielfilm sich schwerer tut als jener der Suisse Romande, hat seine Ursache nicht zuletzt in seinem ganz spezifischen Entfremdungsproblem: der Sprache. Gibt er sich realistisch, ist er zum Dialekt gezwungen und riskiert Provinzialität; umgekehrt ist ihm das Hochdeutsche nur um den Preis einer entschiedenen Stilisierung und damit auch Verfremdung vergönnt. Max Frisch hat diesen folgenschweren Sachverhalt in einem Aperçu ausgedrückt, das etwa so lautet: »Wenn in einem Film zwei Menschen über die Zürcher Helmhausbrücke gehen und hochdeutsch sprechen, dann sind es Deutsche.« Es ist nicht nur im Film, aber doch ganz besonders im Spielfilm so: wir Deutschschweizer haben keine Sprache, wir müssen sie erst suchen und uns schaffen. Im Spielfilm haben wir sie bis heute nur in Ansätzen gefunden, am überzeugendsten in zwei einander diametral entgegengesetzten Werken: in Markus Imhoofs *Fluchtgefahr* auf der realistischen, in Thomas Koerfers *Der Gehülfe* auf der stilisierenden Seite. Imhoofs Knastbrüder, Polizisten und Gefängniswärter sprechen einen Dialekt, der in der Prägnanz, der Knappheit, auch der Schnoddrigkeit kaum mehr an bäuerli-

Thomas Koerfer: *Der Gehülfe*

che, auch nicht an kleinbürgerliche Ursprünge anklingt, vielmehr in die Nähe großstädtischen Argots oder Slangs rückt. Und Koerfer hat die bürgerliche Welt von Robert Walsers Roman in Bilder umgesetzt, die bei aller historischen Sorgfalt so stark typisiert sind, daß die Kunstsprache der oft wörtlich von Walser übernommenen Dialoge annähernd als »zweite Natur« wirkt.
Auch im Spielfilm bleiben die Deutschschweizer Autoren der Hauptfigur ihrer Dokumentarfilme treu: dem Außenseiter, dem in der eigenen Heimat Fremden, Exilierten, in Richard Dindos *Die Erschießung des Landesverräters Ernst S.* schließlich auch Exekutierten. In Peter von Guntens *Die Auslieferung* wie in Rolf Lyssys *Konfrontation* tritt er in der Abwandlung des ausländischen Attentäters auf, dem die Schweiz aus Opportunismus und Staatsräson das Asyl, respektive die Anerkennung des politischen Motivs verweigert. Hier ist es der Staat selber, der sich der eigenen Idee und Tradition entfremdet, indem er Fremde an Fremde verrät.

Filmemachen zwischen Kolonisation und Zensur

Schließlich erfordern die ökonomischen Probleme des neuen Schweizer Films mehr als nur einen Seitenblick. Die Praesens hatte uns nicht nur ein künstlerisches, sondern auch ein finanzielles Vakuum hinterlassen. Während Schweizer Verleiher und Finanzleute sich regelmäßig und zum Teil massiv an ausländischen Produktionen beteiligen, war es bis in jüngster Zeit fast unmöglich, für einen Schweizer Film eine Verleihgarantie oder einen Bankkredit zu bekommen, von privaten Beteiligungen auf kommerzieller Basis nicht zu reden. Das ist begreiflich, denn auch heute, nach fünfzehn Jahren Filmförderung durch den Bund, spielen Schweizer Filme nur in Ausnahmefällen ihre Herstellungkosten ein. Selbst ein Welterfolg wie *La salamandre* war kommerziell gesehen nicht das, was man in Finanzkreisen »ein Geschäft« nennt. Nach wie vor sind die Kinos in unserem Land auf Monate und Jahre hinaus mit ausländischen Filmen ausgebucht, und das Schweizer Kinogewerbe braucht den Schweizer Film weniger denn je. In dieser Hinsicht leben wir Schweizer Filmer nicht nur in einem entfremdeten, sondern in einem kolonialisierten Land.

Gewiß haben wir zur Rückgewinnung und Neuerschließung von Heimat auch auf diesem Gebiet einiges ausrichten können. Es gibt die von uns Filmern aufgebaute Stiftung Schweizerisches Filmzentrum, welche die Verbreitung des Schweizer Films im In- und Ausland fördert, es gibt den Verleih der Schweizer Filmautoren »film-pool«, der Filme sowohl im Kino wie im immer wichtigeren *circuit parallèle* dank einer Bundessubvention weit unter den Selbstkosten verleiht; und es gibt, herausgegeben vom Schweizerischen Filmzentrum, einen Schweizer Filmkatalog, um den uns unsere ausländischen Kollegen beneiden. Aber das alles ändert noch nichts daran, daß gerade heute die Kontinuität der Produktion für kaum einen Filmschaffenden in der Schweiz auch nur halbwegs gesichert ist und daß die Verbreitung des Schweizer Films im eigenen Land durch ein Kartell der Verleiher und Lichtspieltheater in einer Weise behindert wird, für die es in keinem anderen Land mit »freier Marktwirtschaft« eine Parallele gibt.
Hinzu kommt, daß wir uns zwar seit den Anfängen mit Vorliebe als »unabhängiges Filmschaffen« bezeichnen, in Tat und Wahrheit aber fast gänzlich abhängig sind von zwei Geldquellen: der Filmförderung des Bundes und dem Fernsehen. Ohne wenigstens eine von beiden läßt sich heute in der Schweiz kaum ein größeres Filmvorhaben realisieren. Zwar betragen die Herstellungsbeiträge des Bundes nach den Bestimmungen des Filmgesetzes nicht mehr als die Hälfte der Gesamtkosten, das Schweizer Fernsehen tritt in der Regel nur als Koproduzent und nicht als Auftraggeber auf, und Bund und Fernsehen zusammen übernehmen nach einer stillschweigenden Übereinkunft nicht mehr als insgesamt zwei Drittel der Herstellungskosten eines Filmes. Da aber auch das restliche Drittel für kommerzielles Geld ein zu hohes Risiko darstellt, ist der Produzent in den meisten Fällen gezwungen, sich dieses in mühseliger Kleinarbeit bei einer Vielzahl öffentlicher und privater Geldgeber zusammenzubetteln: bei Kantonen und Stadtgemeinden, kulturellen und sozialen Stiftungen und kirchlichen Stellen, Großfirmen der Industrie und des Detailhandels, bei Wirtschaftsverbänden und anderen Interessengruppen. Die wenigsten dieser Institutionen betreiben Filmförderung um der Filmkunst willen: damit das Geld fließt (in Einzelbeträgen von 1000 bis günstigenfalls 20000 Franken), muß schon ein thematischer, politischer oder auch schlicht

geographischer Berührungspunkt zwischen dem Mäzen und dem Filmprojekt und/oder -produzenten gegeben sein.
Für die Unabhängigkeit vom internationalen Filmgeschäft haben wir also einen hohen Preis bezahlt: die Abhängigkeit vom Staat, von einem wenn nicht staatlichen, so doch meist staatsfrommen Fernsehen und von Institutionen, die ihr Mäzenatentum lieber als Ergänzung denn als Korrektiv staatlicher Kulturförderung ausüben. Vergegenwärtigt man sich diese Tatsache, so ist es einerseits erstaunlich, wie konsequent und beharrlich der neue Schweizer Film seinem Grundmotiv der entfremdeten Heimat bis heute nachgehen konnte – anderseits finden unsere Abneigung gegen das Plakative und Polemische, unsere Methode, Menschen und Dinge für sich selber sprechen zu lassen, unsere Bemühung um Evidenz und Unumstößlichkeit unseres Materials vielleicht hier ihre ökonomische Erklärung (wie übrigens auch unsere Vorliebe für das, was Fredi M. Murer etwas boshaft das »Sozialhelferkino« genannt hat).
Seit dem plötzlichen Ende der Hochkonjunktur treten die in der ökonomischen Struktur des neuen Schweizer Films enthaltenen Widersprüche denn auch deutlicher hervor. Während 1970 der vom Autor unverhohlen als »Agitationsfilm« bezeichnete *Krawall* Jürg Hasslers (ein Bericht über die Zürcher Juni-Unruhen 1968) im Zeichen der repressiven Toleranz noch mit einer Qualitätsprämie des Bundes ausgezeichnet werden konnte, wurde die nämliche Auszeichnung dem 1976 in Mannheim mit dem Preis des Oberbürgermeisters bedachten Film *Die Erschießung des Landesverräters Ernst S.* von Richard Dindo zunächst durch den Vorsteher des Eidgenössischen Departements des Innern, Bundesrat Hürlimann, dann im Beschwerdeverfahren durch den Bundesrat als Kollegialbehörde (also die Bundesregierung), mit einer rein politischen Begründung verweigert, und zwar entgegen dem fast einstimmigen Antrag der vom Bund eingesetzten Fachexperten. In der Begründung seines Entscheides stellt der Bundesrat für die Beurteilung von Dokumentarfilmen Kriterien wie »Objektivität der Dokumentation« und »Ausgewogenheit« auf – »Kriterien«, hat der Verband schweizerischer Filmgestalter darauf in einem Offenen Brief geantwortet, »deren konsequente Anwendung verhindern muß, daß überhaupt noch Dokumentarfilme produziert werden.« Ob der neue Schweizer

Film seine Expedition in die entfremdete Heimat auch im restaurativen Klima der Rezession wird fortsetzen können, muß sich erst zeigen. Forschungsreisen lassen sich nicht auf festgelegten Routen betreiben, und indem der bundesrätliche Entscheid Anspruch auf den Besitz der historischen Wahrheit über die Jahre des Zweiten Weltkriegs erhebt, legt er sich erneut auch auf jenes verklärte und verklärende Bild der Heimat fest, in dem uns diese durch den alten Schweizer Film entfremdet worden war.

Alternativen?

Wirtschaftliche Alternativen hat der neue Schweizer Film zunächst auf der Ebene des imperialistisch beherrschten Verleihs zu entwickeln versucht. Durch die Gründung des vom Schweizerischen Filmzentrum getragenen »film-pool« stand ab 1970 jedem in der Schweiz niedergelassenen Filmemacher eine Verleihorganisation zur Verfügung, die seine Filme gegen Entrichtung einer Kommission von 25% der Verleiheinnahmen treuhänderisch für ihn vertrieb. »Vertreiben« beschränkte sich allerdings neben der technischen und kaufmännischen Abwicklung des Verleihvorgangs im wesentlichen auf das Angebot durch Sammelkataloge, und es blieb weiterhin dem einzelnen Filmemacher überlassen, die Nachfrage nach seinen Produkten durch Werbung und Publizität zu stimulieren. Für eine aktive Betreuung und Promotion der einzelnen Filme fehlten dem »film-pool« zunächst Mittel und Personal, und in einer späteren Phase mußten sie unter Vernachlässigung des »circuit parallèle« auf den – durch das Verleihkartell auf vereinzelte Filme beschränkten – Kinoverleih konzentriert werden. Auf direkte politische Wirkung bedachte Filmemacher wie Kurt Gloor gingen daher wieder dazu über, ihre Werke im buchstäblichen Sinn *persönlich* zu vertreiben, indem sie sich dem Publikum der »Vereinslokalszene« (Bernhard Giger) nach jeder Vorführung zu Gespräch und Diskussion stellten.

Aus diesem Ansatz entstand 1972 auch die »Filmcooperative Zürich« mit dem Ziel, »eine neue Verleihstruktur für den kulturell und für die politische Diskussion wichtigen Film aufzubauen«. Im Unterschied zum »film-pool« verlieh die Filmco-

operative von Anfang an nicht nur Schweizer, sondern auch ausländische Filme, die ihrer politischen und kulturpolitischen Linie entsprechen – so wie sie umgekehrt Schweizer Filme nur unter dieser Bedingung in ihr Programm aufnimmt. Mit den Filmen *Ein Streik ist keine Sonntagsschule* und *Schweizer im spanischen Bürgerkrieg* erzielte die Filmcooperative ab 1974 bedeutende Verleiherfolge im »circuit parallèle«, und mit *Die Erschießung des Landesverräters Ernst S.* dehnte sie ihre Tätigkeit erstmals auf den Kinoverleih aus. Inzwischen hatte sich unter ihren Mitgliedern und in ihrem Umkreis ein Zusammenschluß von Regisseuren und Filmtechnikern gebildet, der 1975 zur Gründung der »Filmkollektiv Zürich AG« führte. Damit war im neuen Schweizer Film so etwas wie ein alternativer Vertikaltrust entstanden: von nun verlieh nicht nur die Filmcooperative die vom Filmkollektiv produzierten Filme, sondern das Filmkollektiv konnte seine Filme auch bereits im Hinblick auf den Verleih durch die Filmcooperative produzieren.
Während sich der neue Schweizer Film bis dahin fast durchwegs als Autorenfilm ausgebildet hatte und auf der Personalunion Regisseur-Produzent beruhte – frühere Gruppenbildungen wie die »Groupe des 5« in Genf oder die Nemo Film GmbH in Zürich modifizierten diese Strukturen nur geringfügig, ohne sie zu durchbrechen –, wurden und werden im Filmkollektiv neben Autorenfilmen auch ausgesprochene Gruppenarbeiten produziert. Sie sind im allgemeinen identisch mit jenen Filmen, die mit einer direkten politischen Zielsetzung für ein bestimmtes Zielpublikum hergestellt werden: neben den bereits erwähnten *Lieber Herr Doktor* und *Aufpassen macht Schule* etwa die Anti-AKW-Filme *Kaiseraugst* und *Gösgen.* Da für solche Filme weder beim Bund noch beim Fernsehen Geld zu bekommen ist, mußten sie auch alternativ finanziert werden. Dies gelang in erster Linie mit *Lieber Herr Doktor*, der als Aufklärungs- und Diskussionsfilm im Hinblick auf die Volksabstimmung über die Fristenlösung produziert und eingesetzt und zum überwiegenden Teil von den Befürwortern der Fristenlösung unter jenen rund 70000 Menschen finanziert wurde, die ihn in den Monaten vor der Volksabstimmung zu sehen bekamen.
Im Bestreben nach Risikoverteilung und wenigstens teilweiser ökonomischer Autonomie hat sich das Filmkollektiv (das ei-

nen respektablen Materialpark besitzt und zu amortisieren hat) auch auf die Produktion von Spielfilmen eingelassen. In Koproduktion mit dem ZDF wurden *San Gottardo* von Vili Herman und *Alzire oder der neue Kontinent* von Thomas Koerfer hergestellt, in Zusammenarbeit mit einem französischen Produzenten *Les indiens sont encore loin* von Patricia Moraz und – im Zeitpunkt der Niederschrift dieser Zeilen noch unvollendet – *Les petites fugues* von Yves Yersin. So entstanden bedeutende finanzielle Engagements, durch welchen sich die innerhalb der Gruppe latenten Widersprüche zwischen politischer Zielsetzung und kommerzieller Betriebsamkeit zuzuspitzen scheinen. Von außen gesehen ist heute manchmal nicht auszumachen, worin sich der dem Bekenntnis nach sozialistische Trust Filmcooperative/Filmkollektiv von einem kapitalistischen Unternehmen klassischen Zuschnitts unterscheidet. Mit einem imposanten Produktionsvolumen – ein rundes Dutzend Filme an den Solothurner Filmtagen 1978 – gehen monopolistische Strebungen einher, die wohl durch ökonomische Zwänge bedingt sein mögen, die Konkurrenz im neuen Schweizer Film aber deutlich verschärft und das Arbeitsklima entsprechend verschlechtert haben.

Rückzug in die Gegenwelt?

Zwei Schweizer Filme der jüngsten Zeit nehmen das Thema Heimat und Entfremdung in einer neuen Abwandlung auf: Thomas Koerfers *Alzire* und Alain Tanners *Jonas qui aura 25 ans en l'an 2000.* In beiden zieht sich eine Gruppe jüngerer Menschen aus der entfremdeten Heimat in die Enklave einer ländlichen, vergleichsweise archaischen Gegenwelt zurück, wo sie sich der von der Außenwelt abgeschlossenen (aber doch immer wieder gestörten) Verwirklichung neuer Lebens- (bei Koerfer auch Kunst-) formen widmet. Beide Filme enden mit der Rückkehr mindestens eines oder einiger Protagonisten in die Realität der Entfremdung: Tanners Mathieu muß das Brot für seinen Sohn Jonas in der Fabrik verdienen und bekennt sich zum Klassenkampf für eine bessere Welt im Jahr 2000; Koerfers etwas dezimierte Schauspieltruppe führt Rousseaus Kolonialschauspiel gemeinsam mit den Kolonisierten in einer Version auf, die an der Brutalität des Imperialismus keine

Zweifel offen läßt. In beiden Filmen erscheint der Rückzug in die Gegenwelt nicht als endgültig, aber als notwendige Regeneration für das Überleben in einer Heimat, deren Entfremdung nicht rückgängig zu machen ist.

Ob diese zu verändern, nach vorn zu durchbrechen und zu überwinden ist? Die Töne im Schweizer Film klingen 1978 gedämpfter denn Anfang 1976, als diese Betrachtungen in einer ersten Version angestellt wurden. Aber insgesamt kann der neue Schweizer Film vielleicht doch ein Hinweis darauf sein, daß es so etwas wie Heimat heute nur für den gibt, der ihre und seine eigene Entfremdung nicht leugnet oder überspielt, sondern sie erkennt, annimmt und zu verändern sucht. Wer Heimat als etwas Gegebenes, Bestehendes, zu Bewahrendes ansieht, findet sich plötzlich umso mehr in der Fremde und »chunnt sich sälber als Usländer vor«. Ein Auslandschweizer und Rückwanderer, der sich zum Begriff Heimat gerade darum Gedanken machte, weil er in der Schweiz nie ganz heimisch wurde, der Schriftsteller und »Sozialphysiker« Adrien Turel, hat das Wort geprägt: »Dein Werk soll deine Heimat sein«. Es läßt sich dahin abwandeln, daß Heimat nur dort sein kann, wo man ein Werk tut, und insofern umkehren: »Deine Heimat soll dein Werk sein«.

Die entfremdete Heimat: Fredi M. Murer, als Innerschweizer in Zürich lange Jahre zuhause und doch ein bißchen fremd, hat den Plan zum Film *Wir Bergler in den Bergen* während eines längeren Aufenthalts in London gefaßt. In der Fremde stieß er auf das Werk, das ihm die engere Heimat neu erschloß.

Richard Dindo: *Die Erschießung des Landesverräters Ernst S.*

Die Kehrseite der Medaille
Schweizer Dokumentaristen sehen ihr Land

Von Wilhelm Roth

Der Dokumentarfilm hatte bis zum Beginn der sechziger Jahre in der Schweiz keine Tradition. Zwar wurden auch in den fünfziger Jahren Filme dieses Genres hergestellt, meist Auftragsarbeiten, aber über den Rang von Werbefilmen für die schöne Schweiz oder die Industrie kamen sie nie hinaus.[1] Das Wenige, das zählt, entstand im Ausland: Henry Brandt drehte 1954 im Niger den einstündigen ethnographischen Film *Les nomades du soleil,* die Chronik eines Jahres im Leben der Nomadenstämme der Borero, Claude Goretta und Alain Tanner realisierten 1957 in London den Kurzfilm *Nice Time,* in seiner Machart der englischen Dokumentarfilmschule verpflichtet, eine Produktion des British Film Institute. Goretta und Tanner beobachteten, voller Anteilnahme, Menschen im Vergnügungsviertel um den Piccadilly Circus.
Wegen dieser fehlenden Tradition war es eine Überraschung, daß in der Schweiz ab Anfang der sechziger Jahre plötzlich Dokumentarfilme gedreht wurden, die mit der Schönfärberei aufhörten, die hinter die Kulissen des Wohlstandsstaates leuchteten, Filme also, die den Namen Dokumentarfilme überhaupt erst verdienten. Inzwischen ist der Dokumentarfilm zum zeitweise dominierenden, mindestens aber immer dem Spielfilm gleichberechtigten Genre geworden. Zahlreiche Festivals haben diese Filme gezeigt und ausgezeichnet, mehrere Fernsehanstalten, vor allem der Bundesrepublik, haben sie ausgestrahlt, manchmal sogar mitproduziert.[2] Die Filmkritik der Schweiz hat den Dokumentarfilm, vor allem in den letzten Jahren, engagiert diskutiert.[3] Davon profitiert dieser Aufsatz, das setzt ihm aber auch Schranken. Ich kann nicht viel mehr tun, als die Ergebnisse der Schweizer Kollegen, die sich mit meinen Seherfahrungen weithin decken, zusammenzufassen. Nur den einen oder anderen Akzent werde ich als Ausländer anders setzen. Zudem zwingt die Raumbeschränkung auf we-

nige Druckseiten zu manchen Einseitigkeiten und Ungerechtigkeiten: ich muß mich mehr oder weniger an die wichtigen Regisseure, die »großen Filme« halten.

Schlüsselfilme I: *La Suisse s'interroge* (1964), *Siamo italiani* (1964) und *Ursula oder das unwerte Leben* (1966)

Für die Landesausstellung 1964 in Lausanne hat Henry Brandt fünf Drei-Minuten-Filme gedreht – Gesamttitel *La Suisse s'interroge* –, in denen das offizielle Bild der Schweiz (»Die Schweiz ist schön« – 1. Episode) in konzentrierten Montagen dementiert wird. Die Not der Fremdarbeiter, wie die ausländischen Arbeiter in der Schweiz genannt werden, Inflation, Wohlstandsdenken und Überkonsum, Wachstumskrisen, Bevölkerungsexplosion, Umweltverschmutzung: solche Themen waren bis dahin im Schweizer Film nicht behandelt worden. Der inzwischen gealterte Film bezog seine heute nicht mehr nachvollziehbare Kraft auch aus dem Arrangement der Projektion. Der Zuschauer mußte für jeden Teil in einen neuen Saal wandern, der Farbprojektion des ersten Films folgte eine Schwarz-Weiß-Projektion der zweiten Episode (die Probleme der Schweiz), die Wachstumskrisen wurden auf drei Leinwänden dargestellt, der fünfte Teil (»Dein Land gehört zur Welt«) schließlich war eine Doppelprojektion.
Schon drei Jahre vor *La Suisse s'interroge* hat Brandt einen abendfüllenden Film gemacht, der das übliche Bild der Schweiz auf subtile Weise zurechtrückte. *Quand nous étions petits enfants* (1961), das Porträt einer Schulklasse und ihres Lehrers in einem Tal des Neuenburger Juras, hat die Wärme und den Glanz einer Kindheitserinnerung (die Schönheit der Bilder läßt an Flaherty denken), aber hinter der Poesie wird die Armut des Bergdorfes sichtbar. Kritik an den Verhältnissen ist sicher nicht intendiert, dennoch ermöglicht dieser Film Kritik, weil er die Widersprüche nicht zudeckt.
Hatte mit Henry Brandt ein eher konservativer Regisseur – er inszeniert vor der Kamera, wenn auch behutsam, er arbeitet noch ohne Synchronton – ein neues Kapitel in der Schweizer Filmgeschichte begonnen, so führt sich der andere Pionier, Alexander J. Seiler, nicht nur mit einem kühnen Thema, son-

Alexander J. Seiler: *Siamo italiani*

dern auch mit einer neuen Methode ein, dem cinéma direct. *Siamo italiani,* gedreht zusammen mit Rob Gnant und June Kovach, ein Report über das Leben der italienischen Fremdarbeiter in der Schweiz, gibt zum ersten Mal dem Menschen vor der Kamera das Wort, was dann zum Prinzip des dokumentarischen Films in der Schweiz bis heute wurde. »Wir kamen nicht als Soziologen, nicht als Psychologen oder Fürsorger, sondern als Fragende ohne Einschränkung, und ohne Ausnahme erschienen wir für unsere Gesprächspartner die ersten Schweizer zu sein, die sich nicht bloß für bestimmte Aspekte ihres Lebens, sondern für sie selber und alles interessierten, was sie zu sagen hatten« (Seiler).[4] Der Film, der beobachtet und nicht kommentiert, zeigt wie normal einerseits die Italiener in der Schweiz leben (was man den Einheimischen erst klar machen mußte), wie menschenunwürdig andererseits, weil sie keine guten Wohnungen und Arbeitsplätze erhalten, weil sie ständig von diskriminierenden Ausländergesetzen bedroht sind. Wichtig war *Siamo italiani* nicht nur als erster bedeutender Film über Fremdarbeiter, sondern auch, weil er einen Grundton anschlug, der bis zur Gegenwart für den Doku-

mentarfilm bestimmend blieb: die Beschäftigung mit Minderheiten.
Hier trifft sich *Siamo italiani* mit einem anderen frühen Schweizer Dokumentarfilm, der einer der berühmtesten geworden und geblieben ist, *Ursula oder das unwerte Leben* von Walter Marti und Reni Mertens. Dieser Film über die immer wieder neuen, geduldigen Versuche der schweizer Pädagogin Mimi Scheiblauer, körperlich schwer behinderten und seelisch stark gestörten Kindern zu helfen, macht betroffen, überwältigt durch seine Humanität, bewegt gerade durch seine Zurückhaltung in der Darstellung des Leides. Trotzdem darf die politische Dimension nicht übersehen werden: eine Gesellschaft kann erst dann human genannt werden, wenn sie z. B. auch behinderten Kindern zu einem menschenwürdigen Dasein verhilft oder es wenigstens versucht. Die therapeutische Praxis von Mimi Scheiblauer ist die Ausnahme, nicht die Regel. Marti und Mertens haben acht Jahre an *Ursula* gearbeitet. Während dieser Zeit entstanden einige andere Filme, darunter *Im Schatten des Wohlstands* (1961), ein heute etwas rhetorisch wirkender Film über falsch erzogene Kinder und unglückliche Erwachsene, der nach Fernsehausstrahlungen im Sender Freies Berlin und im Schweizer Fernsehen »von der Zürcher Behörde verboten« wurde[5], und *Krippenspiel* (1962), ein direkter Vorläufer von *Ursula*, in dem taubstumme Kinder die Weihnachtsgeschichte darstellen. Spürbar wird die therapeutische Wirkung des Theaterspielens.

Alexander J. Seiler: *Siamo italiani*

Die Schweiz und ihre Menschen – Minderheiten und Randgruppen

Gemeinsam ist allen wichtigen Schweizer Filmen der frühen sechziger Jahre, daß sie den Menschen wieder entdecken. In den sogenannten Dokumentarfilmen der fünfziger Jahre war der Mensch bestenfalls »geduldet als Dekoration«.[6] Jetzt wird er wieder ernst genommen. Die eigentliche Aufgabe des Dokumentarfilms: Menschen zu beobachten in ihrer Umgebung.

Wenn man überlegt, warum dieser Neubeginn gerade in dieser Zeit stattfand, stößt man vor allem auf zwei Gründe. Der Dokumentarfilm hat international um 1960 einen großen Aufschwung genommen. Die neue 16-mm-Technik, welche synchrone Bild-Ton-Aufnahmen ohne störende Nebengeräusche gestattete, war eine Herausforderung für alle Dokumentaristen. Richard Leacock und sein Team in den USA waren die eigentlichen Vorreiter (zum Teil hatten sie die neuen Apparate selbst erfunden), Chris Marker und Jean Rouch in Frankreich, Klaus Wildenhahn in der Bundesrepublik, und bald Filmemacher in vielen Ländern, schufen jenen neuen Dokumentarfilm-Stil, der »cinéma vérité«, »cinéma direct« oder »uncontrolled cinema« genannt wurde. Zum ersten Mal konnten nun Menschen in ihrer konkreten Umwelt genau, einschließlich aller Gespräche und Geräusche, beobachtet werden, konnten Menschen fast ungestört durch die Technik vor der Kamera sprechen. Diese neuen Möglichkeiten zwangen die Filmemacher dazu, sich mit dem Menschen zu beschäftigen. Der sprechende Mensch wurde zur ›Sensation‹ des cinéma vérité.

Die Schweizer Filmemacher fanden diese Technik vor, sie ist ihnen bald zur Selbstverständlichkeit geworden, nur Henry Brandt hat sich ihr lange verweigert. Diese Neuentwicklung allein erklärt aber nicht alles, sie ist nur eine Voraussetzung. Entscheidend war wohl, daß sich um 1960 das politische und kulturelle Klima allmählich veränderte. Die Verkrampfungen des Kalten Krieges begannen sich zu lösen. Schriftsteller, Künstler, Musiker, Filmemacher, die einer neuen Generation angehören, die meist, im weitesten Sinne des Wortes, als Linke zu bezeichnen sind, kommen mit ihren ersten Arbeiten

an die Öffentlichkeit. Die Nouvelle Vague, das New American Cinema, das cinéma vérité sind drei Ausprägungen dieser Tendenz. Die Studentenbewegung und der Mai 68 haben ihre Vorgeschichte. Das gilt auch für die Schweiz, auch wenn da alles in ruhigeren Bahnen verlief.
Die Schweiz und ihre Menschen – das ist bis heute das zentrale Thema des Schweizer Dokumentarfilms geblieben. Dabei werden zu den Schweizern auch Randgruppen gerechnet, die Fremdarbeiter, oder Behinderte, Kinder, alte Leute. Wenn etwas dem Schweizer Dokumentarfilm seine Eigenständigkeit und Würde gegeben hat, dann war es dieses Interesse für Minderheiten. Menschen kamen vor der Kamera zu Wort, denen fast überall sonst das Wort verweigert wird.
Trotz dieses erkennbaren Engagements hat es mehrere Jahre gedauert, bis nach *Siamo italiani* wieder Filme über italienische Arbeiter gedreht wurden. 1972 entstand *Le train rouge* von Peter Ammann, ein vielschichtiges Werk, das dem italienischen Menschen- und Politikverständnis, artikuliert in jenem »roten Zug«, mit dem die Italiener zu den Wahlen nach Hause fahren, das schweizerische Selbstverständnis gegenüberstellt, das sich vom Tell-Mythos ableitet, ihn aber längst verfälscht hat. Das einstige Rebellen-Volk ist selbst zum Herren-Volk geworden: Opfer sind – unter anderen – die italienischen Fremdarbeiter. Wichtige, wirkungsvolle Beiträge zum Thema lieferte ab 1972 der schon lange in der Schweiz lebende Italiener Alvaro Bizzarri. Vor allem *Lo stagionale* (Der Saisonarbeiter) (1972), ein dokumentarisch belegter, bei den Demonstrationen am Ende in den Dokumentarfilm übergehender Einstundenfilm überzeugte durch seine Authentizität und Dichte. Bizzarri erzählt von einem italienischen Saisonarbeiter und seinem vergeblichen Kampf gegen die schweizer Behörden, nach dem Tod seiner Frau den kleinen Sohn in die Schweiz holen zu können. Die »Ausdruckskraft dieses Notschreies«[7], eine jede Sentimentalität vermeidende Naivität, hat Bizzarri in seinen späteren, nun bewußter gestalteten Filmen *Il rovescio della medaglia* (1974) und *Entwurzelung und Hoffnung* (1976) nicht mehr erreicht. Dabei wäre der Ausgangspunkt in beiden Fällen ergiebig: dem offiziellen Gesicht der Stadt Bern werden die an Konzentrationslager erinnernden Barackensiedlungen der italienischen Saisonarbeiter gegenübergestellt, die »Rückseite der Medaille«; poetische

Alvaro Bizzarri: *Lo stagionale*

Texte von Italienern, die im Ausland arbeiten, werden visualisiert. Doch gerät Bizzarri der eine Film zum wortreichen Traktat, der andere, den das ZDF mitfinanzierte, nähert sich dem Kitsch.
Eine ähnliche intensive Wirkung wie *Lo stagionale* hatte Robert Boners Halbstunden-Film *Arbeiterehe* (1974), dessen sorgfältige Gestaltung vor allem dem Kameramann Renato

Berta zu verdanken war. Ein italienisches Arbeiterehepaar in der Schweiz: er hat Nachtschicht, sie arbeitet am Tage. Sie treffen sich kurz jeweils nur morgens und abends. Der fast wortlose, inszenierte Film ist, im Sinne von Humphrey Jennings, dennoch ein Dokumentarfilm: er beschreibt authentisch eine Situation, wie sie Tag für Tag ungezählte Menschen erleben. 1974 hat Villi Herman, zusammen mit Arbeitern, Freunden und Kollegen, einen Film über italienische Grenzgänger im Tessin hergestellt, die in der Schweiz arbeiten und in Italien wohnen. *Cerchiamo per subito operai, offriamo* (Arbeitskräfte gesucht, wir bieten ...) ist vor allem auf den Straßen gedreht, in den Autos, an den Grenzübergängen: eine tägliche, sich ständig wiederholende Tortur wird für den Zuschauer nachvollziehbar.

Kinder und alte Leute, Behinderte und »Assoziale«: einige der aufregendsten, aufrüttelndsten Arbeiten des Schweizer Dokumentarfilms sind diesen Minderheiten gewidmet, Randgruppen, die im Verwertungsprozeß der Industriegesellschaft nicht, noch nicht oder nicht mehr verwendbar sind. Die Filme können Anpassungsprozesse vorführen, und ihren Protest dagegen leise, aber vernehmlich formulieren, wie Tanner in *Les apprentis* (1964) – Walter Marti hat dreizehn Jahre später in einem sehr deprimierenden Fernsehfilm gezeigt, wie angepaßt diese Lehrlinge tatsächlich geworden sind: *A propos des apprentis* (1977) –, wie Seiler und Peter Bichsel in *Unser Lehrer* (1971), wie – sehr zurückhaltend – Schocher in die *Kinder von Furna* (1974). Es hängt bei Filmen wie diesen wohl weitgehend vom Betrachter ab, ob er den Zorn in der Stimme vernimmt, ob er betroffen oder sogar beleidigt ist. Selbst der deutlichste dieser Filme, *Unser Lehrer*, der die autoritären Attitüden auch gutwilligster Lehrer festhält, ist für deutsche Betrachter, die die Welle politischer Agitationsfilme junger bundesrepublikanischer Filmemacher durchgestanden haben, ein sehr fairer Beitrag zur Diskussion um die richtige Schule. Trotzdem hat dieser Film in der Schweiz zum Teil empörte Reaktionen ausgelöst.

Höhepunkt der Filme, die sich mit Kindheit, Jugend, Erziehung, der Hilflosigkeit der Erwachsenen und der Behörden gegenüber Außenseitern beschäftigen, ist *Wer einmal lügt oder Viktor und die Erziehung* von June Kovach (1974). Auf den ersten Blick ein Einzel- oder Sonderfall (ein Kind aus schwie-

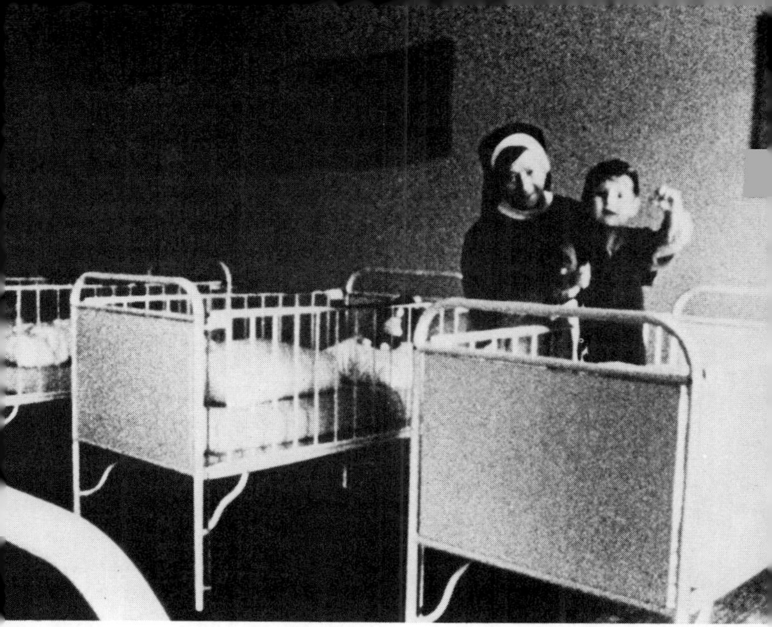

June Kovach: *Wer einmal lügt oder Viktor und die Erziehung*

rigen familiären Verhältnissen wird von Heim zu Heim gestoßen, wird immer kommunikationsscheuer), schält sich das Allgemeingültige an diesem Lebenslauf allmählich heraus. Alle, die Viktor helfen wollen, scheitern. »Was sie erreichen, ist verzweifelterweise eher das Gegenteil, es sieht beinahe so aus, als ob sie aus einem mittelmäßig schwierigen Kind einen Kriminellen herstellen, natürlich gegen ihren Wunsch und Willen.« Und Max Frisch faßt sein Urteil so zusammen: »Viktor als Opfer unseres Pharisäertums, das heißt einer Haltung, die sich selber nicht in Frage stellt und von vorneherein über den anderen urteilt und ihn abwertet. Ich weiß nicht, wie ein Mensch das aushalten soll, ohne einen schlechten und traurigen Weg zu gehen«.[8] June Kovach hat ihren Film mehrstimmig angelegt: der Erzählung des Viktor, der nie im Bild erscheint, sind Aussagen von Angehörigen, von Erziehern, von Leidensgenossen gegenübergestellt; die Anstalten, in denen Viktor leben mußte, sind manchmal von innen, oft auch nur von außen (weil keine Drehgenehmigungen erteilt wurden) zu sehen. Der Film, der sich jeden eigenen Kommentars enthält, wirkt durch die Reibungen zwischen seinen Teilen. Er zündet im Kopf des Zuschauers, provoziert dessen Schlußfolgerungen.

Demgegenüber ist der eindrucksvollste Film über alte Leute, *Müde kehrt ein Wanderer zurück* von Friedrich Kappeler (1974), sehr einfach strukturiert. Kappeler beobachtet, wie sein Nachbar die Wohnung verlassen muß, er sieht das in einem langen Leben Angesammelte, das zurückbleibt; auch den Hund, er wird eingeschläfert werden, kann der alte Mann nicht mitnehmen. Später im Altersheim, wo ihm nur noch wenig Platz bleibt, vereinsamt er immer mehr. Auch hier ein Einzelschicksal, das für viele steht.

Die Tradition von *Ursula* wird 1973 von Roman Hollenstein wieder aufgenommen. *Freut euch des Lebens* handelt von Erwachsenen, die seit ihrer Geburt behindert sind, zwei sind Epileptiker, einer ist verkrüppelt. Hollenstein beschreibt die recht isolierte Existenz dieser drei Männer, zeigt sie in ihrem Beruf (Gärtner, Schreiner, Servierkraft in einem Heim), er macht deutlich, daß sie weniger an ihren Gebrechen leiden (die bei den Epileptikeren ohnehin manchmal für längere Zeit kaum bemerkbar sind), als an dem Außenseiterdasein, das ihnen die Gesellschaft zugewiesen hat. Auch wenn sie diese

Roman Hollenstein: *Freut euch des Lebens*

Existenz am Rande zu akzeptieren gelernt haben, ihre Hobbies, Wunschvorstellungen und Träume lassen mehr als ihr an sich beschauliches Leben die seelischen Verwundungen spüren: der Schreiner wäre gerne Arzt geworden, der Gärtner ist Kurzwellenamateur, interessiert sich für Astrologie und Parapsychologie. Der bucklige Heiminsasse liest Wildwestro-

Jürg Hassler: *Krawall*

mane, möchte gerne auf den Mond; wenn er am Anfang und Ende des Films mit einem Fahrrad eine Landstraße entlangfährt, ist das zwar noch immer ein Bild der Isolation, aber die Fahrt signalisiert doch auch einen Moment von Freiheit, von Unabhängigkeit. Solche utopischen Bilder fehlen in Hollensteins nachgelassenem Film *Je ka mi oder dein Glück ist ganz von dieser Welt* (1978), einer bitteren Satire auf Freikörperkultur, Fitnessbewegung und Massensport und deren ideologischen und kommerziellen Mißbrauch. Hollenstein hat im Oktober 1977 Selbstmord begangen, 35 Jahre alt.

Schlüsselfilme II: *Krawall* (1970) und *Le moulin Déveley sis à la Quielle* (1971)

Jugendliche berichten über ihre schlechten Berufsaussichten, Rocker über ihr Mißtrauen gegenüber der Gesellschaft. Jürg Hasslers *Krawall*, die Chronik des heißen Sommers 1970 in Zürich, gipfelnd in der Straßenschlacht mit der Polizei am 29. Juni, ist mehr als eine Wochenschau aus der Sicht der betroffenen Jugendlichen. Sie stellt das lokale Zürcher Ereignis, Jugendliche fordern ein autonomes Jugendzentrum, in europäische Zusammenhänge. Jugendprobleme, die ja nicht nur die Schweiz kennt, die Solidarität mit Vietnam als Auslöser einer politischen Bewegung, die – wenigstens lose – internationale Zusammenarbeit der »Neuen Linken«: dies dokumentierend wird *Krawall* zu einem der wenigen bis heute gültigen, weil durchreflektierten Zeugnisse der außerparlamentarischen Opposition. In seiner zweiten Hälfte gewinnt der Film geradezu Modellcharakter: die Reaktion des Establishments, das jeder Diskussion aus dem Wege geht und nur die Polizei einzusetzen weiß, die Verweigerung von Grundrechten gegenüber festgenommenen Demonstranten, aber auch die ängstliche, auf Ausgleich bedachte Haltung von Liberalen (die Gründung des »Zürcher Manifests«) – der Film hält Abläufe fest, wie sie sich seitdem in ähnlichen Konflikten immer wieder wiederholt haben.
Louis Déveley, der letzte Müller in Quielle im Waadtländer Jura, führt noch einmal vor, wie er Mehl herstellt; dabei erklärt er genau die Arbeitsweise der Mühle. Wir beobachten

die Familie am Mittagstisch; wir sehen, wie der Müller an einigen Tagen der Woche als Kassierer am Schalter der Gemeindesparkasse von Vaulion sitzt. Déveley erklärt in seinem Schlußwort, daß Vaulion in den letzten 50 Jahren zwei Drittel seiner Bewohner verloren hat, jetzt sind es noch 430 oder 440. Die Konzentration in Landwirtschaft und Industrie hat die Infrastruktur der Gegend zerstört. Claude Champion zeigt alle Vorgänge in langen, ruhigen, konzentrierten Einstellungen. Die meisten Vorgänge dauern so lang wie in Wirklichkeit. Der Einstunden-Film *Le moulin Déveley sis à Quielle* ist der bis dahin wohl rigoroseste Versuch der Schweizer Kinematographie, dem Betrachter das Sehen nicht abzunehmen, sondern zu lehren. Die Filme von Hassler und Champion, so verschieden sie sind, haben doch einen gemeinsamen Kern. In ihnen wird die Opposition sowohl gegen die herrschende Politik, als auch gegen die herrschende Ästhetik, am weitesten getrieben. Dabei ist auch *Le moulin*, wie noch zu zeigen ist, ein politischer Film. Zwei Entwicklungen des Schweizer Dokumentarfilms, die um 1970 dominierten, finden in diesen beiden Filmen ihren jeweils extremsten und reinsten Ausdruck.

Politfilm und ethnographische Tradition

Die Ereignisse des Jahres 1968 haben auch den Schweizer Dokumentarfilm radikalisiert, im Inhalt und in seiner Form. Das streng dokumentarische Vorgehen in Weiterentwicklung des cinéma direct wird ersetzt durch Mischformen: zur Reportage und zum Interview treten Elemente der Satire und der Agitation. Man sucht den direkteren Zugang zum Zuschauer, begreift den Film als Mittel in der politischen Auseinandersetzung. Alternative Verleihorganisationen entstehen, darunter 1972 die »Filmcooperative Zürich«, deren Start vor allem durch den Exklusivverleih von *Krawall* ermöglicht wurde.[9] Ausländische Filme verbreiterten bald die Basis der Verleiharbeit, zum Beispiel *Rote Fahnen sieht man besser* aus der Bundesrepublik. Festivals wie Oberhausen und Mannheim boten Kontaktmöglichkeiten.

Von den Schweizer Filmen jener Jahre hatte aber keiner die Durchschlagskraft von *Krawall*. Hans und Nina Stürms *Zur Wohnungsfrage 1972* analysiert, Friedrich Engels' Aufsatz aus dem Jahre 1872 aufgreifend, an Beispielen aus dem Berliner Märkischen Viertel, dem Ruhrgebiet und der Schweiz die Wohnungsprobleme der unteren sozialen Schicht. Markus Imhoof attackiert 1969 ironisch die schweizer Kavallerie (*Ormenis 199+69*), Urs und Marlies Graf setzten sich 1970 in *z. B. Uniformen* witzig mit dem Uniformkult der Schweizer auseinander; ihre inszenierte, Methoden des Dokumentarfilms parodierende Satire auf das Ausbeutungssystem des Kapitalismus, *Isidor Huber und die Folgen* (1972), hat seine Aggressivität eingebüßt, wirkt heute platt. Dagegen hat Kurt Gloors Film *Die Landschaftsgärtner* (1969), der ambitionierte Versuch, die Armut der Bergbauern durch eine Montage aus dokumentarischen, manchmal arrangierten Bildern und Zitaten von Politologen und Politikern (bis Che Guevara) zu demonstrieren, über seinen modischen Reiz hinaus doch eine gewisse Faszination bewahrt: daß scheinbar Unvereinbares nebeneinandersteht und sich doch gegenseitig erhellen kann, macht das Erstaunliche dieses Films aus. Auch die unbequemen *22 Fragen an Max Bill*, den Künstler und Nationalrat, 1969 gestellt von Georg Radanowicz und Claus Bremer, atmen den Geist der antiautoritären Bewegung.

Mag – im Rückblick gesehen – die Ernte des Politfilms in der Schweiz nicht sehr reich gewesen sein, entscheidend war, daß in jenen Jahren, vor allem durch die Gründung der Filmcooperative, die Grundlage gelegt wurde für die politische Filmarbeit der künftigen Jahre, die wieder mehr den Methoden des Dokumentarfilms verpflichtet war, für *Ein Streik ist keine Sonntagsschule* (1975) von Hans und Nina Stürm und Mathias Knauer oder die Filme von Richard Dindo, die alle von der Filmcooperative verliehen, zum Teil auch vom Filmkollektiv, der dazugehörenden Produktionsgesellschaft, hergestellt wurden.

Die Verwunderung über *Le moulin Déveley sis à Quielle* wäre 1971 sicher nicht so groß gewesen, wenn man die Vorläufer dieses scheinbar so unzeitgemäßen Films gekannt hätte, jene kurzen oder mittellangen ethnographischen Filme über aussterbende Berufe in der Schweiz, die seit Mitte der sechziger Jahre von der Schweizerischen Gesellschaft für Volkskunde in Basel in Auftrag gegeben und von jüngeren Cinéasten wie Yves Yersin und einmal auch Claude Champion gedreht wurden. Auch heute sind diese Filme so gut wie unbekannt, nur die wenigen Arbeiten, die den vorgegebenen Rahmen sprengten, die mit Ton aufgenommen wurden, während die übrige Reihe stumm war, die das soziale Umfeld in die Untersuchung miteinbezogen, kamen an die Öffentlichkeit, nach *Le moulin* vor allem *Die letzten Heimposamenter* von Yersin (1973). Auch Fredi M. Murers *Wir Bergler in den Bergen sind eigentlich nicht schuld, daß wir da sind* (1974), eine Nemo-Produktion, wäre ohne diese ethnographische Tradition kaum denkbar.

Der Kontakt zwischen der Gesellschaft für Volkskunde und Yves Yersin kam zustande bei *Le panier à viande* (1965), einem kurzen Film über einen Schlachttag auf einem waadtländischen Bauernhof, den Yersin mit der Jean Rouch-Schülerin Jacqueline Veuve zusammen gedreht hat. In den folgenden Jahren machte Yersin vierzehn Filme dieser Art, ich habe fünf davon gesehen. Alle zeichnen sich durch eine große handwerkliche Sorgfalt aus, durch eine vorzügliche, aber nie aufdringlich effektvolle Kamera, durch einen Sinn für Zeitabläufe, wenn es nötig ist, auch für Räume. Die handwerklichen Vorgänge werden, meist ohne erklärende Zwischentitel, plausibel, einleuchtend dargestellt. Besonders eindringlich zwei Filme aus dem Jahr 1970: *Alpkäserei im Jura* und *Ein Gilsteinofen entsteht.* Der erste Film zeigt exemplarisch die Herstellung von Käse, vom Melken der Kühe bis zum Abtransport des fertigen Produkts: eine ganz unentfremdete Arbeit. Im zweiten Film ist nur ein einziger Mann zu sehen, ein alter Ofenbauer. Fünfzig Minuten lang erlebt man mit, wie er einen einzigen Stein bearbeitet, wie er ihn aus dem Steinbruch holt, ihn – mit Säge und Meisel – in die richtige Größe bringt, dann in die richtige Form – es ist ein Eckstein –, wie er ihn schließlich verziert. In den restlichen achtunddreißig Minuten wird man Zeuge, wie er den Ofen aus mehreren solchen Steinen zusammensetzt (dabei gibt es zeitraffende Überblendungen), und wie er zuletzt ein Wappen und die Jahreszahl 1970 in einen der Steine schlägt. Ähnlich eindrucksvoll sind die kürzeren Filme *Les cloches de vaches* (1966, über das Gießen von Kuhglocken), *Chaines et clous* (1967, über die Herstellung von Ketten und Nägeln) und Claude Champions *Migola, l'artisan de la pierre ollaire* (Migola, der Künstler des Serpentinsteins, 1968, über die Herstellung von Töpfen); schließlich eine Vorstudie zu den *Letzten Heimposamentern*, ein Vierzig-Minuten-

Film mit dem Titel *Heimposamenterei* (1972) von Yersin, mit Ton gedreht, zum Teil in Farbe, zum Teil in Schwarz-Weiß. Erklärt wird vor allem das Visiteur-Prinzip, die Arbeit also der Männer, die die Seide bringen und später die fertigen Bänder abholen. Der Film ist in Ansätzen schon eine soziologische Studie.

Die Bedeutung dieser Filmserie liegt zunächst darin, daß dem geschönten und verfälschten Bild der Schweiz wenigstens partiell ein wirklichkeitsgetreues Bild des Landes entgegengestellt wird. Menschen und Gegenstände werden nicht zur Dekoration in einer malerischen Landschaft degradiert, sondern in ihrer Funktion erkennbar; sichtbar wird der Zusammenhang zwischen Mensch und Natur. Die Filme, die so entstehen, sind historische Dokumente, sie halten im Bild fest, was in einigen Jahrzehnten wohl endgültig verloren ist. Schon diese stummen Filme dürfen nicht als Zeugnisse der Nostalgie mißverstanden werden, dafür sind sie viel zu nüchtern, unspektakulär. Trotzdem ist verständlich, daß die Filmemacher nicht bei diesen einfachen Beschreibungen stehenbleiben wollten, daß sie vor allem den Ton brauchten. Erst wenn die Menschen auch sprechen, wenn sie innerhalb ihrer Familie und ihres Dorfes vorgestellt werden, können auch die Ursachen für die Zerstörung benannt werden, die Mechanisierung, die Industrialisierung, die Konzentration der Betriebe. Aus der unentfremdeten Arbeit wird entfremdete – und aus dem scheinbar nostalgischen filmischen Rückblick wird Protest. So ist *Le moulin Déveley sis à Quielle* auch ein politischer Film, weil er auf sehr sachliche Weise die Verluste spürbar macht, die mit dem Fortschritt oder »Fortschritt« verbunden sind. Damit nimmt Champion jene Haltung vorweg, die später Arthur Lamothes kanadischer Filmserie *Carcajou ou le peril blanc* (1974ff.) über die Zurückdrängung der Indianer im Nordosten Kanadas zugrundelag. Der Protest, der in diesen Filmen, besonders in *Le moulin*, zum Ausdruck kommt, ist aber auch ästhetischer Art: dem Zuschauer wird die Freiheit des Selbstentdeckens wiedergegeben. Zwar hat der Schweizer Dokumentarfilm nie unter jener Fernsehästhetik gelitten, die anderswo häufig zu beobachten ist, der Zerstörung des Zeitablaufs durch hektische Gummilinsenaufnahmen, trotzdem sind die Filme von Yersin und Champion auch für schweizer Betrachter eine Herausforderung. Der Verzicht auf eine deutende Montage, das Zurückgehen auf einfache Erzählformen, macht diese Filme für Zuschauer von heute »schwierig«. Champion wollte einen *wirklich* didaktischen Film drehen: »Es gibt überhaupt keinen Grund, eine Großaufnahme oder einen Zoom von einer Detailaktion zu machen. Der Zuschauer soll diese Großaufnahme oder diesen Zoom machen, wenn ihn das interessiert. Dazu braucht es Zeit, und da bedarf es der Organisation des Stoffes mit Hilfe des Phänomens der Wiederholung.«[10] Wenn die Drehmethode von Champion mit etwas vergleichbar ist, dann mit der Art und Weise, in der Jean-Marie Straub in der *Chronik der Anna Magdalena Bach* (1968) das Spielen der Musik aufnimmt.

Schweizer Regisseure haben auch einige Filme hergestellt, die im Sinne der Ethnologen tatsächliche ethnographische Filme sind, die sich also nicht mit heimischen Verhältnissen, sondern mit außereuropäischen Kulturen beschäftigen. (Wenn ich sonst in diesem Aufsatz von ethnographischen Filmen spreche, meine ich deren Methode, die teilnehmende, gleichwohl distanzierte Beobachtung). Marlies Graf hat die Tradition von Henry Brandt wieder aufgenommen mit *Die Bauern von Mahembe* (1975), einem Bericht über selbstverwaltete Dörfer in Tansania. In seiner Ruhe und Gelassenheit steht dieser Film ebenbürtig neben *Le moulin*. Peter von Gunten hat sich zweimal mit der Dritten Welt, und unserem Verhältnis zu ihr, auseinandergesetzt. *Bananera Libertad* (1972) war kein ethnographischer Film, sondern eine wohlbegründete Polemik ge-

Marlies Graf: *Die Bauern von Mahembe*

gen die Ausbeutung Lateinamerikas durch Europa, während *El grito del pueblo* (1977) sich intensiv mit dem Leben der Indios in Peru heute und der Rolle der Kirche dort beschäftigt – dies nun wieder ein ethnographischer Film, wenn auch mit einer Neigung zum schönen Bild.

Schlüsselfilme III: *Schweizer im Spanischen Bürgerkrieg* (1974) und *Die Erschießung des Landesverräters Ernst S.* (1976)

Etwa ein Dutzend Schweizer, die am Spanischen Bürgerkrieg (1936–39) auf Seiten der Republik direkt oder indirekt beteiligt waren, erinnern sich ihrer Erlebnisse. Sie reflektieren aber auch über ihre Erfahrungen, über die Rolle der Schweiz im damaligen Konflikt und über den Zustand der Schweiz heute, gemessen an den Idealen der Spanischen Republik. »Demokratie? Das ist Revolution, wie wir sie gekannt haben in Barcelona im Sommer 36«, sagt eine Frau, die sich zu den spanischen Anarchisten bekennt. Neben den heute, zum Teil in der Schweiz, zum Teil im Ausland aufgenommenen Interviews, stehen Bildzitate aus *The Spanish Earth* von Joris Ivens (1937).

Die Kamera zeigt das Dorf Jonschwil, bei dem am 10. November 1942 Ernst S. als erster Landesverräter der Schweiz erschossen wurde, sie zeigt die Stadt St. Gallen, in der Ernst S. sich mit Gelegenheitsarbeiten durchschlug, bevor er dann als Soldat den Deutschen vier Granaten aushändigte, die er aus einem Schweizer Depot entwendet hatte; der Film endet mit Winterbildern vom Erschießungsort. Die Zeugen, die das Schicksal von Ernst S. darstellen, sind Familienangehörige, eine ehemalige Zimmerwirtin, Männer, die an der Verurteilung und Hinrichtung beteiligt waren, schließlich der Historiker Bonjour. Richard Dindo und Niklaus Meienberg, die Filmemacher, sind oft selbst im Bild, der Film folgt ihren Recherchen.

Schweizer im Spanischen Bürgerkrieg und *Die Erschießung des Landesverräters Ernst S.* von Richard Dindo sind die bis heute wohl wirkungsvollsten, am heftigsten umstrittenen Dokumentarfilme der Schweiz. Dindo, der vorher sein Talent schon mit dem Film *Naive Maler in der Ostschweiz* (1972) bewiesen

Richard Dindo: *Naive Maler in der Ostschweiz*

hatte, hat ein Gespür für die Brisanz scheinbar entlegener Themen, er ist ein ausgesprochen journalistisches Talent. Seine Arbeiten, die dem allgemeinen Selbstverständnis und Geschichtsbewußtsein der Schweiz widersprechen, ihrem Harmoniebedürfnis, haben denn auch wie kaum andere die Zensur auf den Plan gerufen.

Gegengeschichtsschreibung – von Zensur bedroht

Schweizer im Spanischen Bürgerkrieg hat vor allem mit seinen aktuellen Aussagen Anstoß erregt. Aufgrund ihres langen, politisch bewußten Lebens definieren einige der Interviewten, was für sie Demokratie bedeutet. »Demokratie ist eigentlich nur ein Schlagwort, das in allen Farben schillert. In der Schweiz haben wir die bürgerliche Demokratie, die ist gekennzeichnet dadurch, daß die in der Verfassung verankerten Rechte und Freiheiten eigentlich nur von dem wahrgenommen werden können, der Geld hat …« – »Demokratie? Das heißt Volksherrschaft, aber davon sind wir noch weit entfernt. Was wir haben, ist mehr für den Sonntag, aber was wir brauchen, ist eine Demokratie für den Werktag.« Als das Deutschschweizer Fernsehen den Film im Dezember 1975 sendete, fehlten diese und andere Definitionen von Demokratie. Der Hauptabteilungsleiter Eduard Stäuble verteidigte in einem Artikel im »Badener Tagblatt« diese Beschneidung des Films: »Wenn diese Methoden des Herrn Dindo Mode werden sollten, dann gute Nacht! Dann bricht ein geistiger Terror aus, der sich vom Terror der Gewalt nur dadurch unterscheidet, daß die Granaten, die da geschleudert werden, vorderhand nur aus Papier sind.«[11] Diese Empörung löst Dindo vor allem damit aus, daß er einen vergangenen, womöglich peinlichen oder blamablen Fall, nicht als vergangenen darstellt, sondern in seiner Beziehung zur Gegenwart.

Das gilt auch für den *Landesverräter.* Dindo und sein Ko-Autor Niklaus Meienberg, auf dessen Buch »Reportagen aus der Schweiz« der Film basiert, stochern in einer heute noch nicht vernarbten Wunde. Vom Fall des Ernst S. aus werfen sie einige Schlaglichter auf die Beziehungen der Schweiz zum »Dritten Reich«. So wenig sie die Tat des Ernst S. entschuldigen, so sehr machen sie doch auf die ganz andere Behandlung aufmerksam, die Schweizer Industrielle fanden, die mit den Nazis zusammenarbeiteten. Dindo und Meienberg erzählen die Geschichte des Ernst S. als die eines unglücklichen Men-

Richard Dindo: *Die Erschießung des Landesverräters Ernst S.*

schen, eines Proletariers, der seinen proletarischen Standpunkt nicht gefunden hat. Die Autoren stehen »auf der Seite eines Täters, der zugleich ein Opfer war«.[12] Die Kampagne gegen den Film hatte zwei Höhepunkte: einen offenen Brief von achtzehn Berner Professoren, die nach der Verleihung des »Sonderpreises der Stadt Mannheim« bei der dortigen Filmwoche, am 23. 10. 1976 gegen diese Auszeichnung protestierten. Sie werfen dem Film mangelnde Objektivität vor und vermuten bei der Preisvergabe »eine neomarxistische Zusammenarbeit über die Grenzen hinweg«.[13] Der Schweizer Bundesrat Hürlimann, letztverantwortlich für die Filmförderung, hat dann – trotz eines 13:1-Votums der zuständigen Expertenkommission – dem Film eine Qualitätsprämie in Höhe von 35000 Franken verweigert. Der Gesamtbundesrat hat diese Entscheidung Ende Januar 1978 bestätigt, nicht wegen der Tendenz des Films, sondern weil diese Tendenz mit einer »unverantwortlich oberflächlichen, lückenhaften und schiefen faktischen Dokumentation«[14] illustriert werde. Der »Tagesanzeiger« kommentierte sarkastisch: »Es geht nicht an, daß der Bundesrat Vertretern einer kritischen Nachkriegsgeneration lückenhafte Dokumentation vorwirft und es eben dieser Bundesrat war, der diesen Leuten den Zugang zu den Archiven verwehrt hat.«[15]

Zwar war dies das erste Mal, daß die Regierung bei der Filmförderung ihre Expertenkommission desavouierte (wozu sie das Recht hat), aber sie setzte damit ein Zeichen, das Wirkung haben kann. Eine Filmförderung, die ein ganzes Genre – den Dokumentarfilm – weitgehend von sich abhängig weiß, ist immer in Versuchung, ihre Macht auch politisch auszunützen. Parallel mit der Verweigerung einer Qualitätsprämie für die *Erschießung* ging eine andere Diskriminierung Dindos: die Stadt Zürich übersah – wiederum entgegen dem Votum der Jury – Dindo bei der Vergabe ihres Filmpreises. Daraufhin haben alle anderen siebzehn Preisträger je 8,3% ihrer Preissumme, zusammen 4000 Franken, für Dindo zur Verfügung gestellt.[16]

Dindo hat sich durch all dies nicht einschüchtern lassen; trotzdem haben seine neueren Arbeiten nicht die Qualität und Wichtigkeit der *Schweizer* und der *Erschießung. Raimon* (1977) ist eine Reportage über den bekannten katalanischen Sänger, eine Symbolfigur des Widerstandes gegen Franco. Die

Zwei Porträts sind zwei Vertretern der proletarischen Kunst gewidmet, dem Zürcher Arbeiterfotografen Hans Staub und dem deutschen, 1933 emigrierten Graphiker Clement Moreau. Während das Porträt des Fotografen in seiner Nüchternheit und Ruhe überzeugt, ist der Teil über Moreau weitschweifig, nicht frei von Rhetorik.

Auseinandersetzungen mit der Filmförderung, Angriffe auf Dokumentarfilme, hat es häufiger gegeben, einmalig aber ist der Fall, daß ein Film acht Jahre lang verboten blieb. Markus Imhoofs *Rondo* (1968), eine kritische Beobachtung zum Thema Strafvollzug und Rückfälligkeit, zugleich eine strenge formale Studie (Rondo), wurde auf Antrag des Gefängnisdirektors von der Justizkommission des Kantons Zürich wegen »Manipulation« nicht für öffentliche Aufführungen freigegeben. Erst 1976 ist das Verbot aufgehoben worden.

Schlüsselfilme IV: *Die letzten Heimposamenter* (1974) und *Die Früchte der Arbeit* (1977)

Alte Frauen, auch alte Männer, arbeiten an ihren Webmaschinen, stellen Posamenter her, Seidenbänder. Sie erklären ihre Tätigkeit, zeigen Freude daran. Sie erzählen aber auch von den Krisen ihres Berufes, daß sie, die Heimarbeiter, immer die ersten waren, die in Zeiten der Depression keine Aufträge

Yves Yersin: *Die letzten Heimposamenter*

Yves Yersin: *Die letzten Heimposamenter*

mehr bekamen. Und sie wissen, daß sie die letzten eines aussterbenden Berufes sind. Unentfremdete Arbeit und Ausbeutung werden eins im Leben dieser Menschen: das ist die Lehre dieses jede Didaktik vermeidenden Films von Yves Yersin und Edouard Winniger. *Die letzten Heimposamenter* sind ein ethnographisches und soziales Dokument.

Der typische Tagesablauf einer schweizer Arbeiterfamilie im Jahre 1974 – die Biographien der Mitglieder dieser Familie und anderer Arbeiter – die Geschichte der schweizer Arbeiterbewegung von 1914 bis 1974 – einige Episoden aus der Geschichte einer luzerner Architektenfamilie: aus diesen vier Erzählsträngen und Reflexionsebenen setzt Alexander J. Seiler seine 140 Minuten-Dokumentation *Die Früchte der Arbeit* zusammen, die im Untertitel »Arbeit und Arbeiter in der Schweiz 1914–1974« heißt. Hinter der scheinbaren Trockenheit der historischen Darstellung wird – je länger der Film dauert – die emotionale Beteiligung des Autors immer deutlicher: die Trauer und der Zorn über den Weg der schweizer Gewerkschaften und Arbeiterparteien in die Anpassung. Irritierender Höhepunkt, wenn man begreift, daß der ›Enkel des

Alexander J. Seiler: *Die Früchte der Arbeit*

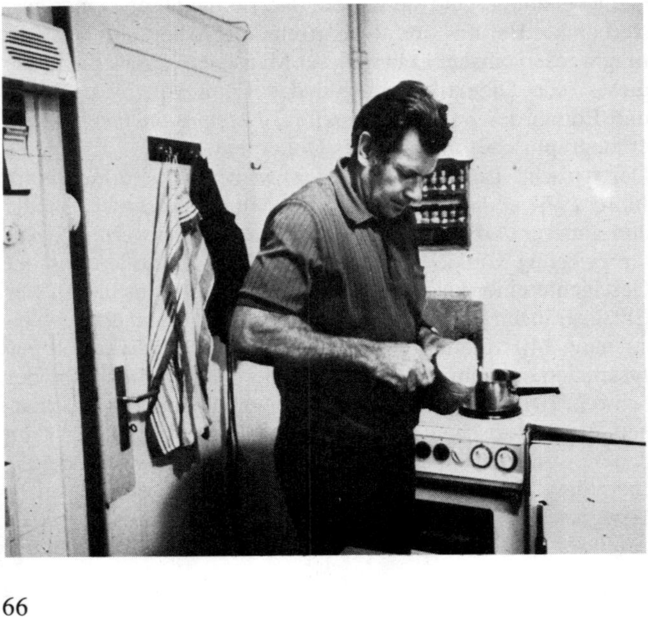

Alexander J. Seiler: *Die Früchte der Arbeit*

Architekten‹ Seiler selbst ist, daß also wieder einmal ein Bürgerlicher zum Sprecher der Arbeiterklasse geworden ist.
Die letzten Heimposamenter und *Die Früchte der Arbeit* sind für mich die Höhepunkte des schweizer Dokumentarfilms. Sie fassen die Tendenzen zusammen, die sich bis dahin herausgebildet hatten: das Engagement für Minderheiten und Unterprivilegierte, die Genauigkeit der Recherche und der Beobachtung, die undemagogische Behutsamkeit der Darstellung, die aber Schärfe des Urteils einschließt. Beide Filme sind Essays, wobei der Autor Seiler sich deutlicher zu Wort meldet, sich ja auch als Person in den Film einbringt, als Yersin und Winniger.
Die letzten Heimposamenter und *Die Früchte der Arbeit* sind eher ein Ende als ein Anfang; sie können mit ihrer Vollkommenheit auch Angst machen, vielleicht sogar ihren Regisseuren, die danach eigentlich ganz andere Filme drehen müssen (Yersin macht einen Spielfilm, der noch 1978 herauskommen soll). Beide Filme können auch blind machen für Qualitäten anderer Arbeiten; zum Beispiel habe ich lange gebraucht, bis mir Murers Gegenstück zu den *Heimposamentern, Wir Bergler in den Bergen sind eigentlich nicht schuld, daß wir da sind*, ein halbes Jahr später im Sommer 1974 herausgekommen, gefallen hat. Dieser Film über die Urner Bergbauern ist viel sperriger, gebrochener, unruhiger. Er liefert, so Murer, »Rohmaterial, Informationen aus erster Hand«.[17] Trotzdem hat auch dieser Film eine formale Strenge (die Gliederung in »drei Sätze«), die sich an der Realität reibt. Auch die *Bergler in den Bergen* sind ein Essay-Film, wie fast alle wichtigen Dokumentarfilme Mitte der siebziger Jahre.

Die Überwindung des cinéma vérité

Die wichtigsten schweizer Dokumentaristen, ob nun Seiler, Kovach, Yersin, Hollenstein, Murer oder Dindo, haben das cinéma vérité, die vorherrschende Methode der sechziger Jahre, in jüngster Zeit verändert, variiert, weiterentwickelt. Sie haben erkannt, daß sich diese Möglichkeit genauer Menschenbeobachtung nicht in der Materialsammlung erschöpfen muß, daß sie Grundlage sein kann für sehr persönliche, essayistische Filme. Diese neueren Arbeiten haben kaum mehr etwas mit den Essayfilmen früherer Jahre zu tun, etwa den Filmen von Chris Marker um 1960, in denen die Autorenmeinung vor allem durch den Kommentar ausgedrückt wurde. Zwar gibt es in *Früchte der Arbeit* einen gesprochenen Kommentar, der die historischen Zusammenhänge darstellt, und in der *Erschießung des Landesverräters* einen Erzähler, der den Gang der Recherche nachvollzieht, aber diese Texte sind nicht der Sinnträger des Films, sie sind nur ein Bestandteil der Montage, durch die sich der Film dem Zuschauer mitteilt. Ob *Freut euch des Lebens* oder *Wer einmal lügt*, ob *Heimposamenter* oder *Früchte der Arbeit*, die Filme haben es nicht mehr nötig, durch verbale Aussagen den Betrachter zu belehren, zu agitieren; sie vertrauen vielmehr der Aufmerksamkeit des Zuschauers, selbst Entdeckungen zu machen, hinter den individuellen Fällen, die die Filme darstellen, die gesellschaftlichen Zusammenhänge zu erkennen. Es ist in diesen Filmen immer die Montage, die den Zuschauer fast unmerklich lenkt; die Aussagen der einzelnen Zeugen, die sich ergänzen, einander widersprechen können, gehen im Kopf des Betrachters schließlich eine neue Einheit ein, die jede einzelne Aussage für sich nicht hatte (das wußte schon Eisenstein). Trotzdem ist in diesen Filmen der Gewinn der ethnographischen Methode erhalten, der ruhige, unspektakuläre Blick auf die Dinge. Die besten der Filme sind also auch von den optischen Zufälligkeiten des ci-

Fredi Murer: *Wir Bergler in den Bergen*

néma vérité befreit. Yersin und Winniger zum Beispiel haben mit den Posamentern deren Aussagen durchgesprochen, bevor sie sie mit Kamera und Tonband aufnahmen. Dadurch entstehen endgültige Dokumente, denen dennoch nichts Steriles anhaftet; man merkt den Posamentern die Freude an, etwas Wichtiges an die Nachwelt zu überliefern.[18] Die Personen in *Früchte der Arbeit* sitzen, wenn sie aus ihrem Leben erzählen, vor einer blau-grünen Wand, sind also herausgelöst aus dem alltäglichen Ambiente. Die Aussagen bekommen dadurch etwas Überindividuelles; man hat Seiler vorgeworfen, er benütze die Personen für seine Thesen. Es ist richtig, Seiler interessiert vor allem das Prinzipielle an den Erzählungen und Reflexionen seiner Protagonisten, aber er läßt es aus dem Persönlichen herauswachsen, denn er fragt nie nach Dingen, die über den Horizont der Personen hinausgingen. Zudem sind die verbalen Äußerungen ja eingebettet in die Beobachtung des Tagesablaufs: was gesagt und was getan wird, kommentiert einander.

Man müßte und könnte an jedem der hier zur Diskussion stehenden Film jene Mehrstimmigkeit analysieren, die schon bei June Kovachs *Wer einmal lügt* erwähnt wurde. Bild und Sprache, Originalton und (manchmal) Kommentar oder Zwischentitel, Spontaneität und Gliederung, die direkte Sprache der Minderheiten und die bürokratische der Herrschenden, offensichtliche Aussage und latente Bedeutung, Einzelschicksal und gesellschaftliche Repräsentanz, Aktualität und historische Dimension: mit solchen Gegensatzpaaren zum Inhalt und zur Form der Dokumentarfilme kann man deren Reichtum nur andeuten. Sie geben aber dem Zuschauer die Freiheit, sich selbst in diesen Filmen zurechtzufinden; er kann Ober- und Untertöne mithören oder sich auf die Hauptstimme konzentrieren, er kann Thesen des Films akzeptieren oder sich gegen sie wehren; gleichgültig jedenfalls wird er nicht bleiben. Darum will ich am Ende dieses Kapitels auf einen Film hinweisen, den ich sehr mag, obwohl ich oder weil ich nicht mit ihm übereinstimme. Schon 1967 realisierten Seiler, Kovach und Gnant im Auftrag des Norddeutschen Rundfunks den Film *Musikwettbewerb*, eine Reportage über den Genfer Wettbewerb des Jahres 1966, zugleich ein Essay über die Zerstörung der Musik, wenn man sie den Regeln der Leistungsgesellschaft unterwirft. Die Autoren lassen dasselbe Klavierstück passagenweise von verschiedenen Pianisten spielen, um so die Auswechselbarkeit der einzelnen Spieler zu beweisen. Müßten sie aber nicht, das ist mein Einwand, jeden einzelnen Musiker gegen die Standardisierung durch einen solchen Wettbewerb verteidigen, müßten sie nicht die Reste der Individualität, bevor der einzelne vom Musikmarkt geschluckt wird, zeigen?

Gegenöffentlichkeit

Überblickt man die Entwicklung des Schweizer Dokumentarfilms in den letzten fünfzehn Jahren, so fällt auf, daß er sich fast immer mit Außenseitern, Minderheiten, mit einzelnen alten Leuten (Erwin Keusch mit seinem Großvater *Pietro*, 1969/71), Sonderlingen (*Armand Schulthess*, Schlumpf 1974), mit politischen Randgruppen, mit Unterprivilegierten, mit Kindern und Behinderten beschäftigt hat. Massenphänomene wurden dagegen kaum behandelt: Seilers Analyse der Schweizer Arbeiterbewegung oder Hollensteins Attacke gegen die Sport- und Trimm-Dich-Ideologie (*Je ka mi*) sind seltene Ausnahmen. Martin Schaub hat gemeint, daß es »deutlich feststellbare Wellen der Zuneigung für wechselnde Minderheiten« gibt, und daß diese Filme »die Ohnmacht der Gutdenkenden und Wohlmeinenden« beweisen. Nur Filme über Massenphänomene könnten »ein Weg zur wirklichen Verankerung des unabhängigen Films in der Masse« sein.[19]
Damit ist die Frage nach der Wirksamkeit des Schweizer Dokumentarfilms gestellt. Richtig ist, daß viele Filme über den Kreis der Kenner (bei Festivals oder bei Alternativ-Vorführungen) nicht hinauskommen. Erst Fernsehausstrahlungen machen manche Filme bekannt. Trotzdem sind die Filme nicht wirkungslos. Schaub selbst schrieb: »Wenn der Schweizer Film ins Schußfeld konservativer Kommentatoren und Politiker gerät, ist ausschließlich von Dokumentarfilmen die Rede.«[20] Die Mächtigen in Staat und Wirtschaft haben – am deutlichsten bei Dindo, aber auch sonst – erkannt, daß Filme über Minderheiten zugleich Filme über die Schweiz sind. Wenn ausländische Arbeiter diffamiert und diskriminiert werden, ist das ein Problem für alle Schweizer. Wenn Außenseitern, die sich sonst nicht äußern können, weil man sie für unmündig hält, das

Wort gegeben wird, heißt das, daß die Herrschenden, die sogenannten Experten, einen Teil ihrer Macht verlieren. Alle diese Filme stellen Gegenöffentlichkeit her. Auch wenn der einzelne Film kaum Spuren hinterläßt, alle Schweizer Dokumentarfilme zusammen haben doch ganz erkennbar an der Oberfläche des Wohlstandsstaates Schweiz gekratzt, haben die Kehrseite der Medaille sichtbar gemacht. Mag es auch – ich kann das nicht beurteilen – Modethemen bei der Hinwendung zu immer neuen Minderheiten gegeben haben, die Kontinuität des Schweizer Dokumentarfilms über eineinhalb Jahrzehnte hinweg hat dem Genre eine Bedeutung gegeben, die es heute fast in keinem anderen Land hat. Die Schweizer Dokumentaristen betrachten ihre Arbeit nicht als Vorübung zum späteren Spielfilm (obwohl einige von ihnen diesen Wechsel vollzogen haben), sondern als eigenständige, notwendige Leistung. Daß einige Themen, ob Mode oder nicht, von mehreren Regisseuren behandelt werden, daß die Schweizer Dokumentarfilmleute, bei aller Konkurrenz untereinander, nicht Einzelkämpfer sein müssen, sondern sich verbunden fühlen können, gibt dem Dokumentarfilm in der Schweiz ein besonderes Gewicht. Während wir in der Bundesrepublik über das Team Klaus Wildenhahn/Gisela Tuchtenhagen und einige Fernsehdokumentaristen nie hinausgekommen sind (Peter Nestler emigrierte nach Schweden), konnte der Schweizer Dokumentarfilm tatsächlich zu so etwas wie einem Gewissen der Nation werden.

Dokumentarfilm als Instrument der Demokratie

Neuerdings sind sogar Filme entstanden, die der von Schaub erhofften Massenwirksamkeit nahekommen. Es sind durchweg Filme, die in Zusammenarbeit mit Betroffenen, in der Regel mit Bürgerinitiativen entstanden sind. Konsequenz auf der Seite der Macher: nicht einzelne, sondern mehrere Autoren zeichnen verantwortlich. Schon *Ein Streik ist keine Sonntagsschule* (Hans Stürm, Nina Stürm, Mathias Knauer, 1975) war ein Film, in dem die Betroffenen, 43 Arbeiter der Pianofabrik Burger und Jacobi in Biel, sich unmittelbarer als in vielen anderen Filmen äußern konnten. »Die Problematik dieses Streiks wird nicht – zugunsten eines agitatorischen Zwecks

– verschwiegen. Denn nicht die Filmer denken über Arbeitskampf nach, sondern von A bis Z die am Streik Beteiligten selber. Die Filmer haben sich ihnen nur zur Verfügung gestellt, und zwar ohne jede basisfremde Besserwisserei. Sie standen, bildlich und wörtlich, auf der Seite der Streikenden, betrachteten alles aus deren Horizont« (Schaub).[21] *Kaiseraugst* (Filmcooperative Zürich, 1975), eine Reportage über die Besetzung des Baugeländes für das geplante Atomkraftwerk, *Lieber Herr Doktor* (Filmgruppe Schwangerschafts-Abbruch, 1977), *Aufpassen macht Schule* (Filmgruppe Demokratische Rechte, 1978), ein Bericht über engagierte Lehrer, die sich zunehmend politischem Druck ausgesetzt sehen, *Gösgen* (Filmgruppe Gösgen, 1978), eine weitere Dokumentation der Anti-Atomkraft-Bewegung – das alles sind Filme, deren Produktionsweise für die Schweiz Innovationscharakter hat. Allesamt Produktionen des Filmkollektivs, sind sie nur möglich geworden durch das unmittelbare – auch finanzielle – Engagement der direkt oder indirekt Betroffenen. Weil in sie die Erfahrungen von Atomkraftgegnern, von Frauen oder von Lehrern unverstellt eingegangen sind, von Minderheiten, die für alle sprechen, können diese Filme Kommunikation stiften mit Zuschauern, die nicht direkt betroffen sind. Ästhetisch sind diese Filme ein Rückschritt gegenüber den besten Arbeiten des Schweizer Dokumentarfilms; sie setzen eher da an, wo der deutsche »Zielgruppenfilm« um 1970 stand, und wo er – etwa beim Thema »Berufsverbot« – noch heute steht: Interviews, Gespräche, Statements sind die dominierende Form der Mitteilung, der Geldmangel schlägt sich in der Form, oft auch negativ, nieder. Trotzdem sind diese Filme für die Schweiz sehr wichtig: mit ihnen wird – stärker als je zuvor – der Dokumentarfilm zu einem Instrument der Demokratie. Sie tragen zur Selbstverständigung von Gruppen bei, die sich ihre Rechte erkämpfen müssen. Da das Filmkollektiv Zürich Initiator und Motor dieser Filme ist, eine Gruppe von Regisseuren, Autoren und Technikern, deren Existenz durch Fernsehaufträge und Spielfilme gesichert scheint, müßte es gelingen, diese Basisfilmarbeit über den Augenblick hinaus zu erhalten und zu verbessern.

Ich danke Ursula Rindlisbacher und den Schweizer Freunden, ohne deren Rat und Hilfe dieser Aufsatz nicht möglich gewesen wäre.

1 Siehe Martin Schaub, La Suisse dans le miroir du documentaire, in: Réalités suisses dans le nouveau documentaire suisse 1961–1971, Retrospektive Nyon 1975, S. 27 (im Folgenden zitiert als Nyon 1975)
2 Darüber, vor allem über die Rolle des Bayerischen Rundfunks als Produzenten Schweizer Dokumentarfilme, siehe Alexander J. Seiler und June Kovach in Dokumentarfilme aus der Schweiz, herausgegeben vom Kellerkino, Bern 1976, S. 125 und 129 (im Folgenden zitiert als Kellerkino)
3 Siehe Kellerkino und die Zeitschriften Cinema und Zoom
4 Alexander J. Seiler, Siamo Italiani, Gespräche mit italienischen Arbeitern in der Schweiz, Zürich 1965, Einleitung, zitiert nach Kellerkino, S. 25
5 Schweizer Filmkatalog, 4. Ausgabe 1975/76, Stichwort Mertens/Marti (der Katalog hat keine Seitenzahlen)
6 Schaub in Nyon 1975, S. 27
7 Beatrice Leuthold in AZ Tribüne vom 9./10. 2. 1973, zitiert nach Schweizer Filmkatalog, Stichwort Bizzarri
8 Max Frisch am Fernsehen DRS, 19. 9. 1974, zitiert nach Schweizer Filmkatalog, Stichwort Kovach
9 Siehe Donat Keusch, Filmcooperative Zürich, Kellerkino, S. 103ff
10 Champion in Internationales Forum des jungen Films, Berlin 1972, Informationsblatt 16
11 zitiert nach Kellerkino, S. 75
12 Dieter Bachmann, Weltwoche (ohne Datum), zitiert nach Kellerkino, S. 85
13 zitiert nach Kellerkino, S. 84
14 zitiert nach Tagesanzeiger, Zürich, 27. Januar 1978, S. 1
15 Toni Lienhard, Staatskultur?, in Tagesanzeiger, Zürich, 27. Januar 1978, S. 1
16 Siehe Erklärung der Preisträger in Ciné Bulletin, herausgegeben vom Schweizerischen Filmzentrum, Nr. 28, Januar 1978, S. 3 f
17 Murer in Schweizer Filmkatalog
18 Siehe Interview mit Yersin in Internationales Forum des jungen Films, Berlin 1974, Informationsblatt 10
19 Martin Schaub, in Der Dorn im Auge der Mächtigen, Kellerkino, S. 221
20 Schaub, a. a. O., S. 218
21 Schaub, Tagesanzeiger, Zürich, 15. 3. 1975, zitiert nach Kellerkino, S. 79

Enge Verhältnisse
Der Spielfilm in der deutschsprachigen Schweiz nach 1964

Von Urs Jaeggi

Der neue Film wird unsere Wirklichkeit als Rohmaterial gebrauchen. Nicht aber die des 19. Jahrhunderts, in dem der Schweizer Film hoffnungslos stecken geblieben ist. Er wird Migrosläden, Akkordarbeiter, Bauern als landwirtschaftliche Unternehmer, Handwerker als Betriebsleiter von industriellen Filialen, die seelische und materielle Wohlstandsarmut, er wird die Gleichschaltung der Assoziationen durch die Massenmedien zeigen. Er wird unsere Wirklichkeit in irgend einer Form verwenden und auch unbequeme Probleme aufwerfen. (Stephan Portmann in der Neuen Zürcher Zeitung, 18. 2. 1966)

Das Zitat signalisiert einen Aufbruch. Es erwähnt ein Filmschaffen, das offenbar stecken geblieben ist, das den Bezug zur Gegenwart verloren hat, das es zu erneuern gilt. Das Zitat zeigt aber auch, daß es ein schweizerisches Filmschaffen, insbesondere ein Spielfilmschaffen in der deutschen Schweiz schon lange gegeben hat. Die oft gehörte und vielzitierte Behauptung, wonach die Wiege eines ernstzunehmenden schweizerischen Films im Vorfeld der kritischen Auseinandersetzung mit einer erstarrten westlichen Gesellschaft in den sechziger Jahren gestanden habe, ist so nicht haltbar. Der Schweizer Spielfilm ist weder geschichtslos, noch kennt er ein Jahr Null. Was es gibt, ist eine Zeit des Aufbruchs, des Generationenwechsels auch.

An der Wirklichkeit des Landes vorbeigefilmt

Daß der Spielfilm gerade in der deutschsprachigen Schweiz eine lange und künstlerisch durchaus beachtenswerte Tradition aufweist, läßt sich aus Alexander J. Seilers Aufsatz »Die

entfremdete Heimat« (S. 7ff.) entnehmen. An dieser Stelle soll lediglich kurz nachgezeichnet werden, wie das Spielfilmschaffen in eine unüberwindbare Krise geriet, wie es aber, entgegen anderslautenden Meinungen, immer wieder vereinzelte Bemühungen gab, aus der zunehmenden gesellschaftlichen Irrelevanz auszubrechen.
Der Niedergang des schweizerischen Spielfilmschaffens, das seine Erfolge in den dreißiger und vierziger Jahren nicht nur auf regionaler oder nationaler Ebene mit Dialektfilmen errang, sondern sich auch eines internationalen Ansehens erfreuen konnte, hat seine Ursache nicht zuletzt in der Konzentration auf zwei Produktionsgesellschaften (Praesens und Gloria). Nachdem sich das Konzept der Praesens-Film AG – der weitaus stärkeren Firma –, mit humanistisch-kosmopolitischen Stoffen den internationalen Markt zu erobern, durch die Abkühlung der Ost-West-Beziehungen zerschlug und Leopold Lindtbergs *Die vier im Jeep* (1950), der am Beispiel von Wien die Möglichkeiten einer friedlichen Koexistenz der Alliierten aufzeigen will, kein Erfolg wurde, wandte sich der Schweizer Film wieder einheimischen Themen zu. *Heidi* (1952), den die Praesens mit dem Italo-Schweizer Luigi Comencini nach dem Kinderbuch von Johanna Spyri produzierte, deutete bereits den neuen Trend an: Abkehr von der Wirklichkeit einer sich immer stärker industrialisierenden Welt, Flucht in die Unverbindlichkeit einer von äußeren Einflüssen wirtschaftlicher, sozialer oder politischer Art noch weitgehend unberührten Welt.
Zwei Regisseure setzten in den nun folgenden Jahren die Schwerpunkte: Franz Schnyder (geb. 1910) drehte vorerst mit *Uli der Knecht* seinen ersten Film nach Jeremias Gotthelf (1797-1854), bevor er noch im selben Jahr, 1954, den zweiten Teil des Heidi-Films (*Heidi und Peter*) in Angriff nahm. Schon in *Uli der Knecht*, dem wohl überzeugendsten Werk in der Reihe der Gotthelf-Verfilmungen, zeichnete sich ab, daß Schnyder weniger an der Menschenkenntnis und dem sozialen Kampfeifer des Pfarrers und großartigen Erzählers, als an dessen Argwohn gegen die Städte und die moderne Zivilisation interessiert war. Immer mehr gerieten die Verfilmungen statt zu illusionslosen, aber dennoch lebensvollen Schilderungen des Bauernlebens im Sinne des Dichters zu sentimentalen Dramen (z. B. *Annebäbi Jowäger*, 1960) oder derben Bauern-

schwänken (*Die Käserei in der Vehfreude*/deutscher Verleihtitel: *Wildwest im Emmental*, 1958).
Kurt Früh (geb. 1910) wiederum siedelte seine Filme in einem in sich geschlossenen, städtischen Kleinbürgermilieu an. Die Rollen archetypischer Schweizer – äußerlich ungehobelt, aber rechtschaffen, von gerader Denkungsart und hinter der rauhen Fassade von fast sentimentaler Herzlichkeit – übertrug er bekannten Volksschauspielern wie etwa Schaggi Streuli (*Polizischt Wäckerli*, 1955, und *Oberstadtgass*, 1956) oder Emil Hegetschweiler (*Bäckerei Zürrer*, 1957). Zwar vermochte gerade der letztgenannte Film durch seine innere Dramatik, den Einbezug aktueller Tagesfragen und nicht zuletzt durch die großartige Präsenz seines Hauptdarstellers zu überzeugen. Aber selbst hier – wenn auch weniger stark als in andern Werken – reduzierte Früh schweizerische Eigenart auf eine allenfalls durch individuelle Sorgen getrübte Inselsituation, die von den immer größer werdenden Problemen des ins Maßlose expandierenden Staates einerseits und von der weltweiten Bedrohung durch die Eskalation des Kalten Krieges andererseits unberührt blieb. Es steht allerdings außer Zweifel, daß gerade die Beschränkung auf eine wenn auch realitätsferne so doch überblickbare und in ihren Zusammenhängen geordnete und faßbare Welt den Publikumserfolg dieser Filme begründete.
Schnyder und Früh indessen kommt nun wiederum das Verdienst zu, in einer für den Schweizer Film düsteren Zeit Lichter gesetzt zu haben. 1957 entstand *Der 10. Mai*, einer der wenigen Filme, der sich kritisch mit der jüngsten schweizerischen Geschichte auseinandersetzt. Schnyder beschreibt darin die Reaktion der schweizerischen Bevölkerung am 10. Mai des Jahres 1940, als Hitlers Armeen Holland und Belgien überfielen. Nicht jenes Bild des geschlossenen Widerstandes, wie es bis heute im allgemeinen das Geschichtsbild prägt, kommt dabei zum Ausdruck, sondern die kopflose Flucht eines (zumeist wohlhabenden) Teils der Bevölkerung in die geschützteren Berggegenden und die allgemeine Nervosität und Angst angesichts einer durchaus möglichen Invasion deutscher Truppen auch in die Schweiz. Und am Beispiel eines Einzelschicksales rechnet der Regisseur mit der keineswegs über alle Zweifel erhabenen Asylpolitik der Schweiz ab.
Kurt Früh wiederum gab – viel später allerdings – der gegen Ende der sechziger Jahre nahezu vollkommen darnieder-

Kurt Früh: *Dällebach Kari*

liegenden Kinofilm-Produktion in der deutschsprachigen Schweiz einen nicht unwesentlichen Impuls, als er 1970 *Dällebach Kari* drehte. Formal noch ganz dem Stil verpflichtet, der in jener Zeit des Aufbruchs etwas gar eilfertig als Papas Kino verschrien wurde, zeichnete Früh sorgsam die Figur des Berner Originals nach. Mehr dessen tragischen als den die Legende um den eigenartigen Coiffeur-Meister tragenden Seiten nachspürend, begriff er Karl Dällenbach als einen Außensei-

Franz Schnyder: *Der 10. Mai*

ter, der sich quer zu einer leichtlebigen Gesellschaft stellte, seine Sorgen und Nöte mit trägem Witz überspielte, aber schließlich an seiner Einsamkeit zugrunde ging. Wichtig war der Film auch insofern, als er aufzeigte, daß es entgegen anderen Meinungen für den sorgfältig gestalteten Dialektfilm noch immer ein großes Publikum gab.
Im Nachhinein zumindest erscheinen Filme wie *Der 10. Mai*, *Bäckerei Zürrer* und *Dällebach Kari* im Hinblick auf eine Er-

neuerung des Deutschschweizer Spielfilms wichtiger als die Bemühungen anderer Filmschaffender um eine Wiederbelebung. Besonders den Versuchen, dem Schweizer Film mit allgemeinen Themen und internationaler Besetzung zu einem neuen, über die Landesgrenzen hinausreichenden Image zu verhelfen, war wenig Erfolg beschieden. Die Öffnung aus der Enge, wie sie vor allem der Produzent Lazar Wechsler (Praesens) forderte, brachte im Ausland nicht die erwünschten Erfolge, und im Inland hatte das Publikum weitgehend aufgehört, an die »schweizerische Stimme« zu glauben. Filme wie *Es geschah am hellichten Tage* (1958; Regie: Ladislao Vajda; Scenario: Friedrich Dürrenmatt; Darsteller: Heinz Rühmann, Gert Fröbe, Michel Simon u. a.) oder *Die Ehe des Herrn Mississippi* (1961; Regie: Kurt Hoffman nach Friedrich Dürrenmatt; Kamera: Sven Nykvist; Darsteller: O. E. Hasse, Johanna von Koczian, Hansjörg Felmy, Charles Régnier, Max Haufler u. a.) halfen der darbenden Filmproduktion nicht über den Berg. Ebensowenig gelang dies den im Vorfeld der Sexwelle produzierten Sittenfilmen wie *Die Schatten werden länger* (Ladislao Vajda, 1961) oder *Rosen auf Pump* (Franz Matter, 1961). Allerdings muß man Matter zugestehen, daß er nicht einfach der Versuchung erlegen ist, billiger Spekulation nachzugeben. Sein Film ist in ehrlicher, wenn auch etwas krampfhafter Weise darum bemüht, die Erkenntnisse der sich gerade auf einem Höhepunkt befindlichen französischen »nouvelle vague« zu integrieren. Wie Frühs *Dällebach Kari* muß auch *Rosen auf Pump* als ein Versuch gewertet werden, dem deutschschweizerischen Spielfilm einen Weg in Richtung Auseinandersetzung mit der Realität zu weisen.

Swissmade

Die Erneuerung des Filmschaffens in der Schweiz muß in ihrer Gesamtheit als eine Reaktion auf den Niedergang der traditionellen Filmproduktion verstanden werden. Ein anderer Faktor wirkte entscheidend mit: der Aufbruch der Jugend in den mittleren und späten sechziger Jahren, der sich schließlich zu den Studentenrevolten an den amerikanischen Universitäten, zur Bildung der außerparlamentarischen Opposition (APO) mit all ihren Folgen in der Bundesrepublik Deutschland und zum Mai-Aufstand des Jahres 1968 in Frankreich entwickelte.

Aus dieser Bewegung heraus, die sich kritisch mit Gegenwartssituationen auseinandersetzte, wurde ein neues Verhältnis zur Wirklichkeit gewonnen.
Sichtbarer Ausdruck dieses neuen Realitätsverständnisses, das sich auch in der Schweiz als kämpferische Auseinandersetzung mit bis dahin verdrängten, einer breiteren, im Taumel der Hochkonjunktur stehenden Bevölkerung kaum bewußten Zeitfragen formulierte, waren die fünf Kurzfilme des Westschweizers Henry Brandt, die unter dem Sammeltitel *La Suisse s'interroge* (»Die Schweiz befragt sich«) anläßlich der Landesausstellung von 1964 im »Weg der Schweiz« gezeigt wurden. Als ob die neue Generation der Filmemacher den über Jahre hinweg verschütteten Umgang mit der Wirklichkeit erst wieder erlernen mußte, beschäftigte sie sich fast ausschließlich mit dem Dokumentarischen. Es war, als fürchte sie sich davor, die Realität in der Brechung von fiktiven Geschichten erneut zu verlieren. Filme wie Alexander J. Seilers *Siamo Italiani,* Alain Tanners *Les Apprentis* (beide 1964) oder Walter Marti/Reni Mertens *Ursula oder das unwerte Leben* (1966) waren allerdings nicht nur ihres neuen Verhältnisses zur Wirklichkeit wegen von entscheidender Bedeutung für die Erneuerung des schweizerischen Filmschaffens; wesentlich war auch, daß hier erstmals mit Produktionsmethoden gearbeitet wurde, die mit der herkömmlichen Art, Filme zu drehen, wenig mehr gemein hatten. Der Stil des »cinéma vérité«, den diese Filmautoren pflegten, erforderte nicht nur eine äußerst mobile Apparatur, sondern auch kleine Aufnahmeteams. Die Erkenntnis, daß sich diese Art des Filmemachens mit kleinsten Budgets, geringem personellem Aufwand, 16mm-Kameras und Direktton auch auf den Spielfilm anwenden ließ, ermöglichte dessen formale Reform.
Anders als in der französischsprachigen Schweiz, wo glückliche Umstände wie die Bereitstellung von Produktionsmitteln durch die Télévision Suisse Romande und der Zusammenschluß einiger Filmschaffender zur »Groupe 5« bald einmal die Produktion von Spielfilmen unter allerdings bescheidendsten Bedingungen förderte, ging die Entwicklung zum abendfüllenden fiktiven Film nur stockend voran. Zwei Ursachen tragen die Hauptschuld für diesen Umstand. Das Fernsehen der deutschen und rätoromanischen Schweiz, bei seiner Inbetriebnahme Anfang der fünfziger Jahre in den leitenden Posi-

Yves Yersin: *Swiss made*

tionen vor allem mit Persönlichkeiten aus dem Hörfunk besetzt, hatte kaum eine Beziehung zur Bildsprache und vernachlässigte entsprechend die Förderung des Films, beziehungsweise sah die Notwendigkeit dazu vorerst gar nicht ein. Das Eidgenössische Filmgesetz aus dem Jahr 1963 – das ist der zweite Grund der Verhinderung eines deutschschweizerischen Spielfilmschaffens – sah bis zu seiner Revision von 1969 allein die Unterstützung von »kulturell oder staatspolitisch wertvollen Kultur-, Dokumentar- oder Erziehungsfilmen« vor. Unter diesen Umständen war es in der deutschen Schweiz – vor allem nachdem sich die privatwirtschaftlich organisierten Produktionsfirmen nach ihren Pleiten entschlossen hatten, sich auf die Herstellung von Dokumentar- und Werbefilmen zu konzentrieren – überhaupt nicht mehr möglich, einen abendfüllenden Spielfilm zu produzieren.
Es brauchte schon – sieht man einmal ab von Rolf Lyssys (geb. 1936) *Eugen heißt Wohlgeboren* (1968), einer konventionellen Filmkomödie um einen verklemmten Schweizer, der sich eine Frau für's Leben über den Computer sucht und dabei in groteske Situationen gerät – das Hundertjahr-Jubiläum der

Schweizerischen Volksbank, damit deutschschweizerisches Spielfilmschaffen der neuen Filmemacher-Generation in die Kinos gelangte. Im Rahmen ihrer Jubiläumsfeierlichkeiten im Jahr 1969 finanzierte die Volksbank auch einen abendfüllenden Spielfilm und schrieb dazu einen Wettbewerb aus. Das Thema – einzige Bedingung, an die sich die Filmschaffenden zu halten hatten – hieß »Die Schweiz von morgen«. Der Westschweizer Yves Yersin (geb. 1942) sowie Fritz E. Maeder (geb. 1936) und Fredi M. Murer (geb. 1940) konnten drei Episoden realisieren, die unter dem Gesamttitel *Swissmade* herausgebracht wurden.

Sowohl Yersins Episode *1980 – Celui qui dit non*, die von einem Heimkehrer und seiner Erfahrung berichtet, wie sich seine früheren Kampfgefährten für eine bessere Welt in den Jahren seiner Abwesenheit angepaßt und abgeschliffen haben; als auch Maeders Beitrag *Alarm* (über die Diskrepanz zwischen materieller und wirklicher, innerlicher Lebenserfüllung) tragen gar nicht sosehr die Züge des Zukunftsgerichteten. Sie enthalten vielmehr zahlreiche Querverweise auf Gegenwärtiges und sind von der Sorge um eine das Persönliche und Individuelle immer mehr negierende, alles verflachende, nach reinem Wirtschaftsdenken ausgerichteten Gesellschaft erfüllt. In beiden Episoden spiegelt sich das Gedankengut der Jugendrevolte in den späten sechziger Jahren, beide sind eine Ausein-

Fredi Murer: *Swiss made*

andersetzung mit einem immer problematischer werdenden Alltag. Murers *2069* schließlich erscheint wie eine utopische Antwort auf eine total verwaltete und überwachte Gesellschaft. Eine geringe Minderheit Unverbesserlicher findet, sie sei der Sozietät am nützlichsten, wenn sie unangepaßt und somit unnütz bleibe. Es erweist sich, daß just in dieser Haltung ein notwendiger Faktor zum Überleben in einer dem Menschen unfreundlich gesinnten Zukunft liegt: eine Form der Poesie, die über die Kälte der Umgebung siegt.
Wenngleich Yersin und Maeder, wohl als Folge der in ungewohnter Weise offen stehenden finanziellen Möglichkeiten, sich in formalen Spielereien sowie der Schönheit der Bilder verloren und Murer dem versponnenen Insider-Kreis, mit dem er seinen Film drehte, die Klarheit seiner Episode zumindest für Außenseiter opferte, signalisierte *Swissmade* dennoch die Tendenz des zukünftigen Deutschschweizer Spielfilms: das enge Verhältnis zu einer beunruhigenden Gegenwart.

Wurzeln im Dokumentarischen und im Fiktiven

Es gibt einen weitverbreiteten Irrtum über die Ursprünge des neuen Schweizer Films. Eine kaum mehr zu verdrängende Legende besagt, daß die Filmautoren aus der Romandie der Fiktion, die Deutschschweizer Filmemacher dagegen dem Dokumentarischen verhaftet seien. Diese grobe Verallgemeinerung hat nur insofern einen richtigen Ansatzpunkt, als sich viele Deutschschweizer Autoren durch die Auflagen des Filmgesetzes und die fehlende Unterstützung des Fernsehens gezwungen sahen, Dokumentarfilme zu drehen, wenn sie beim Metier des Filmemachens bleiben wollten. Richtig ist, daß diese Filmemacher den Dokumentarismus, wie ihn Brandt, Tanner, Goretta, Seiler und Marti erprobten – und wie er dem gesamten neuen schweizerischen Filmschaffen zugrunde liegt –, weiterentwickelten. Aber die Heimat zahlreicher Filmer aus der deutschsprachigen Schweiz liegt nicht im Dokumentarischen, sondern im Fiktiven, im Spielerischen. Gerne wird heute übersehen, daß Fredi M. Murer etwa mit *Balance* (Episode aus dem Kurzfilm *Pazifik oder die Zufriedenen*, 1965) oder *Chicorée* (1966) Fiktives in experimenteller Weise über das Dokumentarische setzte. Auch Peter von Guntens Erstling *Blumen-*

gedicht (1967) oder Robert Schärs multiinterpretable Filmparabeln (zum Beispiel *fort*, 1967, *Fingerübung*, *Türtortur*, *Auch ein Sisyphos*, alle 1968, und *Cave canem*, 1971) sind experimentelle Fingerübungen, die eindeutig in Richtung Spielfilm zielen. Und Georg Radanowicz zeigte mit *Pic-Nic* und *Mottensack*, zwei filmischen Happenings im Slapstick-Stil, bereits 1967 eindeutige Neigungen zu spielerischem Gestalten und Umgang mit Geschichten.

Insbesondere in den beiden Filmkursen der Kunstgewerbeschule Zürich in den Jahren 1967 und 1968, die etlichen Deutschschweizer Filmemachern Gelegenheit zu einer zwar kurzen, aber dennoch willkommenen Aus- und Weiterbildung gaben, zeigte sich durchaus ein Hang auch zum Fiktiven. Markus Imhoof beispielsweise drehte im ersten Kurs *Happy Birthday*, einen Kurzspielfilm über einen heranwachsenden Jungen, der an der aufdringlich inszenierten Feier zu seinem 16. Geburtstag durchdreht und mit dem Wagen seines Vaters einen Unfall baut. Der fast klassische dramaturgische Aufbau und der auf Suspense im Kleinen ausgerichtete Umgang mit dem Ton verraten eine intensive Auseinandersetzung mit dem Spielfilm und seinen Möglichkeiten als Erlebnisträger. Eindeutig vom Kino inspiriert ist auch eine andere, durchaus beachtenswerte Übungsarbeit: Clemens Klopfenstein hat mit *Nach Rio* eine am amerikanischen Gangsterfilm und an Melville orientierte Episode gedreht. Die Flucht eines verwundeten Kriminellen ist zwar als Stoff alles andere als trendgerecht, liegt weitab von der Suche nach der gegenwärtigen Realität, wie sie sich auch in den Kurzspielfilmen sonst manifestiert. Die sorgfältig inszenierte Fingerübung lebt weitgehend von einem sensiblen Sinn für das Handwerkliche und die Faszination des filmischen Klischees, das zu einer Art neuer künstlicher Filmwirklichkeit gerinnt.

Clemens Klopfenstein (geb. 1944) ist zusammen mit Urs Aebersold (1944) und Philip Schaad (1943) schon früh als AKS-Filmgemeinschaft anläßlich der Solothurner Filmtage mit den beiden Etüden *Umleitung* und *Wir sterben vor* (1966/67) aufgetaucht. Mit großem Einfallsreichtum und originärer Kraft variieren die jungen Filmemacher die Muster des trivialen Films in immer neuen, überraschenden Abläufen, ganz auf das Spektakuläre ausgerichtet und allein einer mitunter fast kindlichen Freude am Kino verpflichtet. Von der AKS-

AKS: *Die Fabrikanten*

Gruppe jedenfalls gingen wichtige Impulse für das neue Spielfilmschaffen aus, weil sie einem in fast schon extremer Ausschließlichkeit gepflegten Dokumentarismus eine Alternative entgegensetzt. Ihr erster langer Spielfilm, *Die Fabrikanten*

Clemens Klopfenstein: *Nach Rio*

(1973), wurde dennoch zum Mißerfolg: In einer Zeit, in der sich das Kinopublikum in der Schweiz eben an den Standard der Westschweizer Autoren Tanner, Soutter und Goretta gewöhnt hatte und der poetische Realismus so etwas wie das Bild des schweizerischen Spielfilms schlechthin verkörperte, war für einen Film, der sich am Trivialgenre orientierte, kein Platz. Bei der kategorischen Ablehnung, die der Film auch in der Kritik erfuhr, wurden zwei Dinge allzu leichtfertig übersehen: die Fertigkeit in der Handhabung der filmischen Mittel und die Hintergründigkeit der Story. Die Geschichte um einen Uhrenfabrikanten-Sohn, der sich bei der Übernahme des Betriebes bald undurchsichtigen Machenschaften gegenübergestellt und ausgeliefert sieht und sich schließlich wider Willen selber nur noch durch zwielichtige Transaktionen oder den Anschluß an einen Großbetrieb über Wasser halten kann, entbehrt nicht aktueller Bezüge. Aber es ging diesem Thriller um schleichende Wirtschaftskriminalität damals ähnlich wie den Filmen von Francesco Rosi und Elio Petri. Die spektakuläre, auf die Kinogewohnheiten ausgerichtete Behandlung politischer Stoffe brachte von rechts den Vorwurf linker Manipulation und von links den der Spekulation mit der Unterhaltung auf Kosten des politischen Gehaltes.

1972: Jahr des Aufbruchs

Die Revision des Bundesgesetzes über das Filmwesen von 1969 ermöglichte endlich auch die finanzielle Unterstützung von Spielfilmen durch die Eidgenossenschaft. Davon profitierten vorerst die Filmschaffenden aus der Westschweiz, die mit Hilfe des Fernsehens so etwas wie eine kleine Infrastruktur aufgebaut hatten. In der deutschsprachigen Schweiz schlug die Gesetzesrevision eigentlich erst im Jahr 1972 an. Für den langen Spielfilm bedeutet es so etwas wie eine Zeit des Aufbruchs und – wie sich zeigen sollte – auch der ersten Enttäuschungen. Erstmals realisierten die jungen Filmemacher aus diesem Landesteil abendfüllende Kinofilme, allen voran Daniel Schmid, dem hier ein eigenes Kapitel gewidmet ist (s. S. 137ff.). Sein Film *Heute Nacht oder nie* ist symptomatisch. Er bestätigt, daß das Spielfilmschaffen in der deutschen Schweiz seinen Ursprung keineswegs nur im Dokumentarischen hat.

Auch Xavier Koller (geb. 1944), Schauspieler mit Diplomabschluß, hat sich gleich am fiktiven Film versucht und geschult. Sein Erstling, *Fanø Hill* (1969), ein 50-Minuten-Film über den Ursprung von Aggression und Bösartigkeit, ein versponnenes Endspiel und Welttheater über die immer wiederkehrende Geschichte Kains, zeigt bereits eine starke Neigung und Affinität für das Surrealistische. In *Hannibal*, dem Kinofilm über die Begegnung mit der Macht, wird Koller seine Vorliebe, Unbewußtes und Traumhaftes bildhaft darzustellen, beinahe zum Verhängnis. Sein Film zeigt, wie ein junger Mann in der archaischen Umgebung eines abgelegenen, armen Dorfes irgendwo im Süden Abhängigkeitsverhältnisse, Repressionen durch reale und mythische Kräfte sowie Mechanismen der Weltflucht und Verfolgung in ihren elementaren Formen erlebt und sich ihrer und seiner selbst bewußt wird. Obwohl mit einem unverkennbaren Spürsinn für Actionsequenzen und Bildwirkung gedreht, vermag *Hannibal* den Sprung von der Leinwand zum Publikum nicht zu schaffen. Die Handlung bleibt zu abstrakt, die Einfälle sind zu exzentrisch als daß sie Kollers an sich interessantes Gedankengut, das ja schließlich auch viel mit Wirklichkeiten zu tun hat, zu transportieren vermöchten. Der Film bleibt eine immerhin bemerkenswerte Talentprobe.
Obschon sich Georg Radanowicz (geb. 1939) näher an einer faßbaren Realität bewegte, gelang auch ihm mit *Alfred R. – ein Leben und ein Film* kein Durchbruch zu einem breiten Kinopublikum. Radanowicz folgt der wirklichen Biographie eines jungen Mannes, zeigt wie dieser aufsteht, sich das Morgenessen zubereitet, Briefe, unbezahlte Rechnungen in Kehrichtsäcke verpackt, schließlich einen dunklen Anzug anzieht, eine Krawatte umbindet und sich dann erschießt. Diesen weitgehend realzeitidentisch aufgenommenen Sequenzen setzt der Filmemacher emotional-illustrative Rückblenden entgegen, die Lebenserinnerungen und Situationsbestimmungen festhalten. Ungewohnt lange Einstellungen legen – unterstützt durch eine dem Film kongeniale Musik – Emotionen gegenüber der Banalität des Alltags frei: beim einen Zuschauer als Empfindung von Langeweile und Frustration, beim andern als Anstoß zur Reflexion seines eigenen Daseins. Der experimentelle Charakter, wie er sich vor allem in der Absage an jahrzehntelang eingeübte Sehgewohnheiten äußert, erschwert den Zu-

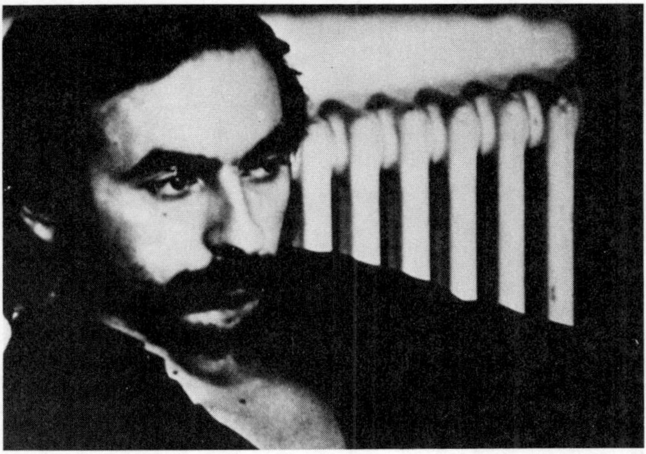

Gerd Radanowicz: *Alfred R.*

gang zu diesem Werk und verleiht ihm auch eine gewisse Kälte.

Mehr in Vergessenheit geraten als *Hannibal* und *Alfred R.*, ist ein anderer Film, der in diesem Jahr entstand. Das ist eigentlich um so erstaunlicher, als er sich mit einem typischen, schon in der Literatur immer wiederkehrenden helvetischen Thema befaßt: die Flucht vor der Entscheidung, sich definitiv in die bestehende Gesellschaftsordnung einzufügen. Marcus P. Nester (geb. 1947), ein Absolvent der Filmkurse an der Kunstgewerbeschule Zürich, wo er mit *Home, Sweet Home* und *Bedienung inbegriffen* sich bereits intensiv mit den Effekten und Wirkungsmustern des Spielfilms auseinandersetzte, beschreibt den Versuch eines jungen Mannes, aus seiner heimatlichen Enge auszubrechen und in eine Freiheit zu fliehen, die er in seinem Geiste als Mischung von Reisebüro-Werbeprospekt, dolce far niente und romantischer Revolution sieht. Daß er bereits über die ersten Formalitäten zu seiner Ausreise nach Mexico stolpert, ist ihm Anlaß genug, seinen Fluchtversuch vorzeitig abzubrechen und sich gleichzeitig in die Gesellschaft einzuordnen und sich für die Bürgerlichkeit und die Anpassung zu entscheiden. Der Film, der einen starken Identifikationsprozeß bewirkt, weil er eine Lebensphase beschreibt, die wahrscheinlich jeder durchmacht, kam kaum zu einer Kino-

Xavier Koller: *Hannibal*

auswertung. Der Grund dafür ist nun allerdings weniger in der formalen Struktur von *Ballonbremser* zu suchen. Gerade weil Nester mit konventionellen dramaturgischen Mitteln arbeitet, gibt er bei der Rezeption kaum Probleme auf. Schwierigkeiten verursachte vielmehr die für die Kinoprogrammation ungewohnte Spieldauer von nur 46 Minuten.
Die drei Filme waren, wenn auch auf verschiedenartige Weise,

Experimente. *Ballonbremser* ist der letztlich an den Umständen gescheiterte Versuch, der Sparte des Kurzspielfilms neue Impulse zu verleihen, *Hannibal* und *Alfred R.* suchten – zum Teil mit konventionellen, teils auch mit experimentellen Mitteln – nach neuen Formen des filmischen Erzählens. Daß sie dabei gleichzeitig auf ein neues, kaum vorbereitetes Publikum stießen, ließ sie äußerlich scheitern. Für das Spielfilmschaffen der deutschsprachigen Schweiz sind die drei Filme und die Erfahrungen, die sich mit ihnen sammeln ließen, von unschätzbarem Wert. Historisch betrachtet jedenfalls sind sie von wesentlich größerer Bedeutung als der ebenfalls in diesem Jahr entstandene *Stella da Falla* des Solothurner Filmers Reto Andrea Savoldelli. Der mit viel Vorschußlorbeeren bedachte Film, eine Fabel vom Weltkind, das sich auf die Suche macht, sein eigenes Leben zu finden, ist ein psychedelisches Märchen, das aus der Wirrnis der Zivilisation herausführt und seinen Protagonisten dank Guru und Meditation in einen Zustand glückseliger Erkenntnis und der Entrückung jenseits von Leben und Tod führt. Ohne daß sich die Kritik ausdrücklich dahin äußerte, fürchtete sie wohl erneut eine Entfremdung vor den Alltagsrealitäten und ließ an *Stella da Falla*, der narzißtischen Selbstbespiegelung eines bis dahin stark überschätzten Pseudogenies, kaum mehr einen guten Faden.

Dokumentarismus und Geschichte als Stütze

Obschon beweisbar ist, daß die Neigung zum fiktiven oder zum Dokumentarfilm nicht eine Frage der Sprach- und damit auch der Kulturregionen ist, fällt doch eine stärkere und vor allem offensichtlichere Beeinflussung durch das Dokumentarische im deutschschweizerischen Filmschaffen auf. Zweifellos liegt eine Ursache dafür in der Tatsache, daß sich eine Reihe junger Autoren aus den bereits erwähnten Gründen vornehmlich mit der Realisierung von Dokumentarfilmen beschäftigt haben. Nach ihren ersten filmischen Etüden arbeiteten vor allem Kurt Gloor, Peter von Gunten, Fredi M. Murer, Markus Imhoof und Yves Yersin als Dokumentaristen und schufen sich dabei auch einen Namen. Andererseits aber ist anzunehmen, daß der relative Mißerfolg der ersten neuen, stark experimentierenden Deutschschweizer Spielfilme den Mut zum Risiko etwas dämpfte und die Filmemacher sich in der Folge mit ihren langen Spielfilm-Erstlingen auf ein Feld begaben, das sie zu kennen glaubten. Sie vertrauten gewissermaßen nur noch dem, was sich durch Dokumente belegen ließ.

Als Peter von Gunten (geb. 1942) *Die Auslieferung* (1974) drehte, interessierte ihn indessen keineswegs nur die inzwischen historisch gewordene Figur des russischen Anarchisten Sergej Njetschajew und dessen Beziehungen zur Schweiz. Vielmehr beschäftigten ihn die Bezüge des damaligen, aus opportunistischen Gründen dem politischen Attentäter das Asyl verweigernden Bundesrates zu jenem der Gegenwart. Gerade dies erforderte – wollte von Gunten glaubwürdig bleiben – genaue und umfangreiche Recherchen. So ging den eigentlichen Dreharbeiten eine mit Akribie betriebene Quellenforschung voraus. In langwieriger Kleinarbeit suchte von Gunten den Spuren des russischen Revolutionärs zu folgen. Das Ergebnis dieser umfangreichen und seriösen Vorarbeit schlägt sich im Film nieder: Historische Genauigkeit gehört ebenso zu den Stärken von *Die Auslieferung* wie die Tatsache, daß nahezu jeder Schritt und jeder Dialogfetzen mit Dokumenten zu belegen ist. Dieser Präzision des geschichtlichen Herganges – die eine Interpretation des Geschehens, wie sie Peter von Gunten vornimmt, allein statthaft macht – gesellt der Filmemacher einen ebenso exakten, leidenschaftslosen Filmstil bei, dessen Ursprung beim Dokumentarfilm liegt.

Peter von Gunten: *Die Auslieferung*

Rolf Lyssy: *Konfrontation*

Ein ähnliches Vorgehen ist bei Rolf Lyssys *Konfrontation* (1974) festzustellen. Der Film erzählt die Geschichte des Attentats auf den Landesgruppenleiter der NSDAP in der Schweiz, Wilhelm Gustloff, im Jahr 1936. Auch hier wurden dem Drehbuch historische Dokumente – Gerichtsprotokolle

und Augenzeugenberichte vor allem – zugrunde gelegt, die in jeder Beziehung unangefochten sind. Und wie von Gunten gestattet sich Lyssy eine Interpretation des Geschehens und der Person des Attentäters David Frankfurter nur auf dem Boden gesicherter historischer Fakten. Auch in *Konfrontation* verbirgt die peinlich genaue Rekonstruktion der Epoche – die insofern noch weiter geht, als es Lyssy in erstaunlicher Weise gelingt, historische Filmdokumente nahtlos in die nachgestalteten Elemente einzufügen – nicht den Gegenwartsbezug, den man grob als Verhaltensweise in einer Extremsituation umschreiben könnte.
In starkem Ausmaß ist auch der erste abendfüllende Spielfilm von Markus Imhoof (geb. 1941) vom Dokumentarfilmschaffen her geprägt. *Fluchtgefahr* (1974) zeigt, wie die Maschinerie des Strafvollzugs und die »Hackordnung« unter den Gefangenen aus einem kleinen Fisch einen Verbrecher machen, weil sich im Gefängnis niemand um die wirklichen Ursachen seines Deliktes kümmert und ihn so in eine Abwehr, eine Gegenwelt fliehen läßt. »Diese Anklage aber muß ich beweisen«, schreibt Imhoof, »muß sie ›vor Augen führen‹. Dazu brauche ich Indizien, Details, eine Summe von scheinbar Unnötigem. In meinen allerersten Filmen wollte ich auf direktestem Weg das Grundsätzliche aussprechen. Ich habe aber dann akzeptiert, daß ich vor der Kamera mit den scheinbaren ›Äußerlichkeiten‹ der Dinge zu tun habe, und versuchte, symptomatische Äußerlichkeiten zu finden, in welchen sich etwas vom Grundsätzlichen abzeichnet. (...) Ich arbeitete deshalb längere Zeit als Gefängniswärter und besuchte abends die Gefangenen in ihren Zellen, später begleitete ich den Pikettdienst der Kriminalpolizei. So machte ich als ungestörter Voyeur eine Art ›Dokumentarfilm‹ über die Welt, die ich dann im Spielfilm darstellen wollte.« Authentizität, Gewöhnlichkeit, die Wirklichkeit der scheinbar banalen, aber sinnlichen Alltäglichkeit, die dem Filmbesucher den miterlebbaren Beweis für seine Anklagen liefern sollen, erreicht Imhoof über den synthetischen Umweg der filmischen Methapher. Sie verhilft dem Film zu einer Art Hyperrealität, die der Regisseur als lesbarer denn die Realität selber bezeichnet.
Ein selbstverständliches Erfordernis zur Herstellung der banalen Alltagswirklichkeit war die Verwendung der Mundart. Sie ist ein grundsätzliches Problem der Deutschschweizer Filme.

Markus Imhoof: *Fluchtgefahr*

Schlimmer als die Tatsache, daß es für die Dialektfilme kein »Hinterland« gibt und somit ihr Export selbst im gleichen Sprach- und Kulturbereich (BRD, DDR, Österreich) auf Schwierigkeiten stößt, ist das Trauma im Umgang mit der Mundart. Es rührt daher, daß der Dialekt während der Kriegszeit eine Absetzungs-Funktion von dem damals ins Zwielicht geratenen Hochdeutsch hatte. Vor allem in Literatur und Theater wurde aus der Umgangssprache eine Kunstsprache geformt. Ihre Theatralik indessen wirkte unecht und war – wie gerade die Dialektfilme der fünfziger Jahre zeigten – für die Wiedergabe realistischer Alltagsszenen ungeeignet. Was Nester schon in *Ballonbremser* versuchte, nämlich eine Integration der Umgangssprache in ihren verschiedenen regionalen Färbungen in den Film, wurde bei Imhoof geradezu Stilprinzip. Aus dem unverfälscht gesprochenen, modischen Erscheinungen und Verwischungen durchaus ausgesetzten Dialekt resultiert ein nicht unbeträchtlicher Teil der Authentizität von *Fluchtgefahr*. Indem der Film aufzeigte, daß die Mundart nicht a priori zu schierem Provinzialismus führen muß, sondern dramaturgisches Mittel zur Herstellung von Realismus sein kann und dadurch die Allgemeinverbindlichkeit gar fördert, wirkte er bahnbrechend.
Es zeigte sich gerade in den oben erwähnten Filmen deutlich, daß der dokumentarische Einfluß nicht einfach als Stilmittel zur Erlangung einer größeren Glaubwürdigkeit eingesetzt wurde. Das Dokumentarische hat vielmehr stützende Funktion, ist Absicherung für die Erreichung jener Relevanz, die nicht nur der Zuschauer, sondern auch das Förderungssystem, beziehungsweise die über Herstellungsbeiträge und Qualitätsprämien entscheidenden Gremien der Eidgenössischen Filmkommission von einem Schweizer Film verlangen. Und mehr als der rein fiktive Film mit einer erfundenen Story wird hier eine Sicherheit und Geborgenheit für den Autor vermittelt. Sowohl Lyssy wie von Gunten ist es in ihren Filmen nicht ganz gelungen, diese Krückenfunktion des Dokumentarischen vergessen zu lassen. So sehr den beiden Filmen eine erstrangige Bedeutung im Rahmen der Vergangenheitsbewältigung mit Gegenwartsbezügen zukommt, zeichnen sie sich doch durch ein allzu starkes Anklammern an die Historie aus. Dies führt zu einer gewissen Schwerfälligkeit, zu einer bestimmten Kälte und Nüchternheit auch, die den gängigen Kinogewohnheiten

zuwiderläuft. Was für den interessierten und intensiven Betrachter die Auseinandersetzung erst lohnend macht, wirkt sich auf den eiligen und flüchtigen Kinobesucher eher negativ aus: Er wird nicht abgeholt, sondern muß sich in den Film hineinleben, einarbeiten. Die Bereitschaft dazu ist leider nur in geringem Ausmaß vorhanden. Dennoch verhalfen *Fluchtgefahr*, *Konfrontation* und *Die Auslieferung* dem deutschschweizerischen Spielfilmschaffen zu einem neuen Durchbruch in den Kinos.

Verfilmung epischer Schweizer Literatur: ein Wettbewerb mit Folgen

Steigende Produktionskosten und eine immer größere Zahl von Filmautoren, die sich um einen Anteil am – im Verlauf der Jahre nur geringfügig erhöhten, ja in Wirklichkeit durch die Teuerung gar geschrumpften – Förderungskredit der Eidgenossenschaft von etwa zwei Millionen Franken bemühten, verschärften die Situation vor allem in der deutschsprachigen Schweiz. Schwierigkeiten bei der Geldbeschaffung verhinderten ein kontinuierliches Arbeiten am Spielfilm. Es gehört zum Drama der jungen Generation der Deutschschweizer Filmschaffenden, daß sie ihren Spielfilm-Erstlingen nicht unmittelbar ein zweites Werk folgen lassen konnten. In arge Nöte gerieten darüber nicht nur die Regisseure, die ihre Erfahrungen so nicht verarbeiten und nutzbringend verwenden konnten, sondern auch die Filmtechniker und mit ihnen die mühevoll aufgebaute Infrastruktur für eine rationelle und fachgerechte Filmproduktion. Hätte nicht das Fernsehen der deutschen und rätoromanischen Schweiz (DRS) 1973 einen Wettbewerb für Filmschaffende zur Verfilmung epischer Schweizer Literatur ausgeschrieben, wäre die Kontinuität des Spielfilms im deutschen Landesteil beinahe zusammengebrochen. So aber konnten nach langwierigen Evaluationsverfahren 1975 und 1976 zumindest drei Regisseure die Arbeit an Filmen für das Fernsehen DRS aufnehmen.
Die Rolle, die das Fernsehen DRS in der Unterstützung des unabhängigen Filmschaffens spielt, ist zumindest zwielichtig. Sie ist – vorab in ihren Anfängen – durch eine gewisse Verachtung gegenüber den freien Filmautoren gezeichnet. Dagegen

haben sich diese zu wiederholten Malen vornehmlich an den Solothurner Filmtagen vehement zur Wehr gesetzt. Doch erst 1969 konnten sich die Verantwortlichen der Television endlich dazu durchringen, eine Summe von 300000 Franken für die unabhängige Filmproduktion freizustellen. Mit dem Geld wurden auch Versprechungen für eine sinnvolle Filmförderung von Seiten des Fernsehens abgegeben. Sie sind – sieht man einmal davon ab, daß die Anstalt Filmproduktionen mitfinanzierte und sich damit natürlich auch Abspielrechte erwarb – bis auf den heutigen Tag kaum eingehalten worden. Wenn auch die addierten Herstellungsbeiträge im Endeffekt eine beachtliche Summe ausmachen, so vermag dies doch nicht darüber hinwegzutäuschen, daß es eine kontinuierliche Förderung des unabhängigen Filmschaffens durch das Fernsehen DRS nicht gibt, daß Filme schweizerischer Herkunft nach wie vor zu tiefen Minutenpreisen ausgestrahlt werden, daß das Verhältnis zwischen Filmschaffenden und TV-Verantwortlichen trotz vielen Annäherungsversuchen immer noch gebrochen ist. Seinem kulturellen Auftrag, der ja auch die Filmkunst umfaßt, kommt das Fernsehen DRS nach übereinstimmender Auffassung von Filmschaffenden und Medienkritikern in keiner Weise nach.

Über diese Tatsache täuscht auch der Wettbewerb »Verfilmung epischer Schweizer Literatur« nicht hinweg. Schon zustandegekommen ist er auf mehr zufällige Weise: Im Frühjahr 1973 standen dem Fernsehen DRS infolge einer Gebührenerhöhung finanzielle Mittel zur Verfügung, die bei der Erstellung des Jahreshaushalts nicht einkalkuliert waren. Ein Teil dieser Mittel, vier Millionen Franken, wurde für die Ausschreibung und Realisierung des Wettbewerbes bereitgestellt. 112 Projektskizzen von 42 Produzenten wurden auf die Ausschreibung hin eingereicht, die dem Fernsehen Sendungen bringen sollte, »welche für ein breites Publikum eine Bereicherung des Programms bedeuten«. Das Unternehmen sollte einen besonderen Akzent setzen, »aber einen, der beim Zuschauer nicht vorwiegend Ratlosigkeit hervorrufen würde«. Auf die Idee zur Verfilmung epischer Schweizer Literatur kam man, weil die Fernseh-Programmverantwortlichen im damaligen Zeitpunkt nicht erwarteten, daß »ein ausreichendes und genügendes Angebot von Originalstoffen zustandekommen« würde. Daß sich hinter dieser Haltung eine Geringschätzung

Gaudenz Meili: *Der Stumme*

des Films als völlig eigenständige, der Literatur ebenbürtige Kunstform verbarg, blieb nicht nur vielen Kritikern, sondern auch Filmschaffenden verborgen.
Drei Werke wurden schließlich vom Fernsehen DRS produziert und 1976 ausgestrahlt – noch bevor sie in den Kinos zur Auswertung gelangten: *Der Stumme* von Gaudenz Meili nach dem Roman von Otto F. Walter, *Die Magd* von Louis Jent

Louis Gent: *Die Magd*
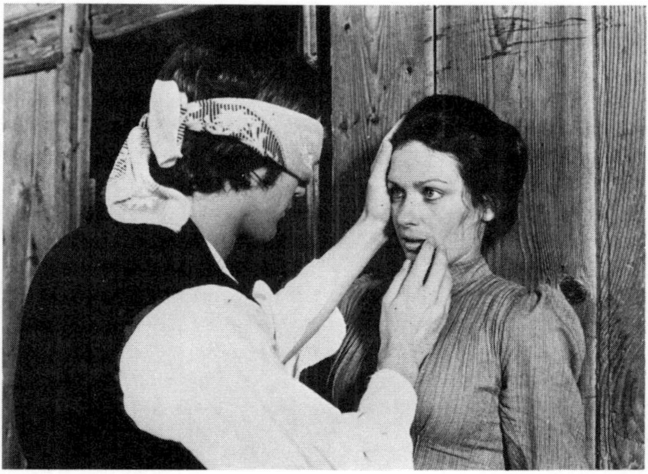

nach der Erzählung »Durch Schmerzen empor« von Jakob Bosshard und *Riedland* von Wilfried Bolliger nach Kurt Guggenheims gleichnamigem Roman. Zwei Millionen Franken standen den drei Autoren, von denen noch keiner einen Kinofilm gedreht hatte – Jent und Meili sich aber über Fernseherfahrung ausweisen konnten – zur Verfügung. Die restlichen zwei Millionen hatte das Fernsehen DRS inzwischen zum Auffangen der Teuerung (sic.) verwendet. Das Ergebnis des Wettbewerbes war – sieht man einmal von der Reduktion der Produktionssumme um die Hälfte ab – keineswegs deprimierend, brachte aber auch keine neuen Impulse: dem Deutschschweizer Spielfilm nicht, denn dazu waren die Filme zu brav und hatten zu wenig persönliches Profil; aber auch dem Fernsehen DRS nicht. Dieses beschloß in einer zunehmend angespannten finanziellen Situation, vorerst keine Spielfilme mehr voll zu finanzieren und verschrieb sich eine Phase der Neubesinnung. Sie dauert bis heute an.

Folgenlos blieb der Wettbewerb dennoch nicht, leitete er doch – offensichtlich im Sog eines internationalen Trends – einen Boom von Literaturverfilmungen ein. Verschiedene Autoren, deren Wettbewerbsprojekte durch die Tatsache, daß sie in eine engere Wahl gelangten, nahezu zur Aufführungsreife gebracht wurden, realisierten ihre Filme zum Teil unter Mithilfe des Fernsehens auf andern Wegen (z. B. Daniel Schmids *Violanta*). Neue Literaturverfilmungen – etwa *Der Landvogt von*

Wilfried Bollinger: *Riedland*

Greifensee nach Gottfried Keller (Wilfried Bolliger) oder *Kneuss* nach Beat Brechbühl (Gaudenz Meili) sind in Arbeit. Wenn immer bis jetzt in den Filmen das Bemühen um eine Umsetzung der Literatur in die Sprache des Films feststellbar blieb, so besteht doch eine große Gefahr, daß der Film dabei zum bloßen Vehikel für den Transport von Literatur und damit seiner künstlerischen und kulturellen Eigenständigkeit beraubt wird. *Der Stumme, Die Magd* und *Riedland* bestärken solche Befürchtungen ansatzweise.
Bemerkenswert übrigens, daß ausgerechnet jene Filme, die außerhalb des Wettbewerbes realisiert wurden, zu den stärksten gehören: Schmids *Violanta* (vgl. S. 137 ff.) eben oder Georg Radanowicz' *Das Unglück* (1976), eigentlich als Fernsehfilm vom Fernsehen DRS und dem Norddeutschen Rundfunk (NDR) produziert. Das Vorhaben des Regisseurs war es, die mosaikartige Struktur von Max Frischs Tagebucheintragung »Skizze eines Unglücks« in den Film zu übertragen, die Geschichte so wörtlich wie nur irgendwie möglich ins Bild umzusetzen. Manchmal chronologisch, öfters aber assoziativ werden Szenen der Erinnerung aneinandergereiht und geben Aufschluß über das Verhältnis eines ungleichen Paares auf seiner Reise durch Südfrankreich: über Spannungen, Reaktionen und neurotische Projizierung. Was Frisch mit der Sprache vermittelt, subjektiven Stimmungsausdruck, beschreibt Radanowicz mit dem Bild. Sprache und Bild ergänzen sich in *Das Unglück* zu einer ebenso suggestiven wie komplexen Einheit. Durch die Verschmelzung wird der Bruch zwischen Literatur und Film aufgehoben.

Thomas Koerfers »Schaustellerfilme«

Ebenfalls im Sog des Literatur-Wettbewerbes konnte Thomas Koerfer (geb. 1944) seinen Film *Der Gehülfe* nach Robert Walsers Roman verfilmen. Es brauchte dazu allerdings die großzügige Unterstützung des Zweiten Deutschen Fernsehens und einen Förderungsbeitrag des Bundes. Koerfer, der Volkswirtschaft studiert, bei Alexander Kluge volontiert und bei Brunello Rondi in Rom eine Regieassistenz absolviert hat, arbeitete zunächst beim politischen Magazin »Rundschau« des Fernsehens DRS. 1973 realisierte er seinen Spielfilm-Erstling

Thomas Koerfer: *Der Tod des Flohzirkusdirektors*

Der Tod des Flohzirkusdirektors oder Ottocaro Weiß reformiert seine Firma, der ihn bereits als eigenwilligen, dem scharfen Intellekt verpflichteten Regisseur auswies. In den Materialien zum Film, der »Pestschrift«, veröffentlichte er damals eine Art gedankliches Konzept seines Schaffens: »So, wie sich das Theater von Brecht auf den Abbau der Illusionswirkung ausgerichtet hat, um stärker auf die gesellschaftliche Realität hinweisen zu können, so muß sich der Film, in Rückbesinnung auf die Wirklichkeitstreue des Schaustellers, dem Abbau der Illusionswirkung zuwenden.« Zwar läßt sich Koerfer wie Schmid nicht irgend einer Schule oder bestimmten stilistischen Richtung zuweisen, aber seine Äußerung wirkt doch wie ein Bekenntnis zur von den Deutschschweizer Filmemachern geforderten und praktizierten neuen Sicht der helvetischen Wirklichkeit. Wohl formal, aber nicht von seiner Gesinnung her, ist Koerfer ein Außenseiter.

Im *Flohzirkusdirektor* will der Protagonist Ottocaro Weiß die Pest auf die Bühne bringen, weil ihn äußere Umstände gezwungen haben, den bisherigen Betrieb seines Flohzirkus' einzustellen. Pest bedeutet für ihn »Auslöschung von allem, was

Thomas Koerfer: *Der Tod des Flohzirkusdirektors*

Leben niedrig und gemein macht«. Ohne es zu wissen, wird er von einem Mäzen finanziert, welcher der entgegengesetzten Auffassung ist: Für diesen ist die Pest eine Ordnungsmacht, und er will das Pesttheater nur dazu benutzen, um mit Hilfe eines kleinen »Unfalles« unter der Bevölkerung eine ganz reale Pestepidemie auszulösen, wovon er sich persönliche und materielle Vorteile verspricht. Die Idee scheitert schließlich an Ottocaro Weiß, der, um seine Glaubwürdigkeit zu retten und die verlorene politische Dimension zurückzugewinnen, den Schein des Theaters mit der Wirklichkeit vertauscht: Die illusionäre Freiheit der Bühne ist auf die Dauer nicht genug. Indem er sich selber mit der Pest infiziert, begibt sich der Flohzirkusdirektor auf den leidvollen Weg in die wirkliche politische Freiheit. Intellektuell bis ins letzte durchkonstruiert, bedient sich der Film stilistischer Mittel, die den Abbau der Illusion fördern, indem sie den Protagonisten als Träger einer Rolle klar deklarieren. Die Problematik des Films liegt in seiner starken Verschlüsselung, die ihn, wie übrigens auch die Übersättigung mit Inhalten und Aussagen, unzugänglich macht.

Diesen Fehler hat Koerfer in seinem zweiten Film, in *Der Gehülfe* (1976) nicht wiederholt. Streng und diszipliniert hat er den Roman Walsers verfilmt. Josef Marti, soweit der Inhalt, wird Angestellter bei Herrn Tobler, einem berufsmäßigen Erfinder. Zuerst muß er nur die Arbeiten eines Bürogehilfen verrichten, wächst dann aber mehr und mehr in die Stellung seines Herrn hinein, dessen Erfindungen sich als untauglich erweisen. Während Tobler sein Leben ins Wirtshaus verlegt, wird Joseph zum Gesellschafter seiner Frau und zu ihrem Berater in Erziehungsfragen. Schließlich zwingt ihn die wirtschaftliche Lage des Hauses Tobler aber wieder in die Arbeitslosigkeit. »Einen Auszug aus dem schweizerischen täglichen Leben in 60 farbigen Bildern« nennt Koerfer seinen Film im Untertitel. Exakte Tableaux sind es in der Tat, die hier mit wenigen Ausnahmen in Totalen und Halbtotalen arrangiert werden. Sie bewirken als eine Inszenierung der Nichteinmischung, der Distanz zum Geschehen, den Abbau der Illusion. Das Fehlen eines sichtbaren politisch-ideologischen Standpunktes des Autors bedeutet keineswegs den Verzicht auf Engagement. *Der Gehülfe* ist ein gültiger Versuch, die im Roman vorgenommene Analyse des Klein- und Mittelbürgertums und der Angestelltensituation mit filmischen Mitteln genau zu rekonstruieren. Koerfer versteht das Werk Walsers nicht rein poetisch, sondern kritikreich und in einem unmißverständlichen Sinne politisch.

Thomas Koerfer: *Der Gehülfe*

Thomas Koerfer: *Alzire oder der neue Kontinent*

Auch *Alzire oder der neue Kontinent* (1977), Koerfers bisher letzter Film, ist von formaler Strenge getragen und vom wachen Geist des Intellektuellen beherrscht. Aber mehr als in den früheren Filmen macht sich hier auch eine heitere Gelassenheit und Sinnlichkeit breit. Von Rousseau und Voltaire handelt der Film, die aus einem waldig-wilden Jenseits die Mühsal einer kleinen Theatergruppe beim Versuch, Voltaires Stück »Alzire ou les Américains« zu inszenieren, beobachten. Schon bevor die Tragödie unter dem Einfluß eines im Exil lebenden Indios in aktualisierter Form in einer Kirche schließlich zur Aufführung gelangt, werden verschiedene Kulturen und Geisteswelten einander konfrontiert: So wie gleich zu Beginn ein spanischer Eroberer und ein Indio symbolisch aufeinanderstoßen, prallen im Film auch Künstler und Staat, kultureller Anspruch und Realität, Ideologie und Praxis und – nicht zuletzt – der rationalistische Aufklärer Voltaire und der pädagogisierende Rousseau aufeinander. Koerfers Film, der Raum und Zeit kühn überwindet und Gegenwart und Vergangenheit mischt, ist durch und durch das Produkt der Imagination, der spielerischen Phantasie. Nie geht es darum um die Rekonstruktion einer Realität, weder einer vergangenen noch

Thomas Koerfer: *Alzire oder der neue Kontinent*

einer gegenwärtigen. Aber dennoch ist der Film ein einziger Bezug zur Wirklichkeit. Im Kunstprodukt, das als solches in jeder Phase erkennbar ist, spiegelt sich schillernd die Wahrheit. Sie offenbart sich weitgehend in der Diskrepanz zwischen Lebensanspruch und Lebensverwirklichung.
Koerfers Schaffen ist ohne die Mitarbeit seines Drehbuchautors Dieter Feldhausen und des Kameramannes Renato Berta kaum denkbar. Das gemeinsame Erarbeiten eines Projektes, die Auseinandersetzung um Inhalte und Form, die Möglichkeit der laufenden Kontrolle im Sinne einer Partnerschaft und schließlich die Delegation eines Fachbereichs an den zuständigen, aber mit den Intensionen des Regisseurs vertrauten Spezialisten ergeben letztlich die unverwechselbare Handschrift Koerfers. Seine Filme sind im ursprünglichen Sinn des von Bazin, Godard und Truffaut geprägten Wortes Autorenfilme.

Scharf beobachtete Gegenwart

Es ist wohl nicht zufällig, daß sich im deutschschweizerischen Filmschaffen zur Zeit eine Entwicklung anbahnt, die man als

Kurt Gloor: *Die plötzliche Einsamkeit des Konrad Steiner*

Verschmelzung des Realitätsbewußtseins und des damit verbundenen politischen und sozialen Engagements mit der Kinofiktion bezeichnen könnte. Viele Regisseure haben in den letzten Jahren das Kino wiederentdeckt und erfahren, daß die Geschichten, die es erzählt, nicht unbedingt wirklichkeitsfremd sein müssen. Als Wegbereiter dieser Synthese, die letztlich darauf abzielt, ein dem Kino verlorengegangenes Publikum wieder anzusprechen und gerade deshalb den Zorn einer puristischen und auch kurzsichtigen Kritik auf sich zog, darf Kurt Gloor gelten. Mit *Die plötzliche Einsamkeit des Konrad Steiner* schuf er 1976 einen Film, der die genaue Beobachtung des Alltags filmisch präzise schildert, die Problematik des Alterns in einer lieblosen, rein auf Rendite ausgerichteten Konsum- und Wegwerfgesellschaft sorgfältig recherchiert darstellt und gleichzeitig die dramaturgischen Gesetze des filmischen Erzählens nicht vergißt. Dem Schauspieler Sigfrit Steiner schrieb Gloor die Rolle des alten Schuhmachers Steiner auf den Leib, welchem nach dem Tode seiner Frau auch noch Wohnung und Werkstatt in der Zürcher Altstadt gekündigt werden. Unterstützt von einer jungen Sozialhelferin, widersetzt sich der Handwerker hartnäckig der Verbringung in ein

Altersheim. Der Fürsorge, die ihn aus falsch verstandener Mitmenschlichkeit aus seinem angestammten Lebensbereich herausreißen will, kann er sich zuletzt allerdings nur entziehen, indem er seine bescheidenen Ersparnisse von der Bank abhebt und in den Süden flieht. Der alte Steiner ist einer der wenigen Schweizer, dessen Ausbruch aus der Enge weiter als bis zum Bahnhof gedeiht.

Der Erfolg, der diesen Film durch schweizerische und ausländische Kinos begleitete, beruht zweifellos auf der starken Identifikationsfigur des Schuhmachers Steiner. Ein brennendes, sozusagen jedermann beschäftigendes Problem wird von Gloor in überzeugender Weise personifiziert und löst als Einzelschicksal, das allerdings jedem zustoßen kann, menschliche Anteilnahme und Emotionen aus. Diese Verbindlichkeit fehlt weitgehend dem zweiten langen Spielfilm von Markus Imhoof: In *Tauwetter* (1977) versucht er mit einer Dramaturgie des Fragmentarischen, minimalen Veränderungen, Erschütterungen und Nebensächlichkeiten nachzuspüren, die zwischenmenschliche Beziehungen bestimmen, oftmals erschweren oder gar verunmöglichen. In der Enge eines durch eine Lawine von der Umwelt abgeschnittenen Bündnerdorfes läßt Imhoof die Krise in der Ehe eines deutschen Zahnarztes aufbrechen. Es ist nicht nur die mangelnde psychologische Zeichnung der Figuren, die diesen Film scheitern läßt. *Tauwetter*, von der Idee und Geschichte her eigentlich ein Kammerspiel, das der behutsamen und zärtlichen Annäherung bedürfte, wird von einem mächtigen technischen Apparat überfahren. Imhoof zollte seiner Idee, großes, internationales Kino zu machen – wozu er Stars wie Gila von Weitershausen und Arthur Brauss sowie zum großen Ärger der zumeist arbeitslosen schweizerischen Filmtechniker den Kameramann Gerard Vandenberg verpflichtete – einen schweren Tribut: Was eigentlich zur analytischen Betrachtung einer sich in immer größere Schwierigkeiten und Kommunikationslosigkeit verstrikkenden modernen Ehe hätte werden sollen, geriet unter diesen, von Imhoof nicht mehr voll kontrollierten Umständen zur belanglosen Oberflächlichkeit.

Mehr Glück mit dem Thema der Ehe hatte Sebastian C. Schroeder (geb. 1939) mit seinem ersten Spielfilm *Südseereise – Das gleichzeitig am gleichen Ort stattfindende Glück* (1978). Der Film, eigentlich ein Reflex über die bevorstehende Zusammenarbeit Schroeders als Kameramann mit dem BRD-Regisseur Rudolf Thome an einem Südseefilm-Projekt, ist eine Auseinandersetzung um Freiheit und Verpflichtung in der Partnerschaft. Sebastian möchte seine Frau und sein Kind verlassen, weil er sich von ihnen eingeengt fühlt, kann sich aber seinen Wunsch nicht ohne weiteres erfüllen. Der Film, an die Methoden Thomes stark erinnernd, überrascht durch seine Ehrlichkeit, den Witz und die Ironie seines Autors wie auch als ungemein geschickte Wanderung auf dem schmalen Grat zwischen Fiktion und Dokumentation.

Tauwetter und *Südseereise* miteinander zu vergleichen, ist allerdings trotz der thematischen Gemeinsamkeit nicht statthaft. Die beiden Autoren gehen von völlig verschiedenen Voraussetzungen aus: Schroeders Film, mit minimalstem technischem und finanziellem Aufwand hergestellt, zielt auf ein kleines, cinephiles Publikum und ist im engeren Sinne ein Studiofilm. Imhoof dagegen suchte mit einem anspruchsvollen, aber süffig inszenierten Stoff den breiten Kinoerfolg. *Tauwetter* ist für die Entwicklung des deutschschweizerischen Filmschaffens seiner Zwiespältigkeit zum Trotz von großer Bedeutung, zeigt er doch die Grenzen des Kleinbudget-Films mit aller Schärfe auf. Mit Herstellungskosten von rund einer Million Franken läßt sich eine Annäherung an die Großproduktion schlicht nicht bewerkstelligen.

Sebastian C. Schroeder: *Südseereise*

Peter von Gunten: *Kleine frieren auch im Sommer*

Seiner Grenzen und Möglichkeiten wohl bewußt ist sich Peter von Gunten. *Kleine frieren auch im Sommer* (1978) ist wiederum ein sehr beherrschter Film geworden, der allerdings weniger als *Die Auslieferung* auf den Krücken des Dokumentarischen geht. Wie Kurt Gloor hat es von Gunten verstanden, die kritisch beobachtete Realität – die ausweglose Situation jugendlicher Menschen im Drogen- und Kleinkriminellenmilieu und die Hilflosigkeit der Behörden beim Resozialisierungsversuch – in eine stimmungsmäßig starke Geschichte zu kleiden. Die Beschränkung auf einen faßbaren Ausschnitt fast banaler, immer wiederkehrender Alltäglichkeit schafft auch hier Verbindlichkeit und Betroffenheit. Man nimmt Anteil am Schicksal der vier Jugendlichen, die mit sich und ihrer Umgebung nicht mehr zurechtkommen und sich bei der Suche nach Geborgenheit und menschlicher Wärme in einen selbstzerstörerischen Konflikt verstricken. Die Betroffenheit resultiert, darüber gibt es keine Zweifel, aus der Möglichkeit zur Identifikation. Doch diese führt nicht in die Illusion und auch nicht in die falsche Sicherheit spekulativer, aber kaum existenter Lösungsmöglichkeiten über Moralbegriffe oder vorbeugende

Therapien, sondern unmittelbar zur Bewußtseinsbildung und damit zur Eröffnung einer ungeschminkten Wahrheit.
Eines zeigen Filme wie *Die plötzliche Einsamkeit des Konrad Steiner*, *Fluchtgefahr* und *Kleine frieren auch im Sommer* ganz deutlich: Der Deutschschweizer Spielfilm hat nicht nur zu einem Verhältnis zur helvetischen Wirklichkeit gefunden, die er auf ihre gesellschaftliche, soziale und politische Situation hin befragt. Er versucht sich in seiner Spiegelfunktion auch zusehends aus dem Ghetto der Cinephilen und Kulturbeflissenen zu lösen und sich einem breiten Publikum zu öffnen. Der Weg dazu führt, nach wie vor, über die spannende, gutgebaute Kinogeschichte und eine solide Inszenierung. Auch Fredi M. Murer mit *Grauzone* und Yves Yersin mit *Les petites fugues* – beide Filme sollen noch 1978 herauskommen – scheinen ihn zu beschreiten. Neuland begeht das Deutschschweizer Filmschaffen damit wohl nicht. Es führt vielmehr eine lebendige Tradition weiter, die in den fünfziger Jahren in fahrlässiger Weise ausgehöhlt worden ist.

Emigranten

Zur Euphorie um das Spielfilmschaffen in der deutschsprachigen Schweiz besteht kein Anlaß. Neben den Schwierigkeiten der Filmfinanzierung, hervorgerufen durch die weitgehend fehlende Unterstützung durch das Filmgewerbe sowie durch die unzureichenden eidgenössischen Förderungsbeiträge, wirft eine zunehmende Angst vor einer offenen Auseinandersetzung um politische und soziale Fragen einen dunklen Schatten auf die Szene. Das Aufmüpfige hat in einer Zeit der Rezession an Kurswert verloren. Wohlverhalten und Objektivität – als ob Objektivität die Filmkunst jemals weitergebracht hätte – werden gefordert. Es herrscht ein Klima, das die Emigration fördert. Jean-Luc Godard, Niklaus Gessner, Bernhard Wicki und Maximilian Schell haben das Land vor Jahren schon verlassen. Niklaus Schilling (*Nachtschatten*, *Die Vertreibung aus dem Paradies*, *Rheingold*) und Erwin Keusch (*Das Brot des Bäckers*) sind ihnen gefolgt. Es gibt keine Zweifel, daß die Emigration andauern wird. Die schweizerischen Absolventen deutscher Filmhochschulen, die nach Abschluß ihrer Studien nicht mehr in die Schweiz zurückkehren wollen, sind ein Indiz

Peter von Gunten: *Kleine frieren auch im Sommer*

dafür. Daß ihr Fernbleiben weniger aus finanziellen und produktionsbedingten Erwägungen als aus einer vorläufig undefinierten Angst, sich in der Heimat nicht frei entfalten zu können, erfolgt, müßte zu denken geben.

Renato Berta
Hebammen-Dienste

Von Martin Schaub

Eine Eigenheit der Entwicklung eines modernen Filmschaffens in der Schweiz beruht – und das wird oft vergessen von einer noch immer ausschließlich von der Autorentheorie geprägten Filmpublizistik – auf der Tatsache, daß dort zu Beginn der 60er Jahre keine technische Infrastruktur für ein unabhängiges Filmschaffen mehr bestand. Von ganz vereinzelten Ausnahmen abgesehen (z. B. Georg Janett in Zürich) waren bei der Erneuerung des Schweizer Films weder Techniker noch Einrichtungen von der konventionellen Filmproduktion, die sich fast ganz auf den Auftragsfilm zurückgezogen hatte, brauchbar. So verwendete beispielsweise praktisch niemand Direktton; auch die halboffizielle schweizerische Filmwochenschau, die sich – aus politischen Gründen – erstaunlich lange hielt, arbeitete noch immer wie zu Zeiten der Erfindung des Tonfilms. Für eine Mitarbeit in Frage kamen schon eher die mit der leichten Technik vertrauten Techniker des Fernsehens. Doch in Wirklichkeit hat sich der neue Schweizer Film seine »Filmarbeiter« selber geschaffen. Die Equipen beinahe aller neuen Filme sind jung; kaum ein Filmtechniker hat sein Handwerk in konventionellen Produktionen erlernt; die meisten sind Autodidakten – es gibt auch keine staatlich anerkannten Filmberufe –; erst in jüngster Zeit greifen auch die Auftragsfilmproduzenten auf sie zurück. In den Anfängen wußten die Techniker ebensowenig wie die Autoren, wie Filme herzustellen sind. Man »erfand« den Film vorweg. Erst in der Mitte der 70er Jahre wurde es möglich, daß ein Realisator sich die technische Qualität seines Films mit dem Engagement erfahrener Filmtechniker »kaufte«. Die Problematik dieses Moments haben längst nicht alle erkannt.

Der »Star« der neuen Technikergeneration ist zweifelsohne der Kameramann Renato Berta, der für das Bild aller Filme von Tanner, Schmid und Koerfer, für die meisten von Reusser und für einige vereinzelte von Goretta und Soutter bis zu kleinen Erstlingsfilmen weniger bekannter Autoren verantwortlich zeichnet. Der Werdegang und die Arbeitsweise Bertas sind für den neuen Schweizer Film ebenso bezeichnend wie die der Autoren selber.

Wesentlich scheint im Rückblick vor allem die Tatsache zu sein, daß Berta Ende der 60er Jahre in die Diskussion und in die Praxis des Schweizer Films die Erfahrungen und Erkenntnisse des alternativen italienischen Films einbrachte. Der junge Mechaniker, dem die Weiterbildung an einer technischen Hochschule nicht mehr zusagte, war 1966 in die Kameraklasse des Centro Sperimentale in Rom eingetreten und hatte dessen Umbruch (mit der Berufung Rossellinis) erlebt. In der fruchtbaren Krise der altehrwürdigen Institution (einer Gründung des Faschismus) wurde jene Zone in ihren Umrissen sichtbar, von der aus – in Ländern mit und ohne Filmtradition – neu anzusetzen war. Die Diskussionen wurden punktuell an der Mostra internazionale del nuovo cinema in Pesaro geführt – unter Beizug der Semiologen und Neuerer aus Frankreich, Christian Metz und Jean-Luc Godard insbesondere –, und kontinuierlich in Rom von den neuen Filmzeitschriften *Ombre rosse* und *Cinema & Film.* Pier Paolo Pasolinis Bemühungen um eine »essentielle Grammatik«, Umberto Ecos Zeichentheorie, Jean-Marie Straubs ästhetischer Rigorismus, Glauber Rochas Radikalismus (»Die Ästhetik der Gewalt«), die Versuche von Adriano Aprà und Maurizio Ponzi, die römischen Arbeiten von Godard, von Bertolucci (*Partner*), die trotzige Haltung Bellocchios, Julien Becks »Living Theatre«, Stan Brakhage und Jonas Mekas und das ganze »New American Cinema«: all das schlug sich nieder im Bewußtsein eines Kameramanns, der nie bloß Ausführender, sondern immer Mitverantwortlicher werden sollte – in mehr als dreißig kurzen und langen Filmen im Zeitraum von zwölf Jahren.

1968 trat Berta in Erscheinung als Kameramann von Francis Reussers *Vive la mort*, als Bildgestalter zweier ethnographischer Filme und einer Spielfilmepisode von Yves Yersin, eines Kurzspielfilms von Jaques Sandoz und schließlich von Alain Tanners *Charles mort ou vif?*. Berta hat die ästhetisch-politischen römischen Diskussionen direkt – und nicht erst nach endlosen Kamera-Assistenzen in kommerziellen Filmen, wie das noch üblich war und ist – in den Schweizer Film (zunächst

R. Berta (mitte) beim Ausleuchten zu: *Jonas*

in den französischsprachigen) eingebracht. Er hat in der Folge dank der Zusammenarbeit mit sehr verschieden arbeitenden Autoren jene bei anderen Kameramännern oft zu beobachtenden Ticks und Tricks zu vermeiden gewußt, jene »Kamera-Markenzeichen«, Labels, die sich bei anderen oft in den Vordergrund schieben und die Eigenheiten von Stoffen, Autoren und Absichten erdrücken. Am ehesten treten die unvermeidbaren Ticks bei Berta – wie er selbst in einem Interview ausführt[1] – in gewissen Erstlingswerken zutage. Eine zeitlang hat Berta sein Know-how bedenkenlos Anfängern zur Verfügung gestellt – Daniel Schmid ist der bekannteste Fall geworden –; heute ist er damit vorsichtiger geworden. Da, wo ein gemeinsames Erarbeiten des Bilds nicht gegeben ist, wo nur eine erwiesene und anerkannte Qualität eingesetzt werden soll, will Berta in Zukunft nicht mehr zusagen. In gewissen größeren Produktionen ist er zum Verantwortlichen der »mise en images« geworden, der aber noch immer nicht einfach »sein Bild« verwaltet, sondern es mit dem Autor zusammen erarbeitet (z. B. bei *Alzire* mit Koerfer). Die Zeit, in der man das gewünschte Bild – die technischen Apparaturen eingeschlossen – bastelte, ist zwar vorbei; doch in einer armen Kinematographie stellen sich noch immer deutlich genug die Fragen von praktischen Bedingungen und Stilwillen (oder idealem Resultat). Nur gerade in *Pas si méchant que ça* von Goretta leuchtete Berta so *ein*, daß für den *Regisseur* jeweils ein Raum zur Verfügung stand, in dem dieser frei schalten und walten konnte. Sonst leuchtet Berta im Prinzip jede Einstellung *aus* – auf verschiedene Weise, davon später – und stellt die Lichtkontinuität synthetisch her.

Anders als bei vielen berühmten europäischen (weniger amerikanischen) Kameramännern fällt die »Ortung« von Bertas Bildkonzeption schwer. Weder im »Cadrage« (Ausschnitt und Kamerabewegung) noch in der Photographie (Licht und Schärfe) scheinen unverwechselbare Spezialitäten, die unabhängig von den immer speziellen Voraussetzungen durchgeführt werden, festzustellen, es seien denn ganz allgemeine, schon kaum mehr als persönliche anzusprechende; die Weigerung beispielsweise, den Zoom so zu gebrauchen, daß sein Auflösungsvermögen unter einen gewissen Minimalwert fällt, die Bevorzugung relativ kurzer Brennweiten (12, 5; 17, 5 und 25 mm beim 16-mm-Bild), eine gewisse Strenge und Sprödigkeit vielleicht; es gibt Grenzen zur Veräußerlichung, über die ein Autor den Kameramann Berta nur schwerlich bewegen kann. Am weitesten in diese Richtung hat ihn zweifellos Schmid motivieren können, wobei der Begriff der Motivation – bei der Komplizität, die zwischen Berta und Schmid besteht – schon deshalb fragwürdig ist, weil viele Bildideen in den Schmid-Filmen von Berta eingebracht worden sind.

Wäre es keine Banalität, könnte man festhalten, daß Berta eine spürbare, präsente (oder wie bei Tanner eine »interventionistische«) Kamera einer unauffälligen, diskreten, automatischen vorzieht. Noch in *Pas si méchant que ça* und *Repérages* ist jene »brechtische« Handhabung des Bilds (des Ausschnitts und des Lichts) nachweisbar, die zweifellos auch unter dem Einfluß Jean-Marie Straubs[2] in die Generallinie Bertas gekommen ist.

Eine kontinuierliche Bewußtmachung von Ausschnitt, Licht und Ton läßt sich vor allem in Alain Tanners Filmen feststellen, wobei es sich – mit einer Ausnahme – um einen Prozeß in kleinen Schritten handelt. Ein Sprung ist nur zwischen *La sala-*

mandre und *Le retour d'Afrique* feststellbar; in *Le retour d'Afrique* führt die Kamera streckenweise gar ein Eigenleben, was übrigens durchaus geplant war.[3] Tanner definiert die Kamera keineswegs als seinen Vertreter in der erzählten Welt, sondern als eine vermittelnde (manchmal sogar fest handelnde) Person zwischen den Protagonisten und den Zuschauern. John Bergers materialistische Reflexion über die Weisen des Sehens[4] sind in *Le retour d'Afrique* noch weniger integriert als in den späteren Filmen; sie haben noch stark demonstrativen, auch ein bißchen formalistischen Charakter. Beachtet man in den Filmen Tanners nicht die Interferenzen von Ton und Bild, beispielsweise die Effekte, die die Kombination der »falschen Nähe« einer Teleaufnahme und eines fernen Tons ergeben, faßte man die Bilderarbeit dieser Filme viel zu eng. Wieder scheint in dieser Beziehung Jean-Marie Straub Bertas Sensibilität beeinflußt zu haben. Berta selbst gibt an, daß ihn die Erweiterung seiner Arbeit in den Bereich des Tons viel mehr interessiere als etwa die Regie; er habe keine Geschichte zu erzählen, aber Sachen zu sagen.[5]

Wo der Ton bei den Dreharbeiten Nebensache ist, wo lediglich mit Führungston gearbeitet wird, wie in Schmids *Violanta*, müssen andere Fragen dominant werden. Bei Schmid sind es Fragen der Schauspielerführung und der Aufhöhung physi-

Renato Berta (m.) zwischen Daniel Schmid und Ingrid Carven bei den Dreharbeiten zu: *Schatten der Engel*

Renato Berta (hinten) bei den Dreharbeiten zu Patricia Moraz' (l.): *Les indiens sont encore loin*

scher Präsenz ins Mythische, wenn man so will »amerikanische« Zielsetzungen. Die deutlichsten Errungenschaften dieses auf den Darsteller konzentrierten, »magischen« Bemühens sind im Zusammenwirken von Schmid, Ingrid Caven und Berta zustandegekommen.
Dem dritten Autor, Thomas Koerfer, hat Berta zu der Entdeckung eines eigenen Bildstils verholfen, indem er ihn bei

seinem ersten Film (*Der Tod des Flohzirkusdirektors*) wie eine Reihe anderer Regieneulinge mit einem absoluten Minimum an Bildtechnik konfrontierte, im wesentlichen mit zwei Objektiven (17,5 und 25mm) und einem Stativ. Koerfer sah sich in die Situation versetzt, jedes Ausbrechen aus einer – zum Teil unwesentlich verschobenen – Frontalaufzeichnung der von ihm inszenierten Szenen motivieren zu müssen. In seinen drei Filmen bleibt dann die Kamera mehr oder weniger deutlich ein Guckkasten, und wo Koerfer darüber hinausgeht, z. B. in einigen Szenen von *Alzire*, gerät das ganze leicht über den eigenen Spielraum hinaus und wirkt fremd.
Man kann ganz offensichtlich nicht zu Renato Berta kommen und sagen: Ich mache einen Film, und dazu brauche ich *dein* Bild. Berta ist deshalb einer der begehrtesten Bildermacher des modernen europäischen Films, weil er – mit Anfängern in einer Art sokratischem Dialog – keine Fassungen oder Abstraktionen verkauft oder verschenkt, sondern den kinematographischen Körper von Filmideen zusammen mit dem Autor und dem Tontechniker (wenn nötig) und dem Schauspieler erarbeiten will und kann. Daß diese Mitbestimmungspraxis ein Ausdruck bestimmter politsch-kultureller Ideen ist, muß wohl nicht speziell betont werden. Berta ist ein Gründungsmitglied des Schweizerischen Filmtechniker-Verbands und des Zürcher Filmkollektivs, in dem Autoren und Techniker gleichberechtigt arbeiten; für ihn ist die Kooperative nicht nur eine bequeme Organisationsform.
In meinen Augen haben zwei Frauenfilme des Jahres 1977, für deren Bild Berta zeichnet, die Qualität seiner Mitautorschaft mehr oder weniger deutlich unterstrichen: *Les indiens sont encore loin* von Patricia Moraz (mehr) und *A. Constant* von Christine Laurent (etwas weniger). Während sich in anderen Frauenfilmen entweder sichtlich Kamerakonzepte bekannter (und zum Teil festgefahrener) Kameramänner oder manchmal recht konfuse Experimentierlust von Kamerafrauen manifestierten, werden in den genannten zwei Erstlingen von Frauen Renato Bertas Hebammendienste spürbar (Kaiserschnitte muß und darf man von ihm nicht erwarten).
Einer jungen Kinematographie haben Bertas Hebammendienste mehr genutzt als die Kolonisation durch irgendwelche Kamera-Könner. Darum muß Berta zusammen mit den Autoren des neuen Schweizer Films genannt werden, und nicht nach

ihnen. Zieht man dazu noch in Rechnung, daß sein Verständnis der technischen Berufe des Films eine ganze Reihe von jungen Schweizer Filmtechnikern geprägt hat, ist ein weiterer Grundzug – kein »Geheimnis« – einer kleinen nationalen Kinematographie wenigstens noch angedeutet.

1 Entretien avec Renato Berta, Cahiers du Cinéma, 284, Januar 1978

2 Berta war Assistent von Ugo Piccone für *Othon* und verantwortlich für das Bild von *Geschichtsunterricht, Einleitung zu Arnold Schönbergs Begleitmusik zu einer Lichtspielszene, Moses und Aron* (mit Piccone, Diamanti und Caffarelli) und *I cani del Sinai.*

3 Vorbermerkung zu *Le retour d'Afrique*, deutsch (unter dem Titel ›Das ABC von *Le retour d'Afrique*‹) im Informationsblatt 12/1973 des Internationalen Forums des jungen Films, Berlin. »Sagen wir, um es kurz zu machen, es handle sich um einen Film mit drei Personen: FV (Françoise und Vincent), K (die Kamera) und Z (der Zuschauer) ... Dank K wird Z vielleicht zum Bürger Z werden können, eine Rolle übernehmen, die er, obwohl es oft den Anschein macht, draußen längst nicht mehr ausfüllt. Deshalb ist das Kino so wichtig und das Bemühen, ihm eine dreieckige Form zu geben.«

4 John Berger: The Ways of Seeing, Penguin Books Ltd. 1972; deutsch »Sehen. Das Bild der Welt in der Bilderwelt«, Rowohlt Taschenbuch 6868, 1974. John Berger ist seit *La salamandre* Drehbuchmitarbeiter von Alain Tanner.

5 Entretien avec Renato Berta, a. a. O.

Renato Berta (r.) neben Alain Tanner (mitte) während der Dreharbeiten zu: *Le retour d'Afrique*

Claude Goretta
Ausbruch nach Utopia

Von Hans Günther Pflaum

»Man muß einerseits wissen, daß die Dinge ohne Hoffnung sind, und, trotz allem, man muß sich anstrengen, sie zu verändern ...« Der Widerspruch, der in diesem Bekenntnis des Genfer Regisseurs Claude Goretta anklingt, drückt sich in allen seinen Arbeiten aus: Sie beschreiben Personen, deren emotionale Kraft zu allen Hoffnungen Anlaß geben könnte, die aber letztlich gerade an der Vehemenz und Vergeblichkeit ihrer aus den Fugen geratenden Gefühle scheitern. Als Alternative dazu scheint Goretta nur resignierende Anpassung zu sehen; gerade für die Scheiternden indes würde sich das Überleben lohnen, davon handeln fast alle Filme dieses Regisseurs.

Integration in diese Gesellschaft bedeutet für Goretta offensichtlich Anpassung an die nivellierenden Glücksvorstellungen, die die Bourgeoisie beherrschen; viele seiner Helden wehren sich, verweigern sich und rebellieren, um ihr eigenes Leben und meist auch die eigene Identität zu behaupten. So bestimmen zwei zentrale Motive das Werk des Cineasten, der an allen seinen Drehbüchern zumindest als Co-Autor beteiligt war: Feiern und Feste einerseits, und andererseits Vergehen gegen die Ordnung, durchwegs übrigens Eigentumsdelikte.

Schon in seiner ersten, 1957 vom British Film Institute produzierten Arbeit, einem kurzen Dokumentarfilm (zusammen mit Alain Tanner), klingen diese Grundmotive an: *Nice Time* zeigt Impressionen von einem Abend im Vergnügungsviertel rund um den Picadilly Circus in London. Flanierende Paare, viele einzelne Männer, die vor Schaukästen stehen, Filmplakate, die Liebe, Verbrechen und Horror versprechen, fliegende Händler, Straßenmusikanten, unsicher wartende Frauen und vor allem Massen, die von Uniformierten ins Kino geschleust werden – ein Bild der Kanalisierung des Amüsements, noch vor der Ära des Fernsehens. Die Einsamkeit der Einzelnen in dieser Menge scheint gar nicht so anders zu sein als die der Menschen vorm Bildschirm, ihre Vergnügungen wirken ziellos: Versuche, den Abend über die Runden zu kriegen, mehr nicht. Je weiter die Nacht fortschreitet, desto gespenstischer wirken die Straßen des West-End, man entdeckt Polizisten und düstere Typen, die sich unmerklich gegenseitig zu beobachten scheinen. Während der Strom der großen Masse wieder zurückfließt, bleiben in den Straßen noch immer einige Menschen; sie warten. Nur die Kamera kehrt zurück an ihren Ausgangspunkt, zur Eros-Statue in der Mitte des Picadilly-Circus: ein bitteres Schlußbild, weil es als Symbol für das Vorausgegangene in keiner Weise mehr funktioniert. Dabei wird NICE TIME in keinem Augenblick von irgendwelchen Gleichnis-Ambitionen der Autoren beherrscht, sondern bemüht sich um eine möglichst konkrete Abbildungsweise. Die Musik der ausgehenden fünfziger Jahre, in die hinein sich der off-Ton aus den Kinos mischt, Kleidung, Haarschnitt, selbst die Bewegungen der Menschen verraten sehr viel Zeittypisches; die mitunter etwas unsicher gewählten Bildausschnitte und der an einigen Stellen etwas holprige Schnitt verstärken noch den Reportagen-Charakter dieses Kurzfilms.

Einige Jahre später begann Goretta für das Fernsehen zu arbeiten. 1965 entsteht TCHEKHOV OU LE MIROIR DES VIES PERDUES (zusammen mit Georges Haldas), eine überaus ambitionierte und ein wenig sterile Adaption von vier Novellen Tschechows, *Der Spiegel*, *Der Untersuchungsrichter*, *Einmal im Jahr* und *Träume*, eingebettet in Zusammenhänge mit der Biographie des russischen Schriftstellers. Geschichten, die Goretta, soweit man es aus seinen späteren Filmen schließen kann, zweifellos nahegestanden haben, ohne daß er darüber schon zu einem eigenen Stil oder einer eigenen Tonart gefunden hätte. Auch seine nächste Arbeit, wieder zusammen mit Georges Haldas, für das Westschweizer Fernsehen, basiert auf einer literarischen Vorlage: JEAN-LUC PERSÉCUTÉ DE C.F.RAMUZ (1966) erzählt von einem armen Bergbauern, der von seiner Frau mit einem reichen Nebenbuhler betrogen und verlassen wird; beim Tod seines Kindes, den er mitzuverantworten hat, wird der Druck der Gefühle in ihm zu groß, er versinkt in Wahnsinn, tötet schließlich seine ehemalige Frau und deren zweites Kind und stürzt sich auf der Flucht von einem Fels. Auch diese Ramuz-Bearbeitung verweist in vielen Motiven auf spätere

Arbeiten Gorettas, in ihrem Stil gleicht sie jedoch den Schweizer Heimatfilmen der Vierziger Jahre, vor allem durch das leicht outrierte Spiel der Darsteller und erst recht durch die Lichtführung, die immer wieder die Innenräume in Jean-Lucs Hof in mythische Dämmerung versetzt, dagegen Flächen von übernatürlicher Helligkeit hervorhebt und in nahezu jeder Einstellung die symbolische Bedeutung der Geschichte betont. Müßte ein Filmhistoriker JEAN-LUC PERSÉCUTÉ DE C.F.RAMUZ heute ohne Quellenangabe zeitlich einordnen, so würde er den Film vermutlich um runde zwei Jahrzehnte älter schätzen.

Mit VIVRE ICI (1969) wendet sich Goretta erstmals seiner Schweizer Gegenwart zu und läßt sich auf das Leben in Genf ein, dem im übrigen er und seine anderen Kollegen von der »Groupe Cinque« auffällig oft ausweichen, entweder aufs Land oder in die pittoreske Altstadt, die nicht unbedingt repräsentativ ist für die letztlich von der Präsenz des Geldes, von Banken, Versicherungen und Diplomaten geprägte Stadt. VIVRE ICI erzählt von einem biederen Büroangestellten, der für einen Moment lang in seiner gesicherten Existenz irritiert wird. Während er seinen Vater, dem vom Leben auch nicht mehr geblieben ist als eine Kiste mit Fotos, mit ungeordneten Fragmenten von Erinnerungen, ins Altersheim bringt, während er bei Frau und Sohn und im Büro den rechtschaffenen Ernährer abgibt, lernt er eine verwitwete junge Griechin kennen, die sich und ihr Kind mit Musikunterricht durchs Leben bringt und ihm haushoch überlegen ist. Für den Angestellten, der in seiner Schweizer Bürgerwelt eingesperrt bleibt, reicht diese Bekanntschaft nur zu einem verunglückten Traum von einer Heirat – und zu einer Nacht, die er mit der jungen Frau bei einem Orgelkonzert und dann unter feiernden spanischen Gastarbeitern in einer Kneipe verbringt. Ein dämmernder Morgen am Wasser, »man sieht das andere Ufer nicht, alles ist noch möglich«, eine schweigsame Autofahrt zur Wohnung der Griechin, ein verlegener Abschied für immer und die Müdigkeit – darüber hinaus bleibt dem Angestellten nur die Einsicht, daß das Leben an ihm vorbeigegangen ist: »Es gab Kriege, Revolutionen, die Welt hat sich verändert, und ich habe nichts davon bemerkt.«

VIVRE ICI wirkt in einigen Passagen, etwa in der Traumsequenz des Angestellten, noch etwas unsicher, auch kostet es Goretta sichtlich einige Mühe, bis sich die verschiedenen Motive endlich zu einer Geschichte fügen, und dennoch ist das der Film, mit dem der Regisseur erstmals zu einer unverwechselbaren Handschrift findet: Lange, ruhige Einstellungen, Momente konzentrierten Innehaltens im Erzählen, eine gewisse Musikalität der Kamerabewegungen sind die Kennzeichen – am deutlichsten vielleicht zu erkennen in einer Kamerafahrt während des Orgelkonzerts: Ohne das Tempo zu verändern, doch in völliger Harmonie mit der Musik, fährt die Kamera seitlich an den Reihen der Zuhörer entlang, zeigt für Momente das Paar, als würde es weit getrennt voneinander sitzen; als schließlich die Kamera einen Bogen um das Publikum gemacht hat und frontal den Angestellten doch neben der Griechin sitzend zeigt, bleibt das Gefühl der Entfernung zwischen den beiden im Zuschauer noch erhalten und wird in der folgenden Sequenz noch verstärkt: Unter den feiernden Spaniern offenbart sich die fast linkische Verklemmtheit des Schweizers, während sich die Griechin frei und souverän fühlt. Wenn es für den

Le fou

Le fou

Angestellten einen Weg gibt, aus seiner Lethargie auszubrechen, dann ist es nicht diese Frau; am Ende sitzt er zusammengesunken, heulend über das Lenkrad seines Wagens gebeugt – er wird in seine alte Welt zurückkehren.

Die Möglichkeiten zur Verweigerung gegenüber der bürgerlichen Ordnung sieht Goretta völlig anders. In LE FOU (1970, sein erster 35-mm-Film) schildert er den Weg eines braven Angestellten zum routinierten Verbrecher: Georges Plond, ein eher pedantisch um das Eigentum der Firma bedachter Lagerleiter wird nach einer Herzattacke vorzeitig pensioniert und war doch so sehr mit seiner Arbeit verbunden, daß er mit ihr ein beträchtliches Stück seiner Identität einbüßt; daß damit auch der Traum vom ersparten Eigenheim zerstört ist, erscheint zunächst nicht als das große Problem. Das Gefühl jedoch, nun »unbrauchbar zu sein«, auch gegenüber seiner an den Rollstuhl gefesselten Frau, bringt ihn dazu, die bisherigen Ersparnisse einer skrupellosen Investment-Firma anzuvertrauen – wo er sein Geld nie wiedersehen wird. Als er auch noch zusieht, wie im Gegensatz zu den großen Geldhaien ein Junge verprügelt wird, weil er ein Buch gestohlen hat, da kom-

men in ihm Rachegedanken auf. Der Diebstahl eines Buches, das Georges anschließend wegwirft, ist nur ein Experiment – bald bricht er in der Wohnung seines ehemaligen Chefs ein, der ihn mit verlogenen Phrasen und einem schäbigen Einkaufsgutschein abgespeist hatte. Schließlich entwickeln sich die Rachegefühle zur Obsession, der Traum vom Eigenheim tritt im gleichen Maß in den Hintergrund, wie Georges seine Einbruchstouren perfektioniert – er arbeitet da nicht weniger »korrekt« als vorher in seinem Beruf.
Georges Plond bezahlt den Ausbruch aus der Ordnung zunächst mit einer wachsenden, bedrohlichen Isolation; auch seine Frau darf von diesem Leben nichts wissen, in seiner neuen Identität hat er keinen Partner mehr, zunehmend weist sein Verhalten Zeichen von Gewalttätigkeit auf. Als er schließlich als Rächer offen auftritt und einem Fotografen vor dem Schaufenster eines Juweliers die Kamera aus der Hand reißt und durch die Scheibe schleudert, um das Fotografieren von Dingen, die zu teuer sind, zu verhindern, da provoziert Georges Plond besessen seinen Untergang. Er greift zwar noch manisch nach dem Schmuck hinter dem zerbrochenen Glas, doch die Perlen, die er an sich reißt, platzen einzeln, wie Tränen der Wut, auf den Boden; wenig später bricht er unter den Kugeln der Polizei zusammen, eine lächerliche Spielzeugpistole in der Hand.
Sicherer und gleichzeitig unmerklicher beherrscht Goretta seit LE FOU sein Handwerk. Vor allem geht er nun auch stärker auf die Objekte in der Umgebung seiner Figur ein. Anfangs sieht man Georges Plond zwei Jungen schelten, die aus Übermut oder Überdruß in einer Kneipe ein Glas vom Tisch rollen lassen, das am Boden zerbricht, am Ende hat er selbst viel mehr zerbrochen. Georges fährt ein Motorrad mit Beiwagen, Sparsamkeit demonstrierend, aber auch einen sonst unterdrückten Traum von Freiheit, den hier seine Frau noch teilt, andeutend; seine Wohnung ist eng und düster, das Fernsehgerät dominiert, als Ausgleich dient eine Briefmarkensammlung – lächerliche Embleme der weiten Welt für Spießer. Ein Fluchtversuch vor der Depression führt Georges ein paar Straßen weiter, in einen Flippersalon, verlegen lächelt er ein Mädchen an, spricht kein Wort; als er nachhause kommt, findet er seine Frau vor dem rauschenden Fernseher schlafend vor, es ist längst Programmschluß. Aber auch in den Außenaufnah-

men ist nichts von der opulenten Landschaft um den Genfer See zu sehen, sondern feuchtkalte, graue Szenerien, und die Villen, in die Georges einbricht, erscheinen um nichts wohnlicher, nur reicher als seine Mietskaserne. LE FOU ist auch ein Film über die Kälte, die sich über den Lebensraum der Menschen legt und nach innen dringt.

Ein harter, von seinem ernüchternden Finale abgesehen fast befreiend wirkender Kontrast dazu ist der 1971 entstandene Film LE JOUR DES NOCES (farbig, 16-mm), eine Bearbeitung von Maupassants Novelle »Une Partie de Campagne«, die nur noch in einigen Motiven an die Vorlage und deren Verfilmung durch Jean Renoir erinnert; vergleichbar ist indes die Atmosphäre des Films, die Sinnlichkeit der sommerlichen Landschaft, Licht und Wärme, die ein paar Menschen aus der Stadt in taumelnde Verwirrung stürzt. Philippe, Sohn eines Schlossers, hat sich widerwillig am Sonntagsausflug seiner Eltern beteiligt; den Landgasthof, wo die Familie zu essen gedenkt, hat eine laut feiernde Hochzeitsgesellschaft belegt. Philippe verliebt sich in Henriette, die Braut, die wie eine Fremde in dieser Gesellschaft wirkt. Von einer heftigen Reaktion des eifersüchtigen Bräutigams zusätzlich provoziert, fliehen die beiden, erkennen über alle gegen sie sprechenden Regelungen ihre

L'invitation

Liebe und beschließen zusammenzubleiben. Dann jedoch scheint LE JOUR DES NOCES noch einmal von vorne zu beginnen, mit dem gleichen Sonntag-Morgen, wieder bricht die Stadtfamilie ins Grüne auf, doch diesmal ist Philippes alte Freundin dabei, die er mag, aber nicht liebt: Die große, alle Grenzen überwindende Liebe war nur ein Traum, an den sich Philippe vorübergehend noch erinnert und noch mit einer kleinen, kurzen Geste andeutet, daß er aussteigen möchte – doch dann sinkt der junge Mann resigniert im Autositz zurück; wider besseres, durch den Traum vermitteltes Wissen paßt er sich den Gegebenheiten an.
Wie anschließend in L'INVITATION nützt hier Goretta den Topos des Festes zur Analyse bürgerlicher Verhaltensweisen und geht dabei mindestens so radikal vor wie die vielen anderen Regisseure, die für ihre Filme einen ähnlichen Ansatz wählten (in jüngster Zeit z. B. Jean-Charles Tacchela mit *Cousin, Cousine* oder Bruce Beresford in *Don's Party*), nur unterscheidet er sich von jenen durch konsequenten Verzicht auf die zynisch genüßliche Haltung, mit der seine Kollegen den Bürgern konkret oder symbolisch die Hosen herunterlassen. Um die Rede eines angetrunkenen Hochzeitsgastes in LE JOUR DES NOCES macht Goretta einen großen Bogen, er läßt den Zuschauer nur wissen, daß es sich dabei um eine voyeuristische Anekdote

L'invitation

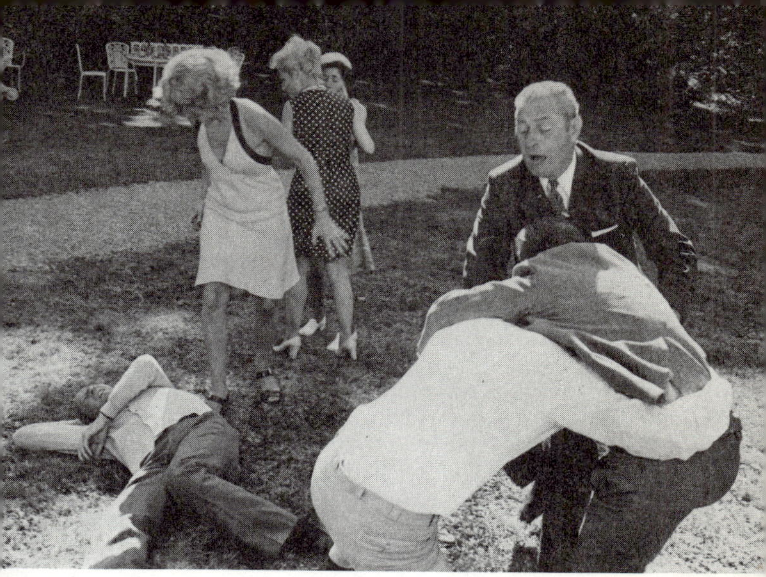

L'invitation

handeln müsse. Der Ansprache des reichen Vaters des Bräutigams (»ohne Geld ist die Liebe nichts wert«) setzt er ein paar einfache, ehrliche und unbeholfene Worte des Brautvaters, eines Straßenbahners, entgegen. Die Hysterie, die nach der Flucht der Braut ausbricht und sich in einer wütenden Menschenjagd fortsetzt – wie Gorettas andere Delinquenten hat sich Philippe ja an bürgerlichem »Eigentum« vergangen –, ist frei von jedweden delektierenden Momenten; selbst die Abenteuer des gemieteten Hochzeitsfotografen, der sich im Grünen über Philippes schlafende Mutter hermacht, wirken so traurig wie die lächerlichen, rechthaberischen Sprüche, mit denen die Bürger ihre Konversation betreiben. Momente eines utopisch wirkenden Glücks, von Heiterkeit, Freiheit und reinen Gefühlen bestimmen die Flucht des Paars, das im Gegensatz zum Zuschauer auch keine Angst zu haben scheint, daß die Realität es wieder einfangen könnte. »Mir ist, als wär ich aufgewacht«, sagt Henriette zu Philippe – wenig später freilich beendet das »reale« Erwachen des jungen Mannes tatsächlich den Traum – ein schmerzhaft resignierendes Ende, enttäuschend und doch zur Gegenwehr aufrufend, denn in

der zur Ordnung zurückgekehrten Bürgerwelt ist nichts in Ordnung.
L'INVITATION (1973) setzt den Topos des Festes noch konsequenter fort, diesmal in der Welt von Büroangestellten. Der Arbeitsplatz dient freilich nur als Klammer um das zentrale Geschehen, eine Einladung bei Rémy Placet, der von seiner Mutter ein Häuschen in der Stadt geerbt hat und es gegen einen prächtigen Landsitz tauschen konnte. Schon mit ihrem ersten Auftreten, bei der Ankunft, deuten die Mitglieder der Belegschaft unterschiedliche Reaktionen auf das Paradies im Grünen an, Bewunderung, Neid, Mißtrauen, Argwohn, Staunen – nur so richtig freuen über das Glück des Kollegen kann sich keiner. Alkohol und Hitze, Tanz und lauter werdende Musik lassen ihre Gefühle freier zu Tage treten; vor allem der Aufwand, mit dem Placet seinen Kollegen eine Freude machen wollte, wird als Verschwendung betrachtet, die Schweizer Bürger wittern Verschleuderung geheiligter Werte, vom Geld bis zur Tradition; die Selbstverwirklichung, die sich einer von ihnen leisten kann, der bezeichnenderweise auch noch ein leidenschaftlicher Hobby-Botaniker ist, betrachtet man als Verstoß gegen die Regeln, als Anarchie – und so kommt immer mehr eine gespannte Atmosphäre auf, die sich in einem handfesten Streit entlädt. Die letzte Einstellung gleicht der ersten, nur eine junge Angestellte, die ihrem Chef am Ende des Fests endlich die Meinung gesagt hat, sitzt nicht mehr an ihrem Schreibtisch, ansonsten ist alles in die alte Ordnung zurückgekehrt – sogar Placet, der seinen Job als Mittel gegen die Einsamkeit braucht.
Goretta führt einen Mikrokosmos mit Durchschnittsmenschen vor, die ihre Individualität alle erst außerhalb der Arbeitszeit zeigen können – mit einer einzigen Ausnahme, der Figur eines für den Nachmittag gemieteten Dieners, der mit fast geheimnisvoller Gelassenheit seine Arbeit verrichtet, der voller Geschichten stecken muß, die er jedoch nicht preisgibt. Die anderen sind Alltagstypen, leicht karikiert, aber dennoch nie reduziert auf allegorische Figuren oder Vertreter einer bestimmten Eigenschaft; Gorettas wohl geniales Gespür für die richtige Besetzung, bis hin zu einem intellektuell wirkenden Dieb, der vorübergehend das Fest irritiert und dessen Ordnung in Frage stellt, verhindert zudem den Eindruck, man bekäme hier schauspielerische Bravour-Nummern geliefert. Die überlauten

Auftritte des jungen Maurice, das argwöhnische Ausspähen des Vizechefs Lamel, der Zusammenbruch einer alten Dame, die sich übernommen hat, der übermütige Strip-Versuch Alices, die vielen Facetten von Verhaltensweisen einer ansonsten eher uniformen Gruppe, die in homogener Ratlosigkeit vor der Frage steht, was man denn spielen könne – Goretta hat das mit großer Ökonomie in den Griff bekommen.

Wie sich die Liebe in LE JOUR DES NOCES (und später in LA DENTELLIÈRE) als Utopie erwies, so ist auch die Vorstellung vom Fest, vom gemeinsamen Feiern in einem Paradies im Grünen nur ein Traum, den die Beteiligten, obwohl einen Nachmittag lang die realen Voraussetzungen dazu gegeben wären, nicht zu leben im Stande sind, da sie sich von den Wertvorstellungen ihrer Gesellschaft nicht mehr lösen können. Wer es dennoch versucht, verliert seinen Platz, wie die junge Alice, oder muß demütig zurückkehren wie Placet, wird gejagt wie das liebende Paar in LE JOUR DES NOCES, endet im Wahnsinn wie Beatrice in LA DENTELLIÈRE – oder wird kriminell, wie Georges Plond in LE FOU, wie Pierre in PAS SI MÉCHANT QUE ÇA.

PAS SI MÉCHANT QUE ÇA (1975) »beschreibt den Ausbruch eines Individuums und zeichnet dessen Portrait in der Beziehung zu zwei Frauen, von denen jede nur eine Facette des Mannes

Pas si mechant que ça

kennt« (Goretta). Pierre, ein junger, glücklicher Familienvater, arbeitet unbeschwert in der väterlichen Möbeltischlerei, bis er wegen der Krankheit seines Vaters den Betrieb übernehmen muß und entdeckt, daß er vor dem finanziellen Ruin steht. Die Aufträge sind zurückgegangen, Großfabriken und Plastik beherrschen den Markt. Um den Konkurs zu verhindern, um Arbeitsplätze zu erhalten und seine Rolle zuhause weiterspielen zu können, versucht er, sich das nötige Geld anderswo zu beschaffen: aus Banken, Postämtern, sogar aus einem Bahnhof. Am Anfang seiner Beutezüge steht ein unbeholfener, vorzeitig abgebrochener Versuch, am Ende ist er ein routinierter und gesuchter Bankräuber geworden.
Bei der Darstellung der Überfälle bleibt Goretta zurückhaltend und diskret, beschränkt sich auf wenige, von der Kamera distanziert erfaßte Bilder. Vielmehr als das Spektakuläre an der möglicherweise auf einem authentischen Fall beruhenden Geschichte und als ihre psychologischen Ursachen interessiert ihn ihre psychische Auswirkung auf den Helden, das Doppelleben, das Pierre führen muß. Im Gegensatz zu Georges in LE FOU bleibt dieser jedoch nicht allein: Die Postangestellte Nelly, die bei einem seiner Überfälle in Ohnmacht fällt und unverzüglich seine Hilfe erhält, eine potentielle Zeugin also, wird seine Geliebte und Komplizin; sie wehrt sich zunächst gegen die zudringlichen Erklärungsversuche Pierres, der ihr sogar vorführt, wie er ohne Auftrag produzierte Stühle auf einem Müllplatz verbrennt, um seine Geldquellen zu tarnen. Schließlich begeht Nelly sogar an Pierres Stelle einen Überfall – doch so weit wollte er sie doch nicht in diese Seite seiner Existenz hineinziehen, er reagiert mit wütender Ablehnung. Zuhause spielt Pierre mit immer größerer Mühe den liebevollen Familienvater, die Belastung wird zu groß; schließlich verhaftet ihn die Polizei, deren Arbeit von Goretta ebenfalls ausgeklammert wurde – gerade während einer Laienaufführung taucht sie im Dorf auf, Pierre ist an einem Sketch über Wilhelm Tell beteiligt, und die fröhlichen Freiheitsrufe aus dem Schweizer Mythos gehen schier nahtlos in Pierres Verhaftung über. Nichts anderes hatte er versucht, als die Ordnung des bürgerlichen Betriebs aufrechtzuerhalten und sich den Zwängen des längst vorher in die Krise geratenen Geschäfts zu fügen, einsam, ohne sich seiner Familie anzuvertrauen, ohne überhaupt die finanziellen Probleme nur anzudeuten: wie es

eben sein Vater auch getan hatte, ohne ihn auf kommendes Unheil vorzubereiten. »Warum sollte ich meine Frau mit meinen Sorgen beunruhigen?«, fragt Pierre verständnislos seine Freundin; die Hybris der Vaterrolle bedarf dann nur mehr eines kleinen Anstoßes, und die Reaktionen geraten aus der gewohnten Bahn, weil die ökonomischen und emotionalen Bedürfnisse keinen gemeinsamen Nenner mehr haben und zudem die Betroffenen keinen Weg finden, diesen Widerspruch anders als einzeln und einsam zu bekämpfen.
Er versuche in seinen Filmen, so erklärte Goretta zu seiner bislang letzten Arbeit, LA DENTELLIÈRE (1977), »etwas über jene Menschen auszusagen, die der Sprache nicht mächtig sind, die ihre tiefsten Gefühle nicht aussprechen können«; vielleicht, so klingt es immer wieder in seinen Filmen an, resultiert diese Unfähigkeit aus einem Mangel an Ausbildung, an einer Form von Kultur, die zum privilegierten Besitz von wenigen geworden ist. Insofern haben die Arbeiten des Genfer Regisseurs eine eminente, wenn auch oft indirekte politische Dimension, gleichzeitig wirken diese Intentionen auch auf die ästhetische Qualität seiner Filme ein: Sie sind geprägt von der Konzentration auf Mitteilungen jenseits der Sprache, auf Haltungen, Gesten und Bewegungen, auf Gesichter und Körper. Besonders LA DENTELLIÈRE erscheint als Fortsetzung der Malerei, erweitert um die Dimension der Zeit, um den Rhythmus der Bilder, um die Töne. Insofern steht Goretta auch einem Regisseur wie Robert Bresson wohl näher als seinen Kollegen von der »Groupe Cinque« wie Tanner oder Soutter.
Die kurzen Sätze im Nachspann von LA DENTELLIÈRE dienen nicht nur der Interpretation der Hauptfigur und ihrer Geschichte, sondern haben für Gorettas Werk letztlich programmatischen Charakter: »Er ist an ihr vorbeigegangen, knapp an ihr vorbei, ohne sie zu sehen, weil sie eine dieser Seelen war, die man geduldig befragen muß, die man betrachten können muß. Ein Maler hätte früher damit ein Genrebild gemacht. Er hätte sie als Wäscherin dargestellt, als Wasserträgerin oder Spitzenklöpplerin.«
Die achtzehnjährige Beatrice arbeitet in einem Frisiersalon als Lehrmädchen; ihre Mutter ist Verkäuferin, ihr Vater verschwand vor langer Zeit. Mit Marylène, einer älteren Kollegin und Freundin, fährt Beatrice in Urlaub nach Cabourg, sieht sich bald allein in der Tristesse des Doppelzimmers und lernt

La dentellière

François kennen, einen Studenten aus Paris. Ganz allmählich kommt sich das Paar näher, Vorboten kommenden Unheils – François' Frage etwa, ob ihr Job »interessant« sei – werden nicht beachtet. Beatrice zieht schließlich in die Bude des Studenten in Paris ein, aber die Barrieren sind stärker als die Liebe des jungen Mannes: Nach einer Zeit des Zusammenlebens schickt er das »ungebildete« Mädchen, mit dem die Unterhaltung so schwierig ist, wieder weg. Die Liebesgeschichte von Beatrice endet in einer psychiatrischen Klinik. »Nach innen führt der geheimnisvolle Weg«, hat Novalis gesagt; die Arbeiten Gorettas bedeuten pessimistische Abhandlungen dieses Wegs, weil er immer wieder in radikale Einsamkeit und zu Katastrophen führt, und die »falschen« sind es, die überleben. Beatrice kann ihre Gefühle nicht verbalisieren, ihrem Protest steht keine Sprache zur Verfügung, und es gibt keine Worte für sie, mit denen sie ihre Emotionen abtragen oder verbrauchen könnte. Das Mädchen scheint dabei tiefer zu fühlen als die Menschen um sie herum und ist keineswegs unfähig, sich durch Gesten mitzuteilen, durch ihr Gesicht, das immer weiblicher wird und dann zu versteinern droht, durch ihre Haltungen, die etwas merkwürdig rituell wirken, durch ihre Art, sich zu bewegen, Ungelenkigkeiten abzulegen, Dinge zu be-

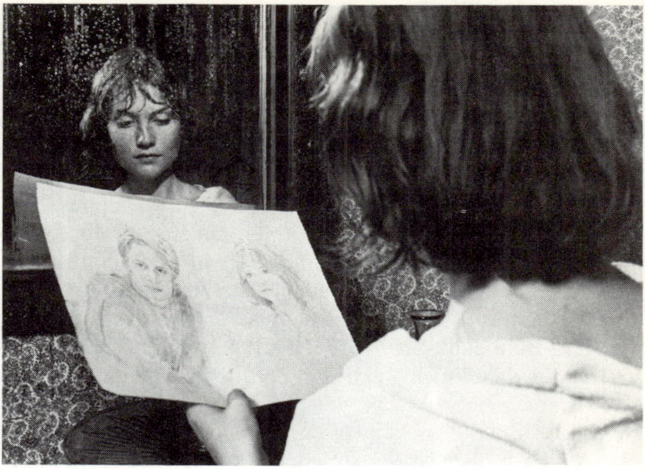

La dentellière

rühren. Sie wird auch durch vermeintliche Defizite charakterisiert: Sie kann nicht schwimmen, nicht tanzen, hat noch nie vorher das Meer gesehen, stellt ihren Körper nicht aus wie Marylène – sie hebt sich auf, unbewußt, für den einen, der von alledem nichts begreift. Goretta freilich zeigt auch François ambivalent genug, läßt ihn echte Gefühle haben und am Ende sogar ahnen, was er zerstört hat aus reiner Unfähigkeit.

Bei aller Ruhe der Bilder, bei aller stillen, manchmal fast feierlichen Konzentration erzählt Goretta mit einem zwar unauffälligen, doch überraschenden Tempo, konzentriert auf wesentliche, wenngleich oft vermeintlich unbedeutende Momente, auf »action« der Alltäglichkeit; für diese Augenblicke nimmt er sich dann genügend Zeit, um sie in seltener Eindringlichkeit zu schildern, und wahrt trotz äußerer Ellipsen die innere Kontinuität.

Einmal sieht man Beatrice in einem hellen Mantel die Wohnung verlassen. François bleibt zurück und übt seine Abschiedsrede, nach einem Schnitt geht das Mädchen in einem dunklen Mantel durch die Straßen, es muß also einige Zeit, Tage vielleicht, vergangen sein, doch man hört François seinen Text kontinuierlich fortsetzen; er endet mit einem Schwenk vom Studenten zu Beatrice, die inzwischen im Zimmer steht

und ihre Verabschiedung äußerlich unbewegt anhört, um dann ohne Protest, still und sanft, zu gehen. Nur ihr Körper – auch hier gab es Vorausdeutungen zu sehen – verweigert sich; am Ende scheint sie erstmals die Sprache gebrauchen zu können, als sie François von einem Urlaub auf Mykonos erzählt. Nur ist Sprache für Beatrice jetzt ein Instrument, die Wahrheit zu verbergen: Man sieht sie in den Aufenthaltsraum der Nervenklinik zurückgehen, ein Poster an der Wand offenbart, daß ihre Erzählung nichts anderes enthielt als eine Bildbeschreibung, vielleicht, im besten Fall, auch einen Traum.
Eine Frau, der die Liebe zu einem Mann zur Identität genügt, die ihr »blindes« Vertrauen zu dem Geliebten in einem wahnwitzigen Blindekuh-Spiel am Rand der Steilküste demonstriert und dabei nicht bemerkt, daß der Partner darin auch eine Probe seiner Macht verspürt – als Thema mag das anachronistische Züge aufweisen, ähnlich wie Truffauts *Adèle H.*; Goretta freilich ist sich in jeder Sekunde über die Unmöglichkeit dieser Geschichte im klaren, aber seine Haltung wird bestimmt von radikaler Trauer über diesen Verlust. Den Zusammenbruch von Beatrice zeigt er fast widerwillig, in einer Totale aus der Ferne, beiläufig fast, mit einer gewissen Scheu, die auch den wenigen Glücksmomenten des Mädchens gilt, das am Ende stumm, mit einer großen, nach innen zielenden Frage in die Kamera blickt. Es gilt, diese Blicke zu entdecken, in dieser wie in den anderen Arbeiten Gorettas, die unzähligen kleinen, bedeutsamen Details, die Einbeziehung der Innen- und Außenräume ebenso wie die winzigen Gesten. »Es sind kleine Details, die ich bewußtmachen will, weil ich das im Kino nicht ausreichend sehe, wo man zu sehr die Tendenz hat, Archetypen vorzuführen.« (Goretta)

Daniel Schmid
Das reiche Gefühl der Angst

Von Bernhard Giger

Alles, was ich erreichen kann, ist Verunsicherung.
Daniel Schmid

Bei den Dreharbeiten zu VIOLANTA in den Palazzi von Salis im Bergeller Ort Soglio: In der zwei Stockwerke hohen Halle, die das Zentrum des einen Palastes bildet, sitzen an einem schweren Holztisch Gérard Depardieu und François Simon sich gegenüber und würfeln, rauchen und trinken Rotwein. Ihr Spiel beobachten einige Männer, Bauern vielleicht oder Handwerker, eine ältere Frau füllt die Gläser nach. Die beiden Männer am Tisch würfeln um Leben und Tod und um eine Frau, um Violanta. Es dauert lange, für einen Außenstehenden unerträglich lange, bis die Szene aufgenommen wird. Daniel Schmid gibt keine lauten Regieanweisungen, er geht zu den Technikern und den Schauspielern und spricht leise und eindringlich mit ihnen. Wenn er spricht, konzentriert er sich ganz auf sein Gegenüber. Schmid, die Schauspieler und die Techniker nehmen sich Zeit, viel Zeit, um eine Welt zu erschaffen, die mit dem Alltag draußen nichts mehr zu tun hat. Später, als dann doch endlich gedreht wird, schleicht Nebel über den Boden und um die Beine der Spieler. Aber nicht nur die Szene, die hier aufgenommen wird, scheint aus dem Nebel herauszuwachsen – die ganze Equipe watet im künstlichen Nebel, der weiter hinten von italienischen Spezialisten erzeugt wird. Es ist, als ob die ganze Halle schweben würde.
Die Erarbeitung einer Szene, diese Steigerung der Konzentration bis zu dem Moment, wo die Kamera läuft, beschreibt Schmid so: »Wenn ich arbeite, freue ich mich jeden Tag auf ein Wunder. Es gibt wirklich einen Moment, wo man da steht und wartet, und langsam beginnen die Schauspieler, beginnt alles irgendetwas zu machen … In diesem Chaos drin fängt man irgendwie irgendetwas an und hofft dann auf irgendein

Wunder. Und was passiert, weiß ich dann auch nicht. Aber zumindest ist das Interesse der Leute da, die in dem Raum vorhanden sind, sich wirklich ausschließlich auf das zu konzentrieren, was da dann plötzlich kommt oder was wir versuchen zu machen ... Und das kann dann fünfzehn, sechzehn oder siebzehn Stunden dauern. Das ist dann der Moment, wo der Film einen trägt.«

»Und was passiert, weiß ich dann auch nicht«, im Kino wiederholt sich das, in den Filmen Daniel Schmids kann der Zuschauer erleben, was die an den Dreharbeiten Beteiligten auch erlebt haben. Sich hineinsehen, -hören und -spüren in diese Filme führt zu einem Punkt, an dem die üblichen Sehgewohnheiten gesprengt werden, an dem man sich selber nicht mehr wie sonst meistens im Kino richtig kontrollieren kann, an dem man dann dem Film ausgeliefert ist. Im extremsten Fall erreicht man einen Zustand der Trance, der Film wird dann zu einer Erfahrung, die Drogenerlebnissen ähnlich ist. Schmids Filme verunsichern und verführen. Nicht so, wie das die Computer- und Fließbandprodukte der Filmfabriken machen, die dem Zuschauer keine Freiheit mehr lassen und ihm Bilder und Töne regelrecht einmassieren. Ganz im Gegenteil, den Anfang muß man bei Schmid schon selber machen, einsteigen muß man selber; ist man aber einmal drinnen im Film, verliert man rasch den Boden unter den Füßen. Eine Maschine, die Träume provoziere, sei, so Freddy Buache, LA PALOMA. Dies läßt sich, wenigstens teilweise, auch von anderen Filmen Daniel Schmids sagen.

La Paloma

Thut alles im Finstern, Euerm Herrn das Licht zu ersparen

Im Reich der Schatten

Als Kind, so erzählte der 1941 in Flims, in den Bergen geborene Daniel Schmid einmal, habe er immer das Meer gezeichnet. Heute braucht er es nicht mehr zu zeichnen, er hat es unterdessen gesehen, er weiß, was hinter den Bergen liegt, zwischen denen er aufgewachsen ist. Seit Jahren ist er unterwegs – er ist ein durch die Ruinen des Glücks Streunender, nach Spuren der Liebe Suchender. Aus seinen Zeichnungen sind Filme geworden, und so wie die Zeichnungen Ausdruck waren der Sehnsucht, so sind es nun auch die photographischen Bilder. Als Kind zeichnete er die Freiheit versprechende, unendliche Weite des Meeres, in seinen Filmen zeigt er Menschen, die im Labyrinth der Angst einen Ausweg suchen. Die helle Öffnung aber, die den durch die Dunkelheit Irrenden einen Ausweg weist, führt nicht zurück in eine von allem Bösen erlöste Welt: die unendliche Weite ist der Tod. Die Welt, die Daniel Schmid in seinen Filmen beschreibt, ist ein Reich der Schatten.
Schmids Filme sind nicht, was man politische Filme nennt. Unterdrückung und Abhängigkeit bis – und häufig vor allem –

ins ganz Private werden zwar immer wieder thematisiert. Von Dienern und Herren handelt der erste, kürzere Film THUT ALLES IM FINSTERN, EUREM HERRN DAS LICHT ZU ERSPAREN (1971), von einem verpaßten Aufstand der Diener HEUTE NACHT ODER NIE (1972), von der (selbst-)zerstörerischen Sucht nach Liebe LA PALOMA (1973). Am Schluß von SCHATTEN DER ENGEL (1975/76) liegt der naive, brutale, aber doch liebenswürdige Zuhälter von Lily zitternd zwischen den Herren der Stadt am Boden. In VIOLANTA (1978) schließlich greifen die Bewohner des Tales, über das die Richterin herrscht, nie entscheidend in die Ereignisse ein, sie sind eine »Schweigende Mehrheit«. Erst am Schluß beim Hochzeitsfest werden sie fröhlich und ausgelassen, während, was sie aber nicht wissen oder nicht beachten, zwischen ihnen die tote Herrscherin sitzt, die sich selbst gerichtet hat. Dennoch – eindeutige politische Bekenntnisse lassen sich in Schmids Filmen nicht finden.
Daniel Schmid ist ein Kind unserer Zeit, aber er ist der Wirklichkeit entwichen, gegen die andere sich täglich mühsam verteidigen. In seinen Filmen bleibt die moderne Zivilisation, wenigstens ihre ins Auge springenden Erscheinungen, meistens unsichtbar. Einmal, gegen Schluß von SCHATTEN DER ENGEL, als der Jude die Hure Lily erwürgt, ist im Hintergrund ein riesiger Betonklotz zu sehen. Im Hintergrund, weit entfernt. Die Orte der Handlung liegen hinter den Neontempeln der Macht, hinter den die Landschaft zerschneidenden Autobahnen, hinter den Kernkraftwerken, hinter Seveso. Im Niemandsland. In den Landschaften der Träume, im imaginären Exil. Die Figuren, die Daniel Schmid für seine Filme erfunden hat, sind Flüchtlinge. Die Liebe, nach der sie sich auf der Flucht sehnen, finden sie nur in ihren Vorstellungen. Im Drehbuch zu VIOLANTA steht, »daß das eigentlich Schöne nur als erlittene Vorstellung existiert«. Nahe dem Wahnsinn erst findet die Liebe ihre Erfüllung. In Todesnähe. Das imaginäre Exil ist ein Vorzimmer des Todes.
So scheinen denn die Figuren auch ohne Leben zu sein. Die Lebenden sehnen sich, wie Lily in SCHATTEN DER ENGEL, nach dem Tod, die Toten sind, wie in VIOLANTA, nicht mehr von den Lebenden zu unterscheiden, oder sie erstrahlen, wie die Sängerin Viola in LA PALOMA, selbst nachdem sie Jahre schon im Sarg unter dem Boden lagen, in gleich blendender Schönheit wie früher. Die Gesichter der Lebenden und der Toten sind

blaß, in ihren Augen öffnen sich Abgründe des Schreckens. Das zarte Gesicht von Ingrid Caven etwa (die in allen vier langen Filmen Haupt- oder bedeutende Nebenrollen spielte) scheint aus dünnem, milchigem Glas zu sein, das bei der kleinsten Erschütterung zerbrechen könnte.

Schatten der Engel

Die Rien-ne-va-plus-Situation

Schmid lebte von 1962 bis '70 in Berlin. Nach einem Germanistikstudium war er einer der ersten Studenten an der dortigen Film- und Fernsehakademie. Er hat die unruhigen Jahre in Berlin aktiv mitgemacht. Als Assistent arbeitete er dann bei Peter Lilienthal und drehte in Venedig in wenigen Tagen THUT ALLES IM FINSTERN, EUREM HERRN DAS LICHT ZU ERSPAREN. In langen Einstellungen, langsamen Schwenks und Fahrten werden Rituale der Diener und Herren gezeigt. In der längsten Einstellung gehen Diener und Herr durch einen als Labyrinth angelegten Garten. Sie treffen sich aber nicht, und es bleibt unklar, ob der Diener wirklich dem Herrn folgt, oder ob er ganz bewußt von ihm wegläuft. Dieser erste Film führt schon weit hinein in die Welt, die Schmid dann mehr und mehr und ganz sorgfältig aufgebaut hat. Abgesehen davon, daß der folgende HEUTE NACHT ODER NIE auch das Verhältnis zwischen Diener und Herrschaft beschreibt, sind die ruhige Kameraführung und die dadurch gesteigerte, überaus intensive Ausstrahlung der Bilder in diesem Film – auch wenn er nicht von Renato Berta, Schmids Kameramann der vier langen Filme photographiert wurde – schon vorhanden. Grundsätzliche formale Veränderungen hat es eigentlich von THUT ALLES IM FINSTERN bis VIOLANTA kaum gegeben, Schmid hat konsequent seine eigene Art, Filme zu machen, weiterentwickelt und perfektioniert.

HEUTE NACHT ODER NIE war in der Schweiz, ganz besonders innerhalb der damaligen deutschschweizer Filmszene, eine Überraschung. »Da ist einer gekommen, den man nicht erwartet hat«, schrieb Martin Schaub in der »Weltwoche«. Spielfilme des neuen Schweizer Films entstanden damals überwiegend in der französischen Schweiz, die deutschschweizer Filmemacher hatten sich mehr dem Dokumentar- oder Experimentalfilm zugewendet. Mit den Dokumentarfilmen arbeiteten sie an einer Gegendarstellung jener Schweiz, deren Selbstherrlichkeit sie nicht mehr länger ertrugen. HEUTE NACHT ODER NIE platzte da scheinbar in die völlig falsche Gesellschaft. Der Film beruht auf einem alten Brauch des böhmischen Adels, am Abend des 16. Mai, dem Fest des heiligen Johann von Nepomuk, ein großes Essen zu geben, bei dem nicht nur die Klassenschranken aufgehoben sind, sondern vielmehr die Herrschaft die Diener bedient. Schmid beschreibt diesen Abend als verpaßte Revolte der Diener. Von einem Schauspieler der Truppe, die zur Unterhaltung aufgeboten wurde und die zuvor die Sterbeszene aus *Madame Bovary* vorgeführt hat, werden die Diener aufgefordert, sich aufzulehnen. Sie bleiben aber, während die Herrschaft diskret applaudiert, stumm sitzen.

»Wir leben in einer Rien-ne-va-plus-Situation«, meinte Schmid damals. So erstarrt aber wollten viele die Welt noch

Heute nacht oder nie

nicht empfinden, Schmids Äußerung war für sie darum glatter Verrat. Denn 1972 waren die Hoffnungen der späten sechziger Jahre noch nicht ganz aufgebraucht. Zu einer Zeit, da Godard nach dem großen Kinofilm *Tout va bien* in Grenoble eine Videogesellschaft gründete, also nach neuen Möglichkeiten der Veränderung oder Zerstörung des konventionellen Ki-

La Paloma

nos forschte, mußte Schmid den Jüngern Godards wie ein seltsames, kaum ernst zu nehmendes Überbleibsel vergangener Zeit erschienen sein, als einer, der entweder überhaupt nicht begriffen hatte, um was es einige Jahre zuvor gegangen war, oder der das ganz bewußt nicht begreifen wollte. Aber Schmid hatte genug gesehen. Nach den lauten Tagen in Berlin machte er sich keine falschen Illusionen mehr. Vom Schauspieler, der im Film die Diener zum Aufstand auffordert, sagte er: »Der Künstler, der den Saboteur spielt, ist sich seiner Situation bewußt. Er ist zwar Saboteur, aber er kennt seinen Stellenwert, der fast gleich Null ist.«
Vielleicht war Schmid damals Godard, was die Einschätzung des Kulturapparates anging, näher als viele Verehrer Godards.

La Paloma

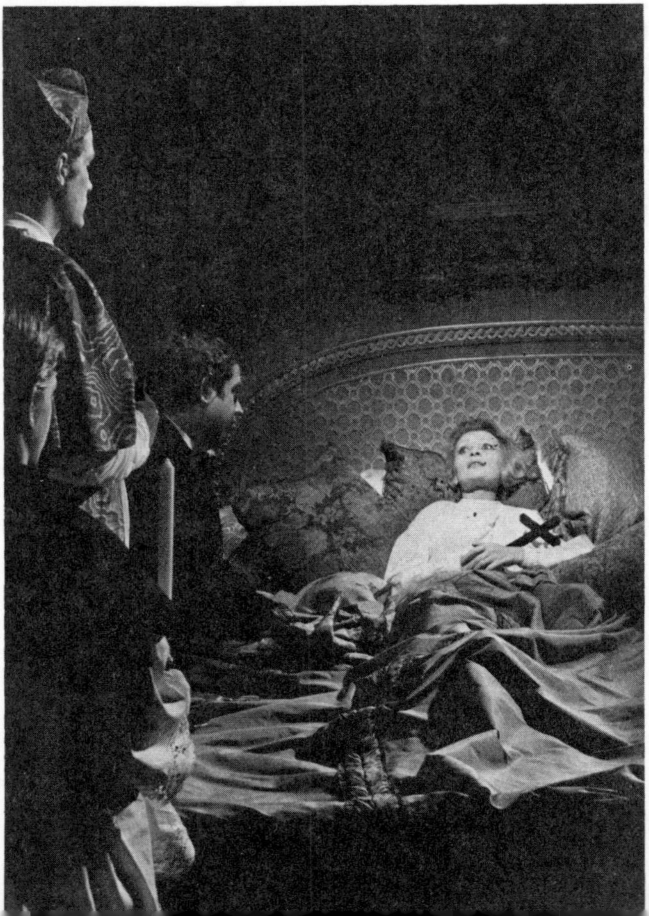

Liebe als erlittene Vorstellung

LA PALOMA handle, so Schmid, »von Liebe, verstanden als absolute Fiktion«. Graf Isidor liebt die todkranke Sängerin Viola Schlump, genannt LA PALOMA. Sie jedoch liebt nur seine Liebe zu ihr, die für sie wie heilende Medizin wirkt. Nachdem sie aber mit einem anderen Mann weggehen wollte und Isidor dies verhinderte, sie also einsehen mußte, daß auch seine Liebe nicht grenzenlos ist, zerfällt ihre Liebe und sie stirbt. Drei Jahre später rächt sie sich, als Isidor und der andere Mann, ihrem letzten, im Testament geäußerten Wunsch folgend, das Grab öffnen und sie daliegt, als sei sie eben erst gestorben, unverwest und schön. Isidor muß, um zu Ende zu führen, was sie wünscht, den geliebten Körper zerstören. Diese ganze Geschichte wird Isidor in jenem Nachtlokal, in dem Viola auftritt, eingegeben von der »Kraft der Einbildung«, einem unheimlichen Wesen, weder Mann noch Frau, ekelerregend und beängstigend, faszinierend und verlockend zugleich.

Für Schmid, so schrieb Freddy Buache in einer Besprechung des Films, sei die Gegenwart, wie jener Film, der diese Gegenwart bezeugen wolle, blutlos. Für Schmid lebe im Film nichts mehr seit mindestens 25 Jahren. Tatsächlich läßt sich das Melodram LA PALOMA mit kaum einem anderen zur gleichen Zeit gedrehten Film vergleichen, es erinnert an ein Kino, das die meisten heutigen Kinobesucher nur vom Hörensagen kennen. Aber Schmid kopiert dieses Kino nicht bloß – LA PALOMA ist kein Nostalgie-Schmachtfetzen –, er übernimmt Formen dieses Kinos und baut sie aus, mehr: steigert sie ins Extreme. Die Sehnsucht seiner Figuren nach Liebe wird zum auf die Dauer unerträglichen Leiden. Im Drehbuch zu VIOLANTA steht, kein Gefühl sei reicher an Varianten als die Angst. Davon ist in LA PALOMA schon sehr viel zu spüren.

Variationen der Angst beschreibt auch der nach Rainer Werner Faßbinders umstrittenem Stück »Der Müll, die Stadt und der Tod« entstandene SCHATTEN DER ENGEL. (Die heftigen Auseinandersetzungen um Faßbinders Stück haben dem Film nicht geholfen, da nicht mehr über ihn, sondern über Faßbinders Haltung gesprochen wurde. Das ging soweit, daß der »Spiegel« unter einem Photo aus dem Film von einem Faßbinder-Film sprach.) In SCHATTEN DER ENGEL gibt es keine Liebe

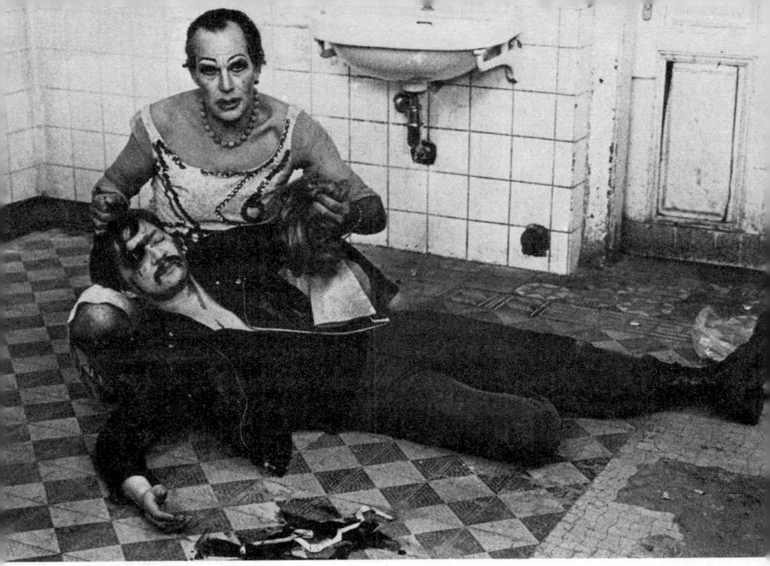

Schatten der Engel

mehr, mit der die frierende Lily gesunden könnte, nur noch Brutalität, Vergewaltigung, Verfolgung und Angst. Und die nicht mehr aufzuhaltende Sehnsucht nach dem Tod, der dann auch Lilys letzter Kunde ist. SCHATTEN DER ENGEL ist unter Schmids Filmen derjenige, der am wenigsten im Niemandsland spielt. Die Figuren sind als bestimmte Figuren erkennbar: der reiche Jude, der Zuhälter, die Hure, ihr Vater – der Faschist, ihre Mutter – die invalide Linke. Aber die Figuren sind austauschbar, sie passen nicht sehr genau zu ihrer Rolle, der Jude sieht gar nicht aus wie ein Jude, einer seiner Begleiter wird Zwerg genannt, ist aber ein Riese. Die einen werden in ihre Rolle gezwungen, wie der Vater, der sich nur noch als Transvestit verkleidet aus dem Hause wagt, andere, wie den Juden, schützt ihre Rolle vor dem Zerfall. Die Schwachen schließlich, wie Lily und ihr Zuhälter, können ihre Rolle nicht mehr länger spielen. Alle aber sind sie Heruntergekommene, Bewohner einer kalten Stadt, die unbewohnbar geworden ist. Die Liebe, nach der sich eigentlich alle mehr oder weniger sehnen, ist wie ein steckengebliebener Eisbrecher, der, ohne Verbindung zur Außenwelt, langsam zum Eisschloß wird. »Die Stadt« liegt an der Grenze zum Niemandsland.

Mit VIOLANTA ist Daniel Schmid, der Reisende, zurückgekehrt in seine Heimat. Aber er ist nicht zurückgekehrt wie der müde gewordene Wanderer, der sich nun zur Ruhe setzen will, er machte in seiner Heimat nur einen Zwischenhalt, wie die Handelsreisenden, deren Route früher durchs Bergell führte. VIOLANTA ist ein Heimatfilm, aber einer von einem Weitgereisten. Schmid hat von hinter den Bergen mitgenommen, was er dort gesammelt hat. Seine Sammlung, Leidensbilder aus dem Reich der Schatten, und die majestätische Kulisse der Schneeberge – extremer könnten die Gegensätze nicht sein.
Der nach Motiven aus der Novelle *Die Richterin* von Conrad Ferdinand Meyer entstandene Film erzählt von Violanta, der Richterin, einer schönen, leidenden Frau, die schlimmste Qualen durchgemacht hat. Ihr Körper war an den ihres Geliebten geschmiegt, als dieser von ihrem Vater erschossen wurde, weil ein anderer Mann das Würfelspiel um sie gewonnen hatte. So grausam dieser Mord war, so grausam war ihre Rache, sie streute Gift in den gemeinsamen Trunk, während ihr Mann gelähmt umfiel, spielte sie vor dem Volk Entsetzen – sie besaß das Gegengift. Nun will sie ihr letztes Werk, die Hochzeit ihrer Tochter, vollenden. Sie wird aber gestört von Alma, einer Frau aus dem Volk, die auch erlebt hat, was Violanta erlebt hat und die dafür nun von Violanta ein Urteil verlangt, und von Silver, dem aus Venedig anreisenden Sohn, der sich in seine Schwester verliebt und zu spät erfährt, daß diese gar nicht seine richtige Schwester ist. Unter den Lebenden bewegen sich auch die Toten, denen Violanta und Silver immer wieder begegnen. Die Toten erzählen den Lebenden die Wahrheit, eine schreckliche Wahrheit, und quälen damit, weil sie ja nichts mehr zu verlieren haben, die Lebenden. Am Schluß, nachdem sie sich vergiftet hat, starrt Violanta auf das tanzende Hochzeitspaar vor ihr, auf ihre Tochter, die den Mann nicht liebt, mit dem sie tanzt. Violanta ist durch ihren Tod von den Verfolgten zu den Verfolgern gewechselt, im Tal aber wird sich nichts ändern; rien ne va plus.
Nachdem die früheren Filme, in der Schweiz wenigstens, im Kino nicht besonders erfolgreich waren, ist VIOLANTA in größeren Städten wochenlang gelaufen. Daniel Schmid wurde vom Außenseiter zu einem der meistbeachteten Schweizer Filme-

macher. Seine Filme liegen zwar noch immer abseits der groben Entwicklungslinien im Schweizer Film, sie unterscheiden sich zum Teil sogar extrem von den Filmen anderer bekannter Filmemacher, etwa von denen Richard Dindos. Dindo erforscht, in *Die Erschießung des Landesverräters Ernst S.* Landschaften, in denen sich Geschichte abgespielt hat, Schmid in seinen Filmen Landschaften der Träume. In diesen findet er aber nicht weniger, was mit dem Alltag des gegenwärtigen Kinopublikums zu tun hat, als Dindo in seinen Landschaften. Vielleicht führen die Spuren aus den beiden verschiedenen Landschaften näher zusammen, als man anfänglich glaubt.
Schmids Filme sind Filme über die Liebe, auch wenn sie immer unmöglich bleibt. Denn verzweifeln in der Liebe kann nur, wer sie auch spürt, Schatten bilden sich nur dort, wo auch Licht ist. Die Variationen der Angst sind Negative der Liebe. Negative sind verkehrte, für den Betrachter ungewohnte Bilder – sie umzusetzen ist kein alltäglicher Prozeß. Und ein umgesetztes Negativ bringt nicht immer das, was man sich gewünscht hat, die Umsetzung ist immer auch ein Risiko. Was Schmid mit seinen Filmen erreicht, ist Verunsicherung.

Violanta

Michel Soutter
Die Kultur des Abseits

Von Martin Schaub

Als die französische *nouvelle vague* in den fünfziger Jahren gegen das *cinéma de qualité* antrat, schrieb Truffaut, der Film der Zukunft werde eine Art Liebesakt sein; er werde seinen Autoren ähnlich sehen, er werde Freundschaften stiften. Als sich die Autoren der *nouvelle vague* ihrerseits einem konfektionierten *cinéma de qualité* näherten, mit wachsenden Budgets und einem Star-System, begann in Genf Michel Soutter mit dreimal nichts und ein paar Freunden Filme zu machen, die ihm ähnlich sahen. »Ich konnte nicht einsehen, daß man durch finanzielle und technische Fragen blockiert werden sollte. Ich dachte ganz naiv, daß man, ohne an die Kosten zu denken, einen Film drehen konnte, mit zwei Technikern, die Freunde sind und mit denen man das Jahr durch Reportagen macht, und Schauspielern, mit denen man Fernsehstücke gemacht hat, und die man gut kennt. Was wichtig war: aufhören, vom Unglück des Schweizer Films zu reden, dafür ihn zu machen. Ich glaubte, daß uns dieses Produktionsmodell erlaubte, regelmäßig Filme zu machen, und daß es bei einer gewissen Anzahl welche geben würde, die uns recht gäben. Ich habe HASCHISCH nach der selben Methode gemacht wie LA LUNE AVEC LES DENTS, meinen Erstling. LA POMME ebenfalls, und endlich kam *Charles mort ou vif* von Tanner. Das ist der Film, der uns recht gegeben hat.«[1]

Auf die drei genannten Filme folgten zwei weitere kleine – minimale Equipe, 16/35mm schwarzweiß –, Koproduktionen der neugegründeten »Groupe 5« mit dem Genfer Fernsehen, und dann L'ESCAPADE, eine schweizerisch-französische Koproduktion, wo Soutter zum ersten Mal professionell arbeiten konnte, in einer normalen, wenn auch bescheidenen Produktion.[2] Nach vierjähriger Pause legte Soutter seinen ersten Film mit dem Budget eines französischen *film de qualité* vor, sein bislang letztes Werk, REPÉRAGES. Die Entwicklung seines Kinos scheint nicht nur seiner eigenen Gesetzlichkeit zu gehorchen; in zehn Jahren ist Soutter vom verrückten, unmöglichen, finanziell unverantwortlichen Film, Schritt um Schritt, in jene Randzone des Autorenfilms gelangt, die sich die Filmindustrie gerade noch leistet.

In Deutschland ist Soutter verhältnismäßig unbekannt. Das »Forum des Jungen Films« hat 1972 JAMES OU PAS gezeigt; das ARD-Programm brachte 1973 LES ARPENTEURS (Die Landvermesser) und 1977 L'ESCAPADE (Der Seitensprung). Eine Kinoauswertung hat nicht stattgefunden. Insofern sind Werk und Entwicklung Soutters der reinste Fall des Genfer Spielfilms.

Von den Rändern der Frankophonie her näherte sich Ende der sechziger Jahre eine Erneuerung deren Zentrum: Paris. Und vom Zentrum her schlugen nach einer gewissen Zeit Fremdbestimmungen zurück auf die Autoren, die zunächst eine Art trotzigen Subjektivismus und Provinzialismus artikuliert hatten. Es soll hier keine Klage geführt werden um einen Selbstverlust, der weder bei Soutter, noch bei Goretta und schon gar nicht bei Tanner stattgefunden hat. Trotzdem liegt mir mehr an einer Nachzeichnung von Michel Soutters Weg von LA LUNE AVEC LES DENTS zu L'ESCAPADE; er scheint mir interessanter und unverwechselbarer zu sein als L'ESCAPADE und REPÉRAGES als »krönende« Einzelwerke.

La lune avec les dents

Michel Soutters Weg zum ersten Kinofilm unterscheidet sich von Wegen, die einer in Frankreich oder in Italien einschlägt. Nach den üblichen Schulen schrieb Soutter Gedichte und Chansons, und mit ihnen fuhr er – typisch für den frankophonen Provinzler – nach Paris »hinauf«. Zufällig begegnete er dort Alain Tanner, der gerade in der dunkelsten Phase seiner Entwicklung steckte – Assistent bei Industriefilmen –, und dieser machte Soutter mit Goretta bekannt, der beim Genfer Fernsehen, dem einzigen möglichen Filmproduzenten jener Zeit, arbeitete und dessen Drehbuchmitarbeiter und Assistent Soutter von 1961 bis 1964 wurde. 1965, 33jährig, tritt er erstmals als Autor hervor, mit einem Fernsehstück (A PROPOS D'ELVIRE) und einem – nie veröffentlichten – Kurzfilm (MICK ET ARTHUR), für dessen Buch und Regie er verantwortlich zeichnet. Ein reiner Kinofilmregisseur ist Soutter – im Gegensatz zu Tanner – nie geworden, doch kann hier auf seine Fernseharbeit, die von der Sportreportage über eigenwillige Dokumentarfilme bis zur Inszenierung eigener Fernsehstücke reicht, näher nicht eingegangen werden. Einen Hinweis auf die Filme mögen Soutters bevorzugte Autoren geben: Harold Pinter, Roger Vitrac und Bert Brecht. Zwischen den letzten beiden Kinofilmen ist Soutter auch für das Theater tätig geworden; er selbst stellt einen Zusammenhang zwischen seiner Inszenierung des *König Ubu* von Alfred Jarry (1976) und der Filmarbeit her; er habe sich auf der Bühne Elemente der Montage erarbeitet, die in seinen Filmen bis L'ESCAPADE, wo die Totalen und die *plans-séquences* dominieren, noch fehlen.
Gehen wir zehn Jahre zurück: Im Herbst 1966 dreht Michel Soutter mit einem Zwergbudget – 30000 Franken – seinen ersten Film mit einem TV-Kameramann, einer Tonmeisterin, drei Haupt- und zwei Nebendarstellern; später arbeitet eine TV-Cutterin mit; ein Freund schreibt die Musik. In etwas mehr als zwei Wochen Drehzeit, an erstaunlich vielen Drehplätzen, mit Direktton entsteht ein diskontinuierliches Tableau einer schweizerischen *lost generation.* Eine eigentliche Story hat der Film nicht; er hat einen Ton.
Einzelne Elemente der »kleinen Musik« Soutters klingen schon wie in den späteren Filmen: ein wie Normalformat gehandhabtes 16mm-Bild, die auffällige Vorliebe für Grautöne, die scheinbar unmotivierten Ausbrüche in absurde »Nummern«. Man hat oft von De-Dramatisierung gesprochen und

Haschisch

damit den ästhetischen Tatbestand nur unzureichend umschrieben. Soutters verlorene, entfremdete Personen der ersten Filme können gar keine Geschichte haben. Der Autor hatte also nicht zu de-dramatisieren; er weigerte sich schlicht, der Verlorenheit irgendeine Stoßrichtung zu geben. Er orchestriert mit seinen Mitteln bloß eine Zeit, die zum Stillstand gekommen ist. Besonders auffällig werden da die *plans-séquences* in der Totalen, die die Einsamkeit der »Helden« artikulieren. Gerade daß es nicht zu einer irgendwie spannenden Intrige kommt, ist wesentlich. William, die Zentralfigur, sagt, er versuche erst, jemand zu werden, wenn es einmal alle können. Und da dies noch lange nicht der Fall sein wird, treibt er sich herum, eckt an, schweigt, betrachtet sich im Spiegel. Aus Überdruß zerschlägt er die gesamte Einrichtung seiner Küche. Gestaute Wut bricht da in drei Minuten – eine einzige Einstellung, Direktton, engstes Dekor, spürbare Gefahr für Kameramann und Darsteller – verzweifelt durch. Diese Szene ist ein erstes starkes Beispiel jener »Kultur der Entfremdung«, die in den späteren Filmen immer deutlicher, und immer weniger verzweifelt formuliert wird. ATTRAPER LA LUNE AVEC LES DENTS – den Mond mit den Zähnen fangen wollen – heißt soviel wie das Unmögliche wollen. Der Filmtitel trifft sowohl auf die

Haschisch

Zentralfigur wie auf den Autor zu, der sich in ihr spiegelt und sie zugleich überwindet, indem er etwas schafft. Im Reden, im Formulieren vergewissert sich Soutter seiner selbst.
Die *lost generation* der geschichts- und ereignislosen Provinz ist auch der Gegenstand von HASCHISCH (1968). Der Schrei eines anatolischen Hirten und ein Gedicht des Türken Nazim Hikmet über die Schweiz lassen in dem Schauspieler Mathieu, der bei seiner Mutter lebt und der »niemandem begegnet, der ihm gefällt«, das Fernweh erwachen. Doch die Schweizer gehen – wie Boris Vian sagte – zum Bahnhof, aber sie fahren nicht weg. Mathieu, der an einem zur Provinzialität und oft zur Inaktivität verurteilten Theater arbeitet, ist auch fürs Radio tätig. So begegnet er dem Gedicht von Hikmet: »...Warum habe ich all das über die Schweiz geschrieben? Vielleicht weil ich dem kleinen Garten inmitten der blutigen Wüste gram gewesen bin. Wurden und werden seine Blumen nicht begossen mit unserem Blut? ...« Das Thema, das von *La Salamandre* von Tanner bis zum Buch des Genfer Soziologen Jean Ziegler[3] in der calvinistischen Rousseau-Stadt mit ihrem falschen Internationalismus anklingt, ist auch in einigen Filmen Soutters gegenwärtig. Der Lebensüberdruß Mathieus äußert sich in Evasionsgedanken; er versucht, seinen Freund Bruno, den Automechaniker, dazu zu bewegen, mit ihm das Land zu verlassen. Schließlich fährt Bruno allein, und Mathieu bleibt – nach einem Intermezzo mit einer Schauspielerin aus der Ferne, aus Paris – im langweiligen Garten inmitten der blutigen Wüste zurück. Der Schrei des anatolischen Hirten, den er im Radiostudio gehört hat, verhallt in dumpfer Gleichgültigkeit, Resignation und Selbstmitleid. In HASCHISCH vervollständigt sich das formale Inventar Soutters auffällig, und auch das Vor-Bild der frühen Filme Godards[4] wird zugleich deutlicher und letztlich unwesentlicher. Das 16/35mm-Bild bekommt eine Art Theatercharakter, die zumeist totale oder halbtotale, auch aus finanziellen Gründen starre Kadrierung schafft einen künstlichen Spielraum für eine im wesentlichen literarische Einbildungskraft. Die einzelnen Szenen neigen – auch wegen der Reihung von *plans-séquences*, damit des Fehlens einer Découpage innerhalb der einzelnen Szene – zur Eigenständigkeit. Die Abwesenheit einer zielstrebigen Dramaturgie, die ein Verrat an der ziellosen Lebensart der Protagonisten wäre, erlaubt den absurden Exkurs. Der Exkurs, könnte man sagen, ist

die einzige dramaturgische Einheit der frühen Filme Soutters. In HASCHISCH wird das erstmals deutlich. Soutter verbietet sich keine Verrücktheit: Das beginnt mit einer Anrufung Rousseaus, setzt sich fort in einem programmatischen Chanson zu einer Autofahrt[5] der beiden Protagonisten, die in Sentenzen endet. Am deutlichsten wird das Bauprinzip in der Sequenzenfolge im Radiostudio: Das Gedicht von Hikmet, ein Vortrag über das Verduften und das Dableiben, der Schrei des anatolischen Hirten, eine weitere Sentenz, *ad spectatores*, gesprochen von einem, den man nie mehr sehen wird, Haupt- und Nebensachen, werden als Fertigbauteile aneinandergereiht zu einem atmosphärischen Bild der Resignation, die nicht begründet wird, sondern sauersüß zitiert.
LA POMME formuliert die gleiche Ziellosigkeit mit einem Ansatz zur Begründung. Simon, der nichts mehr tun will und anstatt daß er schreibt sich als Korrektor bei einer Zeitung verdingt, wird von seiner »ersten Liebe«, einem Mädchen aus Frankfurt, besucht, aber er vermag nicht fortzufahren, wo sie aufgehört haben. Einmal zählt er – mit sich überstürzenden Halbsätzen – auf, was ihn verunsichert, lähmt: die weltpolitischen Ereignisse von Kuba bis Paris; Simon kann von nichts mehr etwas halten, und er verliert alles. Laura – so heißt das Mädchen – bleibt bei einem 35jährigen, ziemlich abgewrackten Journalisten, und Simon, der nichts mehr halten oder lieben oder besitzen kann, wird lächerlich, eifersüchtig. LA POMME könnte der Film deshalb heißen, weil Simon nicht mehr drein-

La pomme

beißt.[6] Zum Schluß versetzt er, verkleidet mit einem langen falschen Bart, dem Journalisten kindisch aufbegehrend einen Fußtritt und läuft davon.[7]

»Kultur der Entfremdung« haben wir oben gesagt. In LA POMME kündigt sich das, was Soutter aus ihr gewinnt, bereits an. So wie alles möglich ist in seinen Filmen – hier z. B. ein »nicht zur Sache gehörendes« Intermezzo mit dem Gasmann in einer Küche (übrigens ein Hauptschauplatz in allen Filmen Soutters und Tanners), ein längeres Tschechow-Zitat ganz am Anfang, die Zusammenkunft des Journalisten mit Mathieu aus HASCHISCH usf. – so wie nichts unmöglich ist, sprachlich, dramaturgisch, motivisch, wird in den künftigen Filmen keine Begegnung von Personen unmöglich sein, selbst und gerade von Personen, die »von Natur aus« nichts miteinander zu schaffen haben.

Während Alain Tanner aus den gesellschaftlichen Gegebenheiten die Notwendigkeit des Widerstands gegen »Politiker und Händler«[8] ableitet, einer außerparlamentarischen Opposition sozusagen, zeichnet Soutter eine Art Utopie der Begegnungen, der Kommunikation, der Liebe auf die Leinwand, die mir eine entfernte Ähnlichkeit mit Robert Walser[9] aufzuweisen scheint. Da die moderne, geschichtslose Schweiz keine Heimat sein kann, bauen sich die Personen Soutters eine »eigene«[10], abseitige, verrückte[11] Heimat auf, eine neue Menschlichkeit, die die alltägliche demaskiert und beschämt. Ein letzter Rest von gesellschaftlichem Realismus muß vielleicht darin erblickt werden, daß Soutters Figuren oft Künstler sind. Deutlich und geradezu störend wird das in REPÉRAGES, wo das gewöhnliche Volk nahezu abwesend ist und, wenn es überhaupt auftritt, fast als Entschuldigung wirkt.

In JAMES OU PAS und LES ARPENTEURS ist das, was Soutter »zu sagen hat«, am deutlichsten, graziösesten und mit jener Verrücktheit, die der Autor mit seinen Geschöpfen teilt, formuliert. Die Unbekümmertheit, mit der Soutter die bis zum letzten Komma formulierten Szenen mit den nur auf äußerst lose Art mit ihnen verbundenen »Nummern« von Jean-Luc Bideau kombiniert, die Offenheit für den *Einfall* legitimieren die »Botschaft« der neu gefundenen Freiheit im Abseits. JAMES OU PAS ist eine Art Synthese der drei ersten Filme. Der Taxichauffeur Hector stellt die Taxuhr ab und läßt sich ein auf die Geschichte von James und seiner Freundin Eva, die eben von

James ou pas

Zürich – wie jede Woche – in Genf ankommt, um James, dessen Freundin (nicht Geliebte) sie ist, Gesellschaft zu leisten. Hector zieht die erste Begegnung in die Länge, um seinem Freund Narcisse und der Frau, mit der er lebt, Zeit zu lassen, die gemeinsame Wohnung zu verlassen, damit er mit Eva ungestört nach Hause fahren kann. Während er mit Eva schläft, verführt seine Frau Narcisse und fällt James in eine Depression. Am Schluß liegt James tot unter Haselbüschen, genau dort, wo Hector zu Beginn einen Schuß hat fallen hören (oder nicht?). Nun stehen alle mit hängenden Armen da und wissen nicht, wie ihnen geschah. Die Frau aus der Fremde ist da und der lebensuntaugliche Zauderer, die »Nummern« von Hector (Jean-Luc Bideau) sind da, die Musik von Guy Bovet *und* Chopin, die unverhofften Begegnungen, die Verlegenheit, die schiefen Antworten auf unerwartete Fragen, die überraschenden Gesten der Hilflosigkeit, die Gespräche über nichts (»nein, keine Crème, ich habe schon gekremt …«) und eine fast zerbrechliche 16/35mm-Fotografie, zum zweiten Mal von Simon Edelstein[12], der mit seiner fast akrobatischen Handhabung minimaler Tiefenschärfe dem hochstilisierten Gebilde eine Art reportagemäßigen Anstrich verleiht.

James ou pas

Ist JAMES OU PAS ein Film, der zeigt, was möglicherweise geschehen kann, wenn ein Taxichauffeur seine Taxuhr arretiert, so könnte man LES ARPENTEURS einen Film um eine Handvoll von Gegenständen nennen: einen Gemüsekorb, eine Schirmmütze, ein Feuerzeug, ein paar Meßlatten, eine vermasselte Brille, und mit ein paar Menschen, die – im übertragenen Sinne – mit mehr oder weniger Erfolg ihre Taxuhr abstellen.
Soutter selbst hat eine Inhaltsangabe geschrieben, die das Feld der Beziehungen, die der Film knüpft, als eine Art Choreographie zusammenfaßt: »A begegnet B und liebt B, aber B geht weg./ A begegnet C und glaubt, es sei B./ C will A lieben, aber A denkt an B, die nicht will./ A sucht B, aber B ist bei C./ Wenn A B bei C entdeckt, bleibt B, und A muß gehen.«
Léon, ein Landvermesser, kommt in einem Bahnhofrestaurant mit Lucien ins Gespräch, und der teilt ihm sogleich mit, daß er so ein Gefühl habe für Alice, seine Nachbarin, und genau dieses Gefühl hindere ihn daran, Alice die Krautstiele, die er gerade geerntet habe, selbst zu überbringen. Léon, der gerade Zeit hat, weil sein Gehilfe die Meßlatten vermasselt hat, übernimmt den Auftrag. Anstatt Alice findet Léon Ann in dem Haus am Rande der Stadt. Sie reden ein wenig miteinander,

und Ann meint, da sie sich beide die Wahrheit sagen, was natürlich keiner von beiden tut, könnten sie ja auch miteinander schlafen. Nachher verschwindet Ann auf einem Fahrrad und läßt – wie sich später herausstellt, ihre sehr starke Brille am »Tatort« zurück. Jetzt beginnen sich die Dinge zu komplizieren. Folgende Personen stoßen noch zu A (Léon), seinem Gehilfen, B (Ann) und Lucien: C (Alice), die Frau Luciens, Gladys, der Verlobte von Alice, ein Advokat (er ist ein Jugendfreund Léons), ein Polizist, die Mutter von Alice. LES ARPENTEURS ist ein Fangmich- und Versteckspiel ohne Eckensteher. Die Gefühle stellen allen ein Bein. Da kommen sie daher mit ihren Automatismen, mit ihrer ganzen Beherrschung, und schon gleiten sie auf ihren Empfindungen aus und hinein in eine schillernde Welt von Fragen und Antworten, Wünschen und Erwiderungen. In dieser Welt könnte man alles tun, oder man könnte es lassen. »Ou pas« (oder nicht) ist ein Ausdruck, auf dem Soutter seit JAMES OU PAS spielt.
Eine neue Welt könnte geschaffen werden. Aber da gibt es auch Hinderungsgründe: Ein Hinderungsgrund ist beispielsweise Alice (am Tor zum Wunderland) mit ihrer calvinistischen Strenge, ihrem bei ihren Schülern kühl durchgesetzten Ordnungssinn. Eigentlich eignet sich nur Ann (B) ganz für ein schwereloses Kommunikationsspiel; sie ist keine Schweizerin. Sie ist eine Vagabundin, kommt von weit und geht, wann sie will. Sie ist ein Mensch für die neue Welt. Oder ein »neuer Mensch«?
Der gewichtigste Hinderungsgrund ist Léon, der große Landvermesser. Er läßt sich zwar in den Tanz der Gefühle hineinreißen, ja er wird darin sogar kreativ. Aber er ist und bleibt ein Vermesser; er ist der »alte Adam«. Als ihn Ann wegschickt, ganz am Schluß (»Wenn A B bei C entdeckt, bleibt B, und A muß gehen«), bricht dieser alte Adam wieder durch. Er schreit über den verträumten Hof: »Wir werden wieder vorbeikommen und alles in die Luft jagen, den ganzen Winkel da, den Garten, die Hütte, alles!«
LES ARPENTEURS ist keine optimistische Komödie; zwar werden die verklemmten Menschen lächerlich, zwar werden heitere und gelöste Beziehungen vorgeführt, aber auch die Gefährdung. Langsam wird neben dem Ballett der Gefühle und Begegnungen auch das Bild einer von modernen »Sachzwängen« eingeengten Welt komponiert. Dieser Léon zum Beispiel: Ist

L'escapade

Les arpenteurs

er nicht der einzige Autofahrer im Spiel? Hat er nicht eine verteufelt gefährliche Bewunderung für vorbeirasende Züge (»... das ist stärker als ich ...«)? Rennt er nicht zu seinem Advokaten-Freund, wenn er sich von den Gefühlen hat leiten lassen? Man kann bald einmal den Verdacht schöpfen, daß mit Landvermessern – auch wenn sie die Felder der Gefühle durchmessen – nicht zu spaßen ist.
Mit fünf Filmen hat – so arrogant das tönen mag – Soutter seine Probleme gelöst. Was folgt, droht bloße Verfeinerung oder sogar Wiederholung zu werden; die Selbstgefälligkeit lauert. Die fünf Filme weisen eine immer perfektere Handhabung der leichten Technik aus; das ist normal. Entscheidend ist die autarke Entwicklung einer Dramaturgie der Begegnung: Auf dem Hintergrund einer immobilen Welt werden kleine Schritte von Figuren verzeichnet, mit kalkulierter Zufälligkeit. Die Personen erscheinen wie Schatten auf einer grauen Wand, Schatten, die aufeinander zugehen, sich voneinander entfernen, und zwar nach unberechenbaren Spielregeln. In den ersten Filmen treten Figuren auf und ab ohne logische Begründung, in den letzten beiden 16/35mm-Schwarzweißfilmen werden die Gesetze der Aleatorik spielerisch durchgeführt.
Der filmische Augenblick lebt von dem, was und wie die frei erfundenen Personen reden. Soutter bereinigt – indem er auffallend oft die Totale wählt, aus der nicht nur aus technischen Gründen (16/35mm-Blow up) alles, was nicht dazugehört, entfernt ist – die Szene, macht aus ihr eine realistische Bühnenlandschaft. Die Figurenkonstellation ist künstlich, stilisiert, der Direktton schlägt die Brücke zur Wirklichkeit. Auffallend, wie die Personen erst stillstehen oder sich setzen müssen, bevor sie zu sprechen beginnen. Soutters Vertrauen auf den absurd-komischen Dialog ist grenzenlos.
In den letzten beiden kleinen Filmen artikuliert sich die Kultur der Entfremdeten, Marginalen ohne Rest: eine Gegenwelt, in der die Ansätze einer neuen, der Utopie funktionierender Kommunikation, sich abzeichnen. Thematisch hat sich Soutter in sechs Jahren von der Verzweiflung in der Isolation über die gelassene Resignation zu einer Heiterkeit bewegt, der in JAMES OU PAS noch immer eine Figur der frühen Werke gegenübergestellt wird, der Selbstmörder, der auch in L'ESCAPADE am Rande noch dabei ist.

War LES ARPENTEURS die Synthese aller Soutterschen Einfälle, Ideen und ästhetischen Formen, so ist L'ESCAPADE ein fein säuberliches Inventar davon. Es wird in einer an Marivaux geschulten Klarheit und an Tschechow orientierten »Halbtonigkeit« durchgespielt. Das Leben schreibt eine Geschichte, wie sie Soutter nun erzählt, noch immer nicht; höchstens einige Sätze davon. Mit der vor allem vom Film immer wieder abverlangten Wirklichkeitstreue haben die Ereignisse im Leben der fünf neu-alten Figuren von L'ESCAPADE nichts zu schaffen. Soutter führt sie nach eigenen Gesetzmäßigkeiten herum und erprobt die fernsten Hypothesen innerhalb einer Grundsituation, manchmal auch die naheliegendsten, jene nämlich, an die man nicht mehr denkt.
Paul, ein junger Naturwissenschaftler, fährt zu einem Seminar in die Berge, aber er hat sich um eine Woche geirrt. Virginie kommt zu ihrem Freund Auguste, einem Schriftsteller, ebenfalls in die Berge, doch der hat keine Zeit für sie. Was läge näher (oder ferner?), als daß sich die Wege von Paul und Virginie kreuzten? Paul und Virginie begegnen sich, essen zusammen und bleiben zusammen. Paul kehrt – mit Virginie – zurück nach Genf zu Anne. Am nächsten Wochenende findet das Seminar tatsächlich statt, doch Virginie will nicht mit Paul hinfahren. Sie hat inzwischen Ferdinand getroffen, und sie führt ihm – zu seinem vierzigsten Geburtstag, den er eigentlich nicht überleben möchte, Pauls Frau, Anne, zu. Später kehrt sie zu Auguste zurück und bittet ihn um Verzeihung. (»Pardon, Auguste« lautete der Arbeitstitel des Films). Paul kehrt zurück, und auch Anne findet sich in der Wohnung ein. Sie schlafen wieder miteinander, und Anne sagt, möglicherweise bekomme sie ein Kind. Möglicherweise von Paul. Oder von Ferdinand. Oder von beiden.
Die größeren (»normalen«) Mittel hat Soutter nicht veräußerlicht; er hat sie eingesetzt für größere Sorgfalt, längere Drehzeit, für die noch perfektere Isolation seiner kleinen Musik, die allerdings momentweise wie das raffinierte Remake der alten tönt. Die »Nummern«, diese unvorhersehbaren, nur am Rande oder gar nicht zur Sache gehörenden Intermezzi, bekommen zuweilen einen fast kunstgewerblichen Charakter. Früher korrespondierten sie mit der »Unzuverlässlichkeit«, der Unberechenbarkeit der Personen, und nun wirken sie zum Teil wie aufgesetzt, dazu konzipiert, das sorgfältige Arrange-

Michel Soutter (r.) während der Dreharbeiten zu: *L'escapade*

ment auf preziöse Weise zu sprengen. Doch noch einmal gelingt die Gratwanderung knapp: Ein Soutter-Film in Reinschrift. Ein bißchen zuviel Gefühl oder Scherz oder naive (und doch berechnende) »Poesie«, und schon rutscht er vom Grat hinunter in die Schutthalde, wo der Kitsch liegt. Es gibt da einige sehr kritische Situationen, aber Soutter hält sich noch oben, mit einer Perfektion, die nicht nur Gutes verheißt.
Die über dreijährige Pause, die der Filmautor Soutter nun einlegt, hat mit dem Anstoßen an die Grenzen einer kleinen, abseitigen Welt zu tun. Modulationen, variierte Instrumentierung, Rhythmus- und Tempowechsel können in einem gewissen Moment die Beschränkung nicht mehr kaschieren. Soutter will die ganze Filmerei von Grund auf neu überdenken.
Es war oben bereits die Rede von Soutters Theaterarbeit und der »Entdeckung« der Montage. Der bislang jüngste Film des Genfer Regisseurs, REPÉRAGES, bedeutet eher einen Neubeginn als eine Fortsetzung (, obwohl er das auch ist). Noch nie hat Soutter genauer konzipiert, geschrieben und umgeschrieben, und zwar bis zu einem – allerdings nicht stur durchgesetzten – *découpage téchnique*, noch nie hat er die Tragweite sei-

Repérages

ner Ideen und Vorlieben – vor allem die »russische«, Tschechow insbesondere – so bewußt eingesetzt wie hier. Soutter gleicht einem Maler, der als Bildhauer eine neue Dimension dazuzugewinnen versucht. Der Effekt ist, wenn man's einmal so sagen darf, in Kleists Aufsatz über das Marionettentheater beschrieben worden: REPÉRAGES ist ein Film fast ohne Grazie, ein Film, in dem nichts mehr geschenkt worden ist; er rückt auf eine gewisse Weise in die Nähe der – von Soutter bewunderten – altmeisterlichen Filme Bergmans und Buñuels (wobei die *Eigen*willigkeit eines Carlos Saura fehlt). Soutter fährt zum Schluß einer konstruiert wirkenden Geschichte von einem Regisseur, der in der Abgeschiedenheit mit drei Schauspielerinnen, von denen eine seine ehemalige Frau ist, eine Filmversion von Tschechows »Drei Schwestern« einstudiert und nicht vom Fleck kommt, weil so viele persönliche und Prestige-Probleme mitspielen, relativ plump mit einer veritablen Botschaft der wahren Liebe, die er erst noch verbalisiert, ein. Mit dieser Botschaft und ihrer durch wenig angekündigten, aber gleichwohl augenblicklichen Beherzigung finden der Regisseur und die drei Schauspielerinnen aus ihrer Lähmung. Die letzte Ein-

Repèrages

stellung von REPÉRAGES, die sich unmerklich in die erste des »Drei Schwestern«-Films des fiktiven Regisseurs verwandelt, ist – eigenartigerweise – wieder eine sehr lange *plan-séquence*: Tschebutikyn nähert sich aus einer Waldlichtung unter den Klängen einer unbeholfen intonierenden dörflichen Stehgreifmusik der Kamera (und dem Zuschauer) und geht an ihr (ihm) vorbei: Eine Einstellung, die – spontaner, geschenkt und nicht ausgeklügelt – in JAMES OU PAS, LES ARPENTEURS oder noch in L'ESCAPADE vorkommen könnte. Während die Botschaft von REPÉRAGES schon fast weltfremd genannt werden muß, ist diese Einstellung wieder – wie die eigensten Momente in Soutters Schaffen – fremd in der Welt.

1 Interview von Michel Boujut, nach JAMES OU PAS; Positif 125, März 1971
2 L'Escapade ou le Cinéma selon Soutter, von Michel Boujut, L'Age d'Homme, Lausanne, 1974
3 Jean Ziegler, Une Suisse au-dessus de tout soupçon, Edition du Seuil, Paris; deutsch: Eine Schweiz – über jeden Verdacht erhaben, Luchterhand, Darmstadt und Neuwied; beide 1976

4 Vor allem *Le petit soldat* (1960), *Les carabiniers* (1962), *Vivre sa vie* (1962), *Bande à part* (1964); auf Spekulationen über das gemeinsame Herkommen möchte ich mich nicht einlassen.

5 »Qu'est-ce que ça peut bien me foutre que ça aille ou que ça aille pas ... Ça ne me regarde pas.« (Es ist mir scheißegal, ob's geht oder ob's nicht geht ... das geht mich nichts an), Christian Mühlestein

6 »La pomme«: der Apfel, »une pomme«: ein Glas Apfelschnaps; der Gasmann, der unvermittelt auftaucht (s. u.), weiß, wo sich die Flasche befindet, und bedient sich selber.

7 Er tritt übrigens mit dem gleichen Bart auch in JAMES OU PAS wieder kurz auf.

8 François in *Le retour d'Afrique* von Alain Tanner

9 Ich denke da beispielsweise an das kurze Prosastück »Phantasieren«.

10 »eigen« im schweizerischen Sprachgebrauch heißt vor allem auch in sich verschlossen, versponnen und schwer verständlich.

11 Das Thema der Verrücktheit verbindet alle frühen Genfer Spielfilme. Mehr noch: es scheint eine typische schweizerische Eigenart zu sein. Nirgends sonst tritt der »verrückte Dichter« so häufig auf wie hier, von C. F. Meyer über Friedrich Glauser, Robert Walser bis zu Adolf Wölffli und Ludwig Hohl. Vergleiche dazu das Buch von Dieter Fringeli, Dichter im Abseits, Artemis Zürich, 1974, und den Essay von Paul Nizon, Diskurs in der Enge. Kandelaber, Bern 1970.

12 Später Autor von *Les vilaines manières*, eines der wenigen Beispiele für konkrete Wirkung Soutters auf andere Filmautoren

Alain Tanner

Die Gegenwart mit den Augen der Zukunft sehen

Von Karl Saurer

Die selbstbewußt-aufmüpfige Rosemonde (Bulle Ogier) in LA SALAMANDRE: Wie sie sich gegen stupide Arbeit und arrogante Vorgesetzte zur Wehr setzt und ihrem lange hinuntergeschluckten Ärger Luft macht – indem sie die weißliche Wurstmasse aus der Abfüllmaschine quellen läßt, zu einem hingerotzten Haufen, der treffender als viele Worte ausdrückt, wie ihr zumute ist und was sie von dieser Arbeitssituation hält.
Das Auto des »ausflippenden« Unternehmers Charles Dé in CHARLES MORT OU VIF, das als Ausdruck eines »Systems der sozialen Zersplitterung« in einen Abgrund »verbannt« wird; und der Baum in LE RETOUR D'AFRIQUE, der statt auf einem Herrschaftssitz im öden Innenhof einer Arbeiter-Blocksiedlung gepflanzt wird (analog zu Françoise und Vincent, die erneut und bewußt Wurzeln schlagen, statt einfach abzuhauen).
Adriana (Olimpia Carlisi) auf ihrer Fahrt von Süd nach Nord in LE MILIEU DU MONDE, wie sie im Bahnabteil sitzend eine Apfelsine genießt: ein Bild sanfter, entspannter Sinnlichkeit.
Der kleine rotbehoste Jonas in JONAS QUI AURA L'A ANS EN L'AN 2000, der das Gruppenbild mit Max und den sieben andern »kleinen Propheten« überkritzelt.
Derartige ebenso einfache wie eindrückliche Szenen und Bilder – denen fast beiläufig Sinnbildqualitäten zuwachsen –, setzen sich mit solcher Vehemenz fest und prägen die Erinnerung so stark, daß man beinahe vergißt, wie sehr Tanners Spielfilme auch vom Wort leben. Wort bedeutet im Falle Tanners eine beträchtliche Variation der sprachlichen Artikulations- und Stilmittel: von bloßen Zwischentiteln oder Spruch-Weisheiten über analytische Kommentare oder Innere Monologe bis zum – oft ironisch zugespitzten – Dialog.

Jonas qui aura 25 ans en l'an 2000

Tanners fünf Spielfilmen aus den Jahren 1969–1976 – von ihnen soll hier vorwiegend die Rede sein – eignet bei aller Unterschiedlichkeit der verwandten bzw. verfügbaren produktionstechnischen und formalen Mittel neben einer thematischen eine strukturell-konzeptionelle Gemeinsamkeit: der bewußte und transparente Umgang mit den visuellen und akustischen Ausdrucksmitteln, der auf eine dialektische Vermittlung zielt: er versucht, die Bilder und die Worte so stark zu machen, daß sie einen Grad von Autonomie erlangen, der beträchtliche Spannung(en) bewirkt. Spannung nicht im traditionellen Sinne von »In-Bann-schlagen« durch intensive Reize, sondern Spannung innerhalb der Struktur einer konsequenten und transparenten ästhetischen Materialorganisation (die allerdings aktives Zuschauen bedingt). Insbesondere in seinen zwei letzten Filmen forciert er diese dialektische Spannung: auf der reinen Bild-Ebene durch die »kommentierend« zwischen den dramatischen Ablauf montierten Landschaftsaufnahmen in LE MILIEU DU MONDE ebenso wie im JONAS durch den Wechsel von »realen« Farb-Einstellungen und von Schwarz-Weiß-Einstellungen, in denen sich auch-reale oder mögliche Hoffnungen,

Wünsche, Sehnsüchte oder Ängste ausdrücken. Aber auch durch die raffinierte Sequenzmontage erreicht er auf der Bild-Ebene diesen dialektischen Effekt. Eine Montage, die eben nicht eine bloße handlungsdramaturgische Verknüpfung ist, sondern eine substantielle Gegenüberstellung, eine Konfrontation, die im Kopf des Zuschauers Erkenntnisprozesse in Gang setzen oder befördern kann.

Diese »Bildsprache« wird ergänzt durch Wort-Bild-Verschränkungen, deren Sinngehalt sich ebenfalls nur durch aktive Seh- und Denkarbeit des Zuschauers erschließt. Ein Beispiel: Wenn Mathieu in einer der Schlußszenen des JONAS auf dem Mofa durch ein mit Beton und Signalen »autogerecht« verschandeltes Genf zur Arbeit fährt und in einem als innerer Monolog vermittelten Gedankengang ausdrückt, daß er »die Fäden (ihrer) Sehnsüchte zusammenknüpfen« und »das Feld (ihrer) Wünsche zusammenfassen« will, verweist uns Tanner in Schwarz-Weiß-Einsprengseln auf das, was außer der versteinerten aktuellen Wirklichkeit an geschichtlichen Nach-Wirkungen existiert: als Widerspruch wie als Ermutigung. Diese Schwarz-Weiß-Bilder rufen einen tiefgreifenden und daher beharrlich verdrängten Konflikt aus der jüngeren Schweizer Geschichte in Erinnerung: Sie zeigen Teile der (Miliz-)Armee im Einsatz gegen das eigene Volk. Jene Armee, über die Max Frisch in seinem »Dienstbüchlein« anmerkt, daß sie »in diesem Jahrhundert selten geschossen hat; zum Glück. Wenn sie aber geschossen hat, dann auf streikende Arbeiter (Generalstreik 1918) und auf demonstrierende Arbeiter (Genf 1932), anläßlich einer sozialdemokratischen Demonstration gegen schweizerische Faschisten gibt es 13 Tote durch Einsatz von Rekruten mit sechswöchiger Ausbildung.« Tanners Schwarz-Weiß-Einsprengsel im JONAS verweisen auf 1932; und es ist auch nicht zufällig, daß die Tatwaffe in LA SALAMANDRE einer jener Ordonanz-Karabiner ist, wie ihn jeder »wehrhafte Schweizer« bekanntlich zu Hause hat. (Inzwischen wurde der Karabiner allerdings durch das Sturmgewehr ersetzt.)

Tanners ästhetisches Konzept ist Ausdruck einer politischen Haltung. Er möchte zum Zuschauer »eine echte Beziehung herstellen, nicht eine Beziehung, die auf Suggestion und Unterdrückung ausgeht«. Godard und Bresson sind daher jene »Fixpunkte in der Filmgeschichte«, die ihn am meisten inter-

Charles mort ou vif

essieren. Dazu wäre wohl noch Brecht zu nennen, der »eine der einzigen Verwandtschaften« mit den Filmemacher-Kollegen in Zürich oder Bern bedeutet, die für Tanner allerdings – wie er 1976 in einem Interview äußerte – »noch völlig im Widerspruch des Realismus stecken«.

Charles mort ou vif

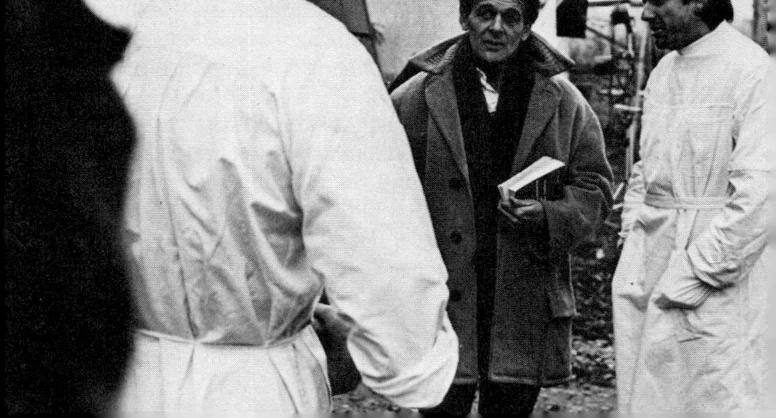

Tanner will unterhalten – aber er will nicht fesseln. Er bietet zwar in allen fünf Spielfilmen Figuren an, die einen berühren, mit denen man sich gar identifizieren mag; aber er verliert sich nie in eindimensional-naturalistischem Erzählkino, das auf bloße Einfühlung abzielt. Er verweist immer wieder darauf, das er Ab-Bilder zeigt, Aus-Schnitte einer in bestimmten Kamera-Einstellungen vermittelten Wirklichkeit. In CHARLES MORT OU VIF etwa (den er im Untertitel als »kleine historische Freske« bezeichnet) ist das Abbilden mit der Kamera direkt thematisiert: Indem Tanner im Film zeigt, wie eine TV-Equipe eine Reportage über Charles Dé (François Simon) macht. (Tanner arbeitete übrigens damit auch ein Stück eigene Vergangenheit auf: Zwischen 1964 und 1969 drehte er fürs Westschweizer Fernsehen rund vierzig Reportagen!). Mit Filmtechnikern, die als »Schauspieler« agieren und Kamera und Mikrophon, die als »Requisiten« fungieren, war der Verweis auf die Fiktionalität noch ziemlich handfest geraten. Bei LA SALAMANDRE zeigte Tanner schon mehr Raffinesse. Die Geschichte des Films handelt davon, wie Pierre und Paul ein Drehbuch für das Fernsehen verfassen (wobei eine der Pointen der Filmgeschichte darin besteht, daß das Fernseh-Drehbuch nicht zustandekommt). LA SALAMANDRE ist ohnehin ein gewitzter filmischer Essay zur Realismusdebatte, der Soziologie und Poesie, Recherche und Intuition geschickt gegeneinander ausspielt. Das Interesse für das Resultat der Ermittlungen rückt dabei immer mehr zugunsten der Erzählweise in den Hintergrund. Oder anders gesagt: der Prozeß der Wahrheitssuche ist wichtiger als das Resultat. Die Geschichte von LE RETOUR D'AFRIQUE beginnt in einem Kino und bezieht damit das dritte »Element« des medialen Dreiecks ein: den Zuschauer. In LE MILIEU DU MONDE schließlich ging Tanner in seinem Bemühen um Transparenz wohl am weitesten. Nachdem vier wesentliche Elemente dieses Films – die Filmequipe in einer Totale, die Landschaft (mit Schneetreiben), der erste Zwischentitel (6. Dezember) und die apfelsineessende Adriana auf ihrer Bahnfahrt in den Norden – kurz vorgestellt worden sind, führt eine Kommentarstimme im Off den Zuschauer in den Film ein: »Die Geschichte und die Form eines Films hängen davon ab, wo und wann der Film gedreht worden ist … Dieser Film wurde 1974 gedreht zur Zeit der Normalisierung. Normalisierung bedeutet, daß zwischen den Na-

90

tionen, den Klassen und politisch entgegengesetzten politischen Systemen alles auswechselbar ist, vorausgesetzt, daß sich an der Natur der Dinge nichts ändert. Die Hoffnungen bleiben, aber die Normalisierung bringt sie in ihre vormaligen Formen zurück. Nur die Worte und die gegebenen Erklärungen ändern sich, wenn die Hoffnungen zurückgeschraubt sind. Die Worte, die Daten, die Jahreszeiten ändern sich, aber sonst nichts. Der Film erzählt die Geschichte einer italienischen Serviertochter und eines Ingenieurs aus der ›Mitte der Welt‹ während 112 Tagen.«

Nicht so didaktisch-direkt, aber in der Praxis kaum weniger intensiv, drückt sich der reflektierte Gebrauch der formalen Ausdrucksmittel in Tanners bislang letzter – und bei aller Komplexität erfrischend unterhaltsamer – cinéastischer Arbeit aus. In JONAS QUI AURA 25 ANS EN L'AN 2000 verzichtet er weitgehend auf einen erzählerischen Strang. Die Episoden aus dem alltäglich-unalltäglichen Leben der acht »kleinen Propheten«, die Jonas ins Jahr 2000 geleiten, entwickeln rasch eine Eigendynamik. Am ehesten ordnen sie sich noch unter ein übergreifendes dramaturgisches Konzept, das versucht, eine Art »sozialpsychologische Summe« dieser Ma(i)-Menschen-Gruppe zu ziehen. Einer »Gruppe« von acht Menschen, die sich der Normalisierung zu widersetzen suchen. Die farbige Handlungsebene, die durch den Episodencharakter bereits als partikelhafte, nur durch die Montage zusammengehaltene Fiktion ausgewiesen wird, erfährt durch die Schwarz-Weiß-Einsprengsel eine zusätzliche Brechung bzw. Ausweitung: Traditionell ausgeklammerte Bereiche – Unbewußtes, Unterdrücktes, Verdrängtes – artikulieren sich.

Neben innovativen Stilmitteln benutzt Tanner allerdings auch herkömmliche Reflexionseinschübe. Damit JONAS, diese »didaktische Komödie«, ihren Untertitel auch zu Recht trägt, spannt er sie in die Zwinge Rousseauscher Reflexion: Nach einem kurzen Gauloises-Kauf-Intermezzo, das listig auf die aktuelle, inflationsgeschädigte Realität anspielt, fährt die Kamera am Rousseau-Denkmal in Genf vorbei, und eine Off-Stimme zitiert eine These Rousseaus – gegen die die folgende(n) Geschichte(n) als klare Antithese verstanden werden können: »Unsere ganze Weisheit besteht aus Vorurteilen. Alle unsere Bräuche sind nur Knechtung, Bedrängnis und

La salamandre

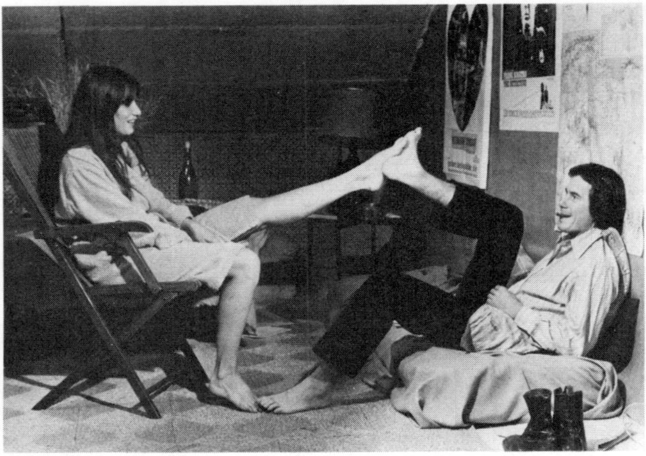

Le retour d'Afrique

Zwang. Der bürgerliche Mensch wird geboren und stirbt in Sklaverei. Den Neugeborenen näht man in ein Wickelband, den Toten nagelt man in einen Sarg. Sein Leben lang liegt der Mensch in den Ketten unserer Institutionen.« Und das Ende – vor erneut teurerem Gauloises-Kauf – bildet ebenfalls ein (auf den kritzelnden Jonas zu beziehendes) Zitat aus *Emile ou de l'éducation*: »Die Bedürfnisse ändern sich gemäß den Situationen der Menschen. Es gibt einen Unterschied zwischen dem natürlichen Menschen, der in der Natur lebt, und dem natürlichen Menschen, der in der Gesellschaft lebt. Emile ist kein Wilder, den man in die Wüste zurückschicken muß. Er ist ein Wilder, der geschaffen ist, die Städte zu bewohnen.«

Der Akzent bei dieser »didaktischen Komödie« liegt aber auf Komödie. Und es gab bislang keinen schweizerischen Film, der komplexe Verhältnisse und Prozesse so »unkompliziert«-vergnüglich vorführt und gleichzeitig ein Stück weit durchschaubar macht.

5 × 68 oder Was sich danach verändert hat und nicht verändert hat:

Bei aller Breite der ästhetisch-formalen Variation – die u. a. auch in starkem Maße von unterschiedlichen ökonomisch-technischen Voraussetzungen abhängig ist – prägt eine konkrete historische Erfahrung den thematischen Rahmen und form-inhaltlichen Anspruch aller fünf bisherigen Spielfilme Tanners (und seines Co-Autors John Berger, der mit Ausnahme von LE RETOUR D'AFRIQUE kontinuierlich mit Tanner zusammenarbeitete). Die bereits erwähnten Anfangsbuchstaben der »kleinen Propheten« – Max, Madeleine, Mathieu, Mathilde, Marcel, Marguerite, Marco und Marie – verweisen auf diesen geschichtlichen Bezugs- und Orientierungspunkt: den Mai 1968. (Natürlich lassen sich noch andere Ma-Bezugspunkte ableiten; aber die relevantesten haben alle mit dem Mai 68 etwas zu tun!) Sicher, Tanner drehte seine Filme in Genf. In jener Stadt, der er entstammt und in der er – nach Jahren des Exils in Genua, London und Paris – seit 1961 wieder wohnt. Aber Paris hat für Genf eine viel stärkere Bedeutung und direktere Ausstrahlung als etwa für Zürich oder Bern. (Der Weg in die Kinos der alemannischen Schweiz führte für Tanners Filme ja auch über Paris.)

Keine Bange, ich möchte an dieser Stelle den zahllosen Würdigungen und reichlich geflossenen (Krokodils-)Tränen über die Mai-Ereignisse keinen weiteren Erguß hinzufügen.

In Tanners Spielfilmen spiegelt sich jedoch – in unterschiedlichen Brechungen und reichen Variationen – unübersehbar ein Reflex auf die ereignisreichen Mai-Tage von 68: das Aufbegehren gegen lust- und lebensfeindliche Normen und Zwänge, der Widerstand gegen entwürdigende Abhängigkeiten, das Suchen nach Alternativen für entfremdete Arbeit.

Charles Dé, der Unternehmer, dessen Großvater noch Anarchist gewesen war, besinnt sich auf seine alten Tage seiner ursprünglichen Wurzeln und entzieht sich dem puren Funktionieren als Geschäftemacher – wofür er prompt entmündigt und verwahrt wird. Rosemonde sieht weder in den abstumpfend-eintönigen Handgriffen in der Wurstfabrik noch im beflissen-unterwürfigen Schuhe-Verkaufen eine Möglichkeit der Selbstverwirklichung – und haut lieber ab, als sich kaputt machen zu lassen.

Françoise und Vincent ziehen schließlich dem Abhauen ins fern-verheißungsvolle Afrika das Handeln (und Zuwider-Handeln) zuhause vor und zeugen einen »Landesverräter« (sozusagen einen Vorläufer von Jonas). Die zunächst schwierigste Frage – wer sich hauptsächlich um das Baby kümmert und den Beruf zurückstellt – bleibt offen.

Adriana, die Arbeitsemigrantin aus Italien, läßt sich zwar mit

einem »Bürgerlichen« vorübergehend auf eine Beziehung ein, verliert dabei aber ihre Identität nicht. Adriana zeichnet sich allerdings – wie Rosemonde – vor allem dadurch aus, daß sie weiß, was sie nicht will.

Was jedoch allen diesen Personen – und das trifft auch auf die acht »kleinen Propheten« zu – ebenfalls gemeinsam ist, ist eine gewisse »gesellschaftliche Randständigkeit« oder Isoliertheit. Alle diese sympathischen »Helden« sind Einzelkämpfer.

Einzig in der bereits erwähnten Sequenz mit Mathieu (gegen Schluß von JONAS) wie er mit dem Mofa erneut zur Arbeit fährt und für sich – und Jonas – eine Art Resümee zieht, rückt zumindest theoretisch so etwas wie eine Perspektive ins Blickfeld, die die fruchtlose Isolation überwindet: »O Zauberin Marguerite, o Marco Philosoph, Marie Du Diebin, Marcel der Einsiedler, Mathilde meine Liebe, o Max Du alter Prophet, o verrückte Madeleine, ich werde versuchen, die Fäden eurer Sehnsüchte zusammenzuknüpfen, damit sie sich nicht verlieren. Ich gehe zu meiner Arbeit zurück. Ich werde ausgebeutet sein. Ich werde versuchen, das Feld eurer Wünsche zusammenzufassen und zu einen, damit sie zu Hebeln werden. Ich lebe im zwanzigsten Jahrhundert, Jonas. Man verlangt nichts von mir. Nur daß ich alles gelehrig annehme. Ich kann nur das bekommen, wofür man mich bezahlt. Nichts anderes. Ich bin Arbeitskraft, Arbeitskraft auf meinem Velo ... Es ist kalt so früh am Morgen. Ich denke auch an die Wärme meines Bettes. Jonas, das Spiel ist nicht aus. Beginnen wir es zusammen wieder von dem Moment, wo du gehen lernst, bis zu dem, wo die Polizei und die Armee auf Tausende von Leuten wie dich schießen. Von der ersten Lesestunde bis zur letzten demokratischen Entscheidung: jener, nichts mehr herzugeben, was du nicht geben willst, selbst unter schwerster Bedrohung. Wird es besser für dich sein? Das Bessere wird systematisch abgedrängt. Ich sage: Man wird nicht mehr für uns entscheiden. Das erste Mal geschieht vielleicht nichts, das zehnte Mal gibt es ein Komitee, das hundertste Mal einen Streik, und das hunderterste Mal wieder eine Lesestunde für dich, Jonas. So oft ich auf meinem Velo zu Arbeit fahre. Nein, mehr: so viele Tage wie die Tage meines Lebens.«

In der (wohl bewußten) Beschränkung auf den »subjektiven Faktor« liegt eine Qualität, aber auch eine klare Begrenzung

Le milieu du monde

von Tanners ästhetisch-politischer Arbeit. Auch ein gewisser Widerspruch. Denn einerseits beruft sich Tanner theoretisch eindeutig auf den Klassenkampf als einen wichtigen »ideologischen Bezugspunkt«: »… Wenn all die Ideen und Individuen

von JONAS etwas nützen – ihre Lösung finden sie letztlich im Klassenkampf und nirgends sonst. Natürlich tönt dieser Schluß sehr nach Art des Arbeiters, aber schließlich bleibt die klassischste Figur des Ausgebeuteten immer noch der Arbeiter, auch dann, wenn er, wie in der Schweiz, ins Ganze integriert erscheint. Und wenn die Armee je wieder auf Schweizer schießen wird: dann sicher nicht auf die Patrons ..., sondern wieder auf die Arbeiter. Diese Abgrenzungslinien zwischen jenen, die die Macht haben, und den andern, sind heute ungemein verschleiert, gewunden, kompliziert. Der Begriff und das Problem des Klassenkampfs ist daher nicht simpel. Bei uns üben alle Reden eine Macht zur Einverleibung aus, was oft selbst von Gewerkschaftsführern propagiert wird: die Einbeziehung der Arbeiterklasse ins schweizerische Kapital ... Daher muß man einen Diskurs der Trennung führen, man muß die Menschen wieder auseinanderbringen. Wenn man das einfach so sagt, wird es natürlich sehr viel Mißfallen erregen – aber dennoch: Die Phrase von einem einzigen Volk, einer einzigen Idee ist falsch. Das gibt es nicht. Man muß wieder den Klassenkampf lernen, und dafür muß man neue Formen finden ...« (Tanner). Andererseits erklärt er für seine Praxis u. a.: »Ich bin kein Militanter. Ich kann die Analyse nicht systematisch, Schritt für Schritt weitertreiben. Das interessiert mich zwar. Aber in künstlerischer Hinsicht inspiriert mich das nicht. Für mich spielt sich das alles auf dem Niveau der Veränderung im täglichen Leben ab. Diese Detailänderungen kann ich filmisch bewältigen. Meine ideologischen Bezugspunkte habe ich natürlich: Der Klassenkampf ist offensichtlich. Kollektive Lösungen kann ich einfach nicht anbieten ...«
Was die Wirkung anbelangt, traut er seiner Konzeption und ästhetischen Vermittlungsarbeit durchaus einiges zu: »... Obwohl meine Filme dramaturgisch flach und weich sind, scheinen sie mir viel subversiver und subtiler als die meisten sogenannten politischen Filme.«
Einigermaßen abgesicherte qualitative Rezeptions-Befunde liegen nicht vor; und an dieser Stelle darüber zu spekulieren, scheint mir müßig. Was jedoch festzustellen war, ist ein zunehmendes Zuschauer-Interesse an Tanners Angebot zum »Dialog« (außer in Frankreich, der Schweiz und den USA neuerdings auch in der Bundesrepublik); seine Hoffnung auf aktive Zuschauer, die lieber ihre Sinne und ihr Denkvermögen ge-

brauchen als sich eine »mediale Abreibung verpassen« zu lassen, wurde in beachtlichem Maße erfüllt.
Wenn man jedoch die gesellschaftspolitische Wirklichkeit, die Tanners Filme widerspiegeln, als konkreten historischen Bezugspunkt heranzieht – den »alltäglichen Rohstoff«, aus dem er seine Themen schöpft und seine Anregungen bezieht –, zeigt sich, daß die schnöde Wirklichkeit, was »kollektive Lösungen« bzw. »kollektive Prozesse« angeht, von Ereignissen geprägt wurde, die durchaus als »Inspiration« wirken könnten. So gingen in der »ruhigen Schweiz« Arbeiterinnen und Arbeiter – trotz langjähriger Integrationspolitik einschließlich gewerkschaftlichem Stillhalteabkommen – beim Kampf für ihre berechtigten Interessen sogar soweit, Fabriken zu besetzen, um ihre gefährdeten Arbeitsplätze zu retten. Dieser Rekurs auf die aktuelle gesellschaftspolitische Wirklichkeit mit Rezession und Arbeitslosigkeit läßt die legere Art der Arbeitsverweigerung von Rosemonde für den Zuschauer von heute bereits wieder in einem andern Licht erscheinen und relativiert auch Tanners Anmerkung zu LA SALAMANDRE von 1971 (»Wo es Arbeitslosigkeit gibt, ist vielleicht Würde der Arbeit und Arbeithaben identisch. In unserem Land muß man sich schon die nächste Frage stellen: Was für eine Arbeit?«)
Interesse für die Arbeit und für die arbeitenden Menschen, wie überhaupt Sensibilität und Aufmerksamkeit den alltäglichen Erscheinungen gegenüber, die so gerne »übersehen« werden, prägten Tanners Filmschaffen seit seinen Anfängen. In seinem 1957 zusammen mit Claude Goretta am British Film Institute in London realisierten Erstlingsfilm NICE TIME spürte er im bewegten Stil des »Free Cinema« den vielfältigen Elementen nach, die die spezifische Atmosphäre des Samstagabend-Lebens rund um Piccadilly Circus ausmachen. Nach einer Produktions-Assistenz bei der BBC und einer wenig begeisternden Zeit in Paris als Assistent bei Werbefilmen 1961 in die Schweiz zurückgekehrt, drehte er 1964 mit LES APPRENTIS jenen Film, über den Francis Reusser 1977 rückblickend anmerkte, daß er »erstmals wieder Menschen zeigte, die in der Arbeiterwelt und deren Problematik stecken«. Bei dieser 80-minütigen Reportage geriet Tanner allerdings zwischen alle Stühle. Nachdem er zuerst monatelang vergeblich einen Produzenten suchte, den er dann doch noch fand, hatte er plötzlich ein Patronatskomitee aus Industriellen, Beamten der Be-

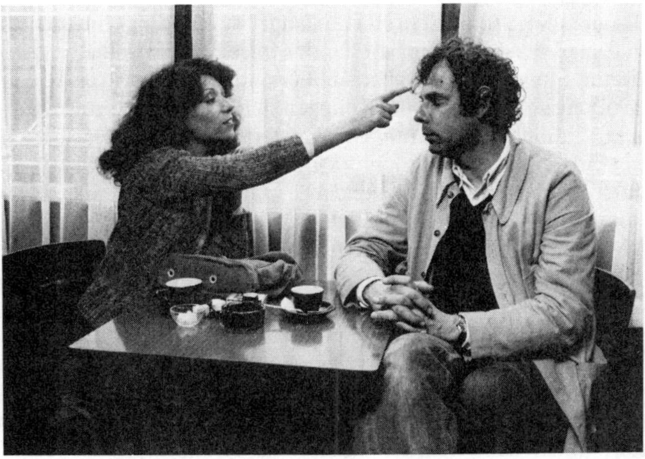

rufsausbildung usw. am Hals. (Bezüglich der Aufnahmetechnik sagte er übrigens später einmal, daß es »anstelle der 35 mm-Technik zumindest eine Eclair-Kamera gebraucht hätte, deren Technik Rouch und Ruspoli eben zu entwickeln begannen«.) Es fällt auf, wie Tanner sich bemühte, den sozialen Lebensraum der einzelnen, anekdotisch abgehandelten Lehrlinge einzufangen. Auch finden sich – den widrigen Produktionsumständen zum Trotz – vereinzelte beeindruckende ästhetische Lösungen; etwa wie der Stadt-Land-Gegensatz ausgedrückt wird: Bilder von fallenden Bäumen in einer lieblichhügeligen Landschaft werden durch harten Schnitt mit Laternenmasten konfrontiert, die als düster wirkende »Betonbäume« unsere Industrielandschaft »zieren«.
Was das zuvor erwähnte und kritisierte Einzelkämpfertum von Tanners Spielfilm-Figuren anbelangt, ist allerdings hinzuzufügen, daß der Filmemacher Tanner in seiner Praxis diesen isolierten Standpunkt durchaus überwunden hat: So gründete er 1962 zusammen mit vier Kollegen den »Verband Schweizerischer Filmgestalter«, um konzentrierten, aktiven Einfluß auf die eidgenössische Filmpolitik ausüben zu können. Er wirkte auch in der inzwischen legendären »Group 5« mit, einem ökonomischen Zweckverband, der die Coproduktion mit dem Westschweizer Fernsehen erleichterte.
1976 entstand ein sehr instruktiver, 105-minütiger Dokumentarfilm über Tanners Filmarbeit: *Cinéma mort ou vif?*, produziert von einer Gruppe des Filmkollektivs Zürich. Diese differenzierte cinéastische Dokumentation und Reflexion konzentriert sich exemplarisch auf den JONAS und gibt auch einigen Aufschluß über die Zusammenarbeit von Tanner mit Technikern und Schauspielern – und über die Grenzen dieser Zusammenarbeit. Außer Tanner kommen auch Darsteller, Techniker, die Cutterin, der Komponist und ein Produzent zu Wort. Von den Technikern artikuliert sich jener höchst kreative Mitarbeiter, der bei allen fünf Spielfilmen Tanners hinter der Kamera stand: Renato Berta. (Um der Bedeutung zu entsprechen, die dieser »Techniker« – nicht nur für Tanner, sondern für den »Neuen Schweizer Film« überhaupt besitzt, ist ihm im Rahmen dieses Bandes ein eigener Beitrag gewidmet. (s. S. 113ff.) Tanners emanzipatorisches Konzept fordert eine Kamera, »die nicht einfach im Dienst der Figuren steht und ihnen folgt, sondern sich eigenständig zu ihnen verhält«: das

bedingt intensive kreative Zusammenarbeit. Wobei die Kreativität wiederum zu großen Stücken durch die Ökonomie bestimmt wird: Tanners Debüt kostete ganze 120000 Franken; LA SALAMANDRE das Doppelte; das Budget bei JONAS betrug rund 1,2 Millionen Franken (wobei Tanner das ursprüngliche Budget um 400000 Franken herunterschraubte, »um frei zu bleiben«). Ästhetische Konsequenzen dieser ökonomischen Bedingungen waren bei den Genfer »Novemberfilmen« u. a.: Drehen im 16 mm-Format (mit nachträglichem Blow-up), Schwarz-Weiß-Dramaturgie, kein Travelling, kleine, reale Schauplätze und »daß das Wort größere Wichtigkeit hatte als die Aktion, die Bewegung«. »Novemberfilme« werden sie genannt, weil sie im November gedreht wurden: Zu dieser Jahreszeit ist der Genfer Himmel meist bedeckt, das Licht daher am kontinuierlichsten und zudem atmosphärisch am passendsten.

Anders als bei CHARLES MORT OU VIF hatte die Kamera bei der JONAS-Schlüsselszene auf dem Hof – wo sie die acht »kleinen Propheten« in einer Einstellung zu »vereinigen« hat – die nötigen ökonomisch-technischen Voraussetzungen für den ausgeklügelten Fahrtschwenk. Wie überhaupt bei diesem Film der (relative) Reichtum an Produktionsmitteln in eine reiche ästhetische Artikulation umgesetzt wurde. Die Fantasie kam wirklich »an die Macht« in diesem herkömmliche Vorstellungsmuster sprengenden Film mit seinen Szenen, in denen »Unerhörtes« zu Wort kommt (der Arbeitslose, der in der Schule über die Auswirkungen der Rezession und ihre gesellschaftlichen Ursachen lehrt), »Unverschämtes« sich artikuliert (die Schüler, die ihren Lehrer nach seinen geheimen Wünschen befragen), »Unstatthaftes« Platz greift (das grunzende Schwein, das den Bürosessel des Bodenspekulanten besetzt). »Die Gegenwart mit den Augen der Zukunft sehen«, diese Forderung aus CHARLES MORT OU VIF wurde im JONAS ein Stück ästhetische Wirklichkeit und damit auch ein Stück praktisch-politische Kritik an jener verhängnisvollen schweizerischen Haltung, die – ebenfalls in CHARLES MORT OU VIF – so treffend charakterisiert wurde: als »unmäßiger Hang zur Mittelmäßigkeit«.

Sein Interesse und seine Lust an der Reflexion ästhetisch-politischer Fragen führten Tanner – inspiriert durch Godard – dazu, sich näher mit Video zu beschäftigen und auseinanderzusetzen. So realisierte er für die Sendung »Ecoutez voir« des Westschweizer Fernsehens 1977 einen optisch-akustischen Diskurs über Probleme der Widerspiegelung und der Bildsprache. Das Bildmaterial für diese Erkundung schöpfte er aus einer Reise – teils mit dem Auto, teils mit der Bahn – von Genf nach Bern. Endpunkt dieser für TV-Zuschauer außergewöhnlichen und anspruchsvollen Recherche ist eine »städtebaulich-zivilisatorische Errungenschaft« allermodernsten Zuschnitts: eine unterirdische Ladenstadt, mit unterirdischem Straßencafé... Eine solche helvetische Untergrund-Gegenwart »mit den Augen der Zukunft zu sehen« bedeutet allerdings auch für einen Alain Tanner eine ganz schöne Herausforderung!

Jonas qui aura 25 ans en l'an 2000

Daten

Von Walter Schobert

30 Regisseure des neuen Films in der Schweiz

Die Beschränkung auf 30 Filmemacher macht es unausweichlich, daß in diesem Lexikon auch einige wichtige Namen fehlen. Die Begrenzung auf Regisseure spart aus, daß es auch Schauspieler und Produzenten, vor allem aber eine Reihe hervorragender Filmtechniker sind, die das Gesicht und die Qualität des neuen Films in der Schweiz bestimmt haben: Kameraleute wie Renato Berta und Fritz E. Maeder, Tonmeister wie Luc Yersin und Marcel Sommerer oder ein Allroundmann wie Georg Janett. Aus Platzgründen sind einige Genres unterrepräsentiert, z. B. der Trickfilm (Kurt Aeschbacher) oder der experimentelle Film (Reto Andrea Savoldelli und Hans-Jakob Siber, die beide freilich schon lange keinen Film mehr gemacht haben). Nicht aufgenommen wurden die »Emigranten« Niklaus Gessner, Erwin Keusch, Niklaus Schilling.
Die biografischen Stichworte enthalten in erster Linie Auskünfte zur Ausbildung und zur filmischen Entwicklung. Die Filmografien nennen die wichtigsten Stabmitarbeiter und Darsteller; bei Hauptdarstellern sind auch ihre Rollen angegeben. Die Filme sind in der Reihenfolge der Produktion genannt, soweit diese sich rekonstruieren ließ. Genannt sind nach Möglichkeit auch die Daten der Uraufführung, der Erstaufführung und der Fernsehausstrahlung in der Schweiz und der Bundesrepublik, die für die Erschließung von Kritiken und Besprechungen von Bedeutung sein können. Sie ließen sich freilich oft nicht mehr ermitteln, weil sich auch die Anfänge des neuen Films in der Schweiz unbemerkt von einer größeren Öffentlichkeit abgespielt haben.

Abkürzungen in den Filmografien: R = Regie (wird nur genannt, wenn Co-Regisseur vorhanden). – B = Buch, Idee. – Ko: Kommentar. – K = Kamera. – S = Schnitt, Montage. – M = Musik. – T = Ton, meist Direktton. – A = Ausstattung. – D = Darsteller. – P = Produktion. – HB = Herstellungsbeiträge. – Pl = Produktionsleitung. – L: Länge in Minuten; wenn nicht anders angegeben auf der Basis von 24 Bildern/Sekunde. – F = Format; wenn die Filme aufgeblasen sind, sind beide Formate mit dem → angegeben. – sw =

schwarzweiß. – U: Uraufführung, erste öffentliche Vorführung. – CH-E: Erstaufführung in der Schweiz. – DE: erste öffentliche Aufführung in der Bundesrepublik. – CH-TV: Fernsehausstrahlung in der deutschsprachigen Schweiz. – D-TV: Fernsehausstrahlungen in der Bundesrepublik. – CH-V und D-V: Verleih in der Schweiz und der Bundesrepublik.

Weitere Abkürzungen: BAG = Bundesarbeitsgemeinschaft der Jugendfilmclubs, Aachen. – DRS = Radio und Fernsehen der deutschen und rätoromanischen Schweiz, Zürich. – EDI = Eidgenössisches Department des Inneren (s. Institutionen). – KEM = Kooperation der evangelischen Kirchen und Missionen der Schweiz. – KGS = Kunstgewerbeschule Zürich. – LZB = Landeszentrale für politische Bildung, Düsseldorf. – SABZ = Schweizer Arbeiterbildungszentrale. – SRG = Schweizer Radio Gesellschaft, Dachorganisation des Fernsehens in der Schweiz. – SSR = Radio-Télevision Suisse Romande. – SSVK = Schweizer Schul- und Volkskino. – SVZ = Schweizer Verkehrszentrale. – TSI: Radiotelevisione della Svizzera italiana.

Für die biografischen und filmografischen Angaben wurden vor allem folgende Quellen benutzt: Programmhefte und Dokumantationen der Solothurner Filmtage. Hrsg. von der Schweizerischen Gesellschaft Solothurner Filmtage 1966ff. – Hans-Ulrich Schlumpf: Schweizer Filmkatalog 72. Hrsg. vom Schweizerischen Filmzentrum. Zürich 1972ff. – Freddy Buache: Le cinéma suisse. Lausanne: L'age d'homme 1974. – Jahrbuch der Schweizer Filmindustrie 1976/77. 39. Jahrgang. Genf: Chapaly+Mottier 1977. – Swiss Films/Films suisses/Schweizer Filme 1977. Hrsg. vom Schweizerischen Filmzentrum. Zürich 1977. – Swiss Films/Films suisses/Schweizer Film 1978. Hrsg. vom Schweizerischen Filmzentrum. Zürich 1978. – Verleihkatalog 1977/78 von filmecho/Filmwoche. Wiesbaden 1978. – Spielfilmliste 1978. Hrsg. vom Institut Jugend und Film u. a. München 1978. – Kurzfilmliste 1978. Hrsg. vom Gemeinschaftswerk der Evangelischen Publizistik. Frankfurt am Main 1978. – Auskünfte von Urs Aebersoll, E. Ansorge, Peter Ammann, Henry Brandt, Claude Champion, Richard Dindo, Kurt Gloor, Urs Graf, Peter von Gunten, Villi Herman, Markus Imhoof, Rolf Lyssy, Reni Mertens, Georg Radanowicz, Philip Schaad, Hans-Ulrich Schlumpf, Daniel Schmid, Hans Helmut Klaus Schoenherr, Ulrich Schweizer, Alexander J. Seiler, Michel Soutter.

Hilfeleistungen: Schweizerisches Filmzentrum, Zürich; Bibliothek des Deutschen Filmmuseums, Frankfurt am Main; Dokumentation des Reformierten Filmdienstes, Bern; Ursula Rindlisbacher, Urs Jaeggi, Bernhard Uhlmann.

AKS

Urs Aebersold: Kurz- und Spielfilmregisseur, Drehbuchautor; geb. 1944 in Oberburg. 1963 in gleicher Klasse wie die beiden anderen AKSler Abitur. 1963/4 Schauspielschule in Paris. Beginn der gemeinsamen Arbeit. 1965/7 Studium der Germanistik, Theaterwissenschaft, Kunstgeschichte in Bern. 1967/70 Studium an der Hochschule für Film und Fernsehen, München. Regieassistent bei JONATHAN von Hans W. Geissendörfer. Drehbücher für die *Tatort*-Krimis SCHÖNE BELINDA (1974) und AUGENZEUGE (1975), beide produziert vom Süddeutschen Rundfunk. Lebt in München.

Clemens Klopfenstein: Kurzfilmregisseur, Kameramann; geb. 1944 in Biel. 1963 Abitur. Besuch der Filmkurse I und II der KGS Zürich. 1973-75 Freischaffender Künstler in Rom. Kamera bei ORMENIS 199 + 69 von Marcus Imhoof und BEDIENUNG INBEGRIFFEN von Marcus P. Nestler. Arbeitet seit 1970 an DIE GESCHICHTE DER NACHT (davon ein neunminütiger Teil 1977 in Solothurn mit dem Titel CEREMONY vorgeführt).

Philip Schaad: Kurzfilme, ein Spielfilm; geb. 1943 in Biel. 1963 Abitur. 1963-70 Studium der Anglistik und Kunstgeschichte in Bern und Zürich, abgeschlossen durch eine Lizentiatsarbeit über den englischen Barockarchitekten Hawksmoor. Seit 1973 Leitung des elterlichen Uhrenunternehmens in Biel. Keine Filmarbeit mehr.

1965 PROMENADE EN HIVER. – R, B: Aebersold. – K: Klopfenstein. – S: Aebersold. – M, D: Schaad. – P: AKS – Filmarbeitsgemeinschaft. – L: 16 Min. – F: 16 mm, sw. – U: 21. 1. 67 Solothurn.

1966 UMLEITUNG. – R, B: AKS. – K: Klopfenstein. – S: Aebersold. – D: Aebersold, Schaad, Odilie Gogniat, Theres Fellman. – P: AKS-Filmarbeitsgemeinschaft. – L: 20 Min. – F: 16 mm, sw. – U: 19. 1. 68. Solothurn.

1966 AM GEMPEN.

1967 WIR STERBEN VOR. – R, B: AKS, Mitarbeit: Ruedi Härdi, Reinhard Klessinger. – Ko: Richard Burton (aus der Filmmusik von *Zulu*). – K: Klopfenstein. – S: Aebersold. – D: Emil Steinberger, Max Kämpf, Alex Maier, Lenz Klotz, Johannes Burla. – P: AKS-Filmarbeitsgemeinschaft. – L: 29 Min. – F: 16 mm, sw. – U: 19. 1. 68 Solothurn. – DE: Feb. 68 Hamburg. – D-TV: Nov. 68 (BR 3).

1967 LACHEN, LIEBE, NÄCHTE. – R: Klopfenstein.

1968 PARKPLATZ. – R: Schaad.

1968 PAUSENFILM. – R: Schaad. – K: Klopfenstein. – L: 30 Sek. – F: 16 mm, sw. – U: 24. 1. 69 Solothurn.

1968 MAO … ES MISSLINGT. – R: Klopfenstein.

1968 CURIA ELEISON. – R, K: Aebersold. – L: 3 Min. – F: 16 mm, sw. – U: 24. 1. 69 Solothurn.

1968 LIN. – R: Freddy Frey. – K: Klopfenstein. – S: Schaad. – D: Theres Fellman, Aebersold. – L: 10 Min. – F: 16 mm, sw. – U: 24. 1. 69 Solothurn.

1969 NACH RIO. – R, B: Klopfenstein. – K: Werner Zuber. – S: Klopfenstein. – M: Boosey und Hawks. – D: Fred Tanner. – P: KGS Zürich. – L: 16 Min. – F: 35 mm, sw. – U: 15. 2. 69 KGS Zürich. – CH-V: KGS Zürich, Film-Pool.

1969 BALLENTINES. – R, B: Aebersold. – K: Klopfenstein. – S: Aebersold. – T: Matthias Weiß. – D: Helene Thalmann, Paul Lys, Schaad, Hanns Zischler. – P: Hochschule für Fernsehen und Film (München). – L: 12 Min. – F: 35 mm, Farbe. – U: 24. 1. 70 Solothurn. – D-V: Hochschule.

1968/70 VARIETE CLARA. – R, B: Klopfenstein, Schaad, Georg Janett (für den wegen Uneinigkeit über das Konzept ausgeschiedenen Aebersold). – K: Klopfenstein, Schaad. – S: Janett. – T: Klopfenstein, Schaad, Janett. – P: AKS-Filmarbeitsgemeinschaft, Janett; HB: EDI. – L: 36 Min. – F: 16 mm, Farbe. – U: 24. 1. 70 Solothurn. – CH-V: Film-Pool.

1970 BOOMERANG. – R, B: Aebersold. – K: Klopfenstein. – S: Aebersold. – M: Stephan Sulke. – T: Matthias Weiß. – D: Günther Ungeheuer (Philipp), Christiane Krüger (Sabine), Hanns Zischler (Frank), Paul Lys (Paul), Michaela May (Andrea). – P: Hochschule für Fernsehen und Film (München). – L: 35 Min. – F: 35 mm, sw. – U: 30. 1. 71 Solothurn. – DE: 5. 6. 71 Hof. – CH-V: Film-Pool. – D-V: Hochschule.

1973 DIE FABRIKANTEN. – R: Aebersold. – B: AKS. – K: Werner Zuber, Klopfenstein. – S: Esther Lieberwirth. – M: Claude Flegenheimer. – T: Jean-Daniel Bloesch. – A: Raffaela Leggeri. – D: Fred Haltiner (Louis Maillard), Walo Lüönd (Otmar Nef), Melitta Gautschy (Anna Mondini), H. R. Twerenbold, Evelyn Kraft, Adolph Spalinger, Rudolf Ruf, Franz Matter, Markus Mislin, Jürg Hügi, Gilbert Costa, Klaus Knuth, Alex Leitner, Eva David, Hans-Jürg Schaer, Eva Landgraf. – P: AKS-Filmarbeitsgemeinschaft, Partner Film (Basel); HB: EDI, DRS, Kantone Bern und Basel-Stadt, Migros. – Pl: Rudolf Santschi. – L: 90 Min. – F: 35 mm, Farbe. – U: 21. 12. 73 Zürich. – DE: 1. 11. 74 Hof. – CH-TV: 7. 7. 76. – CH-V: Victor.

Peter Ammann

Dokumentarfilmregisseur; geb. 1931 in Zürich. Studium der Musikwissenschaft und der Analytischen Psychologie. Seit 1966 in Rom. 1967-69 Regieassistent bei Federico Fellini: TOBY DAMNIT, A DIRECTOR'S NOTEBOOK, SATYRICON.

1970 BRACCIA SI, UOMINI NO (Arbeitskräfte ja, Menschen nein). – R: Ammann, René Burri. – B: Ammann. – K: Burri, Jimmy Glasberg. – S: René Martinet. – P: Magnum Films, Productions Télévisions Rencontre (Lausanne), Enrico Marussig (Rom). – L: 50 Min. – F: 16 mm, Farbe. – DE: 7. 10. 73 Mannheim. – CH-TV: 4. 6. 71. – CH-V: Film-Pool, SABZ, Selecta, Zoom.

1971 LES NEINSAGER. – B: Ammann, Interviews: Guy Ackermann. – K: Jean Zeller. – S: Jo von Swietochowsky. – P: SSR. – L: 90 Min. – F: 16 mm, sw. – CH-E: 27. 1. 72 Solothurn.
1972 SANDSPIEL. – B: Ammann. – K: Jimmy Glasberg. – S: Edith Morath. – T: Raymond Adam. – P: Ammann, F. G. Wickes Foundation, SRG. – L: 50 Min. – F: 16 mm, Farbe.
1972 LE TRAIN ROUGE (Der rote Zug). – B: Ammann. – K: Jimmy Glasberg. – S: Jacques Morzier. – M: Paolo Pietrangeli. – T: Raymond Adam. – P: Ammann; HB: EDI, SSR, Bayerischer Rundfunk. – L: 87 Min. – F: 16 mm, Farbe. – U: 3. 2. 73 Solothurn. – DE: 10. 10. 73 Mannheim. – CH-TV: 4. 4. 74. – D-TV: 4. 3. 73 (BR 3). – CH-V: Film-Pool.
1974 LA RENCONTRE (Die Begegnung). – B: Ammann. – K: Claude Stebler. – S: Najet Ben Sliman. – T: Albert Pasquier. – D: Roger Jendly, Michèle Gleizer. – P: SSR. – L: 45 Min. – F: 16 mm, sw.
1976 25 FOIS LA SUISSE: URI (25mal die Schweiz: Uri). – B: C. Ackermann. – K: Jean Zeller. – S: L. Gogel. – T: E. Métrailler. – P: SSR. – L: 95 Min. – F: 16 mm, Farbe. – CH-E: 25. 1. 77 Solothurn.
Fertiggestellt: L'AFFAIRE SUISSE (Spielfilm).

Ernest und Gisèle Ansorge

Ernest Ansorge: Dokumentar-, Trick- und Spielfilmregisseur; geb. 1925 in Lausanne. Studium an der Ecole Polytechnique in Lausanne, abgeschlossen 1951 mit Diplom als Maschinenbau-Ingenieur. 1951-58 in der Industrie. 1958 Beginn der Filmarbeit, zusammen mit seiner Frau. 1958-63 Beiträge zur Kino-Wochenschau. Maßgeblich beteiligt an der Gruppe »Film« der Psychiatrischen Universitätsklinik Lausanne.
Buch: Ernest Ansorge, Annette Heydenreich: *Eine Zeichnung wird lebendig. Erste Schritte zum Trickfilm ohne Kamera.* Ravensburg: Otto Maier Verlag 1964.
Gisèle Ansorge: Dokumentar- und Trickfilmregisseurin; geb. 1923 in Morteau (Frankreich). Studium der Pharmakologie in Lausanne. Stücke für Theater und Radio, Bücher für Film und Fernsehen.
Dokumentarfilme:
1958 LA DANSEUSE ET LE MENDIANT.
1959 CERY HIER ET AUJOURD'HUI. – L: 29 Min.
1959 TECHNIQUES D'ANIMATION. – L: 10 Min.
1960 CHATEAUX VAUDOIS. – L: 39 Min.
1961 UNIVERSITE POPULAIRE. – L: 27 Min.
1962 LE POETE ET LA LICORNE. – B: Ansorge, Dr. Alfred Bader.
1964 BONJOUR MON OEIL. – B: Ansorge, Dr. Alfred Bader.
1964 FONCTIONS GRAMMATICALES. – B: Ansorge, Prof. Chri-

ste. – L: 19 Min. – Tricktechnik.

1964 HUNDERTWASSER – ESSAIS. – B: Ansorge, Dr. Bader. – L: 5 Min.

1964 SONNENSTERN, LE MORALUNAIRE. – B: Ansorge, Dr. A. Bader. – L: 20 Min.

1966 DISSOCIATION ET STRUCTURE. LES CHARACTERISTIQUES FORMELLES DE L'EXPRESSION PLASTIQUE SCHIZOPHRENIQUE. – B: Ansorge, Dr. Bader.

1967 IL GENIO. – B: Ansorge, Dr. Bader.

1967 LES SEPT NUITS DE SIBERIE. – B.: Ansorge, Dr. Bader.

1968 3 KÜNSTLER UND PSILOCYBIN. – B: Ansorge, Dr. Bader. – L: 28 Min.

1968 VIADUCS DE CHILLON. – L: 35 Min.

1968 INTEGRATION 68.

1968 EPHEMERE AURELIE. – B: Ansorge, Dr. Bader. – L: 25 Min. – Animierte und von ihr kommentierte Zeichnungen einer Patientin der Psychiatrischen Klinik Lausanne.

1969 ANSELME BOIX-VIVES, MON PERE. – B: Ansorge, Dr. Bader. – L: 16 Min.

1970 CE CAPUCIN C'EST MOI.

1971 LA SANGLE D'AMI JACQUES.

1972 LA LEÇON DE CHOSES. – L: 12 Min.

1972 LE BALLET DE LA CREATION.

1974 MOI, LE VOLEUR AUX SEMMELLES DE SILANCES. – B: Ansorge, Dr. Bader. – L: 23 Min.

1976 COQ LUNE. – L: 42 Min.

Trickfilme:

1967 LES CORBEAUX (Die Raben). – Sandtechnik. – B, K, S: E. und G. Ansorge. – T: Bernard Pichon. – P: NAG-Film (Etagnières). – L: 4 Min. – F: 35 mm, sw. – U: 27. 1. 68 Tours. – DE: 4. 4. 68 Oberhausen. – CH-TV: 4. 12. 69/5. 1. 70. – CH-V: Film-Pool, Selecta.

1968 FANTASMATIC. – Sandtechnik. – B, K, S: E. und G. Ansorge. – T: Bernard Pichon. – P: NAG-Film (Etagnières). – L: 8 Min. – F: 35 mm, sw. – U: 26. 1. 69 Solothurn. – D-TV: 11. 1. 71 (ZDF). – CH-V: Film-Pool, Selecta. – D-V: Wagner-Hallig.

1969 TEMPUS. – B: Emmanuel Gottraux. – K: E. und G. Ansorge. – Zeichnung: Jean Monod. – Animation: E. und G. Ansorge. – M: Thierry Fervant. – T: E. Ansorge. – P: Chambre suisse de l'horlogerie (La Chaux-de-Fonds). – U: 18. 3. 70 Biel. – CH-V: Majestic, SSVK. – D-V: Wagner-Hallig.

1970 ALUNISSONS. – Sandtechnik. – B, K, S, Animation: E. und G. Ansorge. – T: Bernard Pichon. – P: NAG-Film (Etagnières). – L: 3 Min. – F: 35 mm, sw. – U: 28. 1. 71 Solothurn. – DE: 29. 4. 71 Oberhausen. – CH-TV: 2. 9. 71. – CH-V: Film-Pool, Selecta, Zoom. – D-V: Filmkundliches Archiv Schönecker.

1974 LE CHAT CAMELEON. – R: E. Ansorge. – B: G. Ansorge, Einführungstext: Gérard Carrat. – K: E. Ansorge. – Zeichnung und Animation: G. Ansorge. – M: Elio Maestosi, Vieri Tosatti. – T: Aldo Raparelli, Bernard Pichon. – P: Corona Cinematografica (Rom), NAG-Film (Etagnières). – L: 12 Min. – F: 35 mm, Farbe. – U: 30. 1. 75 Solothurn. – D-TV: 14. 3. 78 (ZDF). – CH-V: NAG-Film.
1975 SMILE 1, 2, 3. – Sandtechnik. – B: E. und G. Ansorge. – K, S: E. Ansorge. – T: Bernard Lubat. A. Arpino. – P: NAG-Film (Etagnières). – L: 6 Min. – F: 35 mm, Farbe. – U: 30. 1. 76 Solothurn. – DE: 25. 4. 76 Oberhausen. – CH-TV: 5. 7. 76 – D-TV: 13. 6. 78 (ZDF). – CH-V: Film-Pool. – D-V: Wagner-Hallig.
1977 ANIMA. – Sandtechnik. – B: E. und G. Ansorge. – Zeichnung: G. Ansorge. – K, S: E. Ansorge. – M: P. Kase. – T: E. Ansorge. – P: NAG-Film (Etagnières). – L: 4 Min. – F: 16 mm, Farbe und sw. – U: 27. 1. 78 Solothurn. – DE: 25. 4. 78 Oberhausen. – CH-V: Film-Pool.
Spielfilme:
1965 JESSICA N. – B: G. Ansorge. – K, S, T: E. Ansorge. – D: Neige Dolski (Jessica), Sarah Pasqui, André Grass, Jean-Claude Roduit. – P: Société suisse de Psychiatrie. – L: 14 Min. – F: 35 mm, sw. – U: 15. 10. 65. – CH-V: Majestic.
1973 D'UN JOUR A L'AUTRE (Von Tag zu Tag). – R: E. Ansorge. – B: G. Ansorge, Bearbeitung: Bernard Pichon, E. Ansorge. – K, S: E. Ansorge. – M: Thierry Fervant. – T: Jean-François Modoux. – D: Corinne La Martret (Barbara), Roderic Leigh (Steve), Lesley Derrey, Neige Dolski, Jeanne Ferreux, Michel Grobety, Estell Paramore, Jean-Claude Roduit, Domingo Semedo, Jacqueline Tindel. – P: NAG-Film (Etagnières). – L: 85 Min. – F: 16 – 35 mm, sw. – U: 31. 1. 74 Solothurn. – CH-V: Film-Pool.
1974 UN MATIN (Nicht der Einzige). – R: E. Ansorge. – B: Walter Matthias Diggelmann, G. Ansorge, Jean-Louis Cornuz (Franz. Fassung). – K, S: E. Ansorge. – M: Thierry Fervant. – T: Jean-François Modoux. – D: François Germond (Pierre), Micheline Larpin (Thérèse), Gérard Carrat. – P: Secretariat antialcoolique suisse (SAS, Lausanne), Institut suisse de prophylaxie d'alcoolisme (ISPA). – L: 32 Min. – F: 16 mm, Farbe. – U: 24. 9. 74 Lausanne. – CH-V: SAS, ISPA.

Henry Brandt

Dokumentarfilmregisseur; geb. 1921 in La Chaux-de-Fonds. Nach Studium und Lizentiat in moderner Literatur Mittelschullehrer. Als Filmemacher Autodidakt. Gründet 1960 zusammen mit Alain Tanner den »Verband schweiz. Filmgestalter«.
1953 LES NOMADES DU SOLEIL (Die Nomaden der Sonne). – B, K, S, T, P: Henry Brandt. – L: 60 Min. – F: 16 mm, Farbe. – U: 54

Genf. – DE: 55 Mannheim. – CH-V: Brandt.

1954 LES HOMMES DE CHATEAUX (Die Burgenmenschen). – B, K, S, T, P: Brandt. – L: 20 Min. – F: 16 mm, Farbe. – U: 1954. – CH-V: Brandt.

1958 LES SEIGNEURS DE LA FORÊT (Die Herrscher des Urwalds). – R: Brandt, Heinz Sielmann. – B: E. Schaefer, Sielmann, Brandt. – K: Paul Grupp, Georg Schimansky, Kurt Neubert, Fernand Tack, Andreas Lembcke. – S: Linzee. – M: Richard Cornu. – P: Fondation internationale scientifique (Brüssel). – Pl: Henri Storck. – L: 90 Min. – F: 35 mm, Farbe. – U: 1958 Brüssel. – CH-E und DE: 1958. – CH-V: 20th Century Fox.

1960 MADAGASCAR AU BOUT DU MONDE (Madagaskar am Ende der Welt). – B, K, S, T: Brandt. – P: Société des Missions (Paris). – L: 75 Min. – F: 16 mm, Farbe. – U: 1961. – CH-V: Société des Missions de Paris, Lausanne.

1961 QUAND NOUS ETIONS PETITS ENFANTS (Die Bubenjahre/Schön war die Jugendzeit). – B, K, S: Brandt. – M: René Gerber. – T: Brandt. – D: Charles Guyot und seine Schüler. – P: Brandt, Société pédagogique neuchâteloise. – L: 90 Min. – F: 16 mm, sw. – U: März 1961 Lausanne. – CH-V: SSVK, Brandt.

1962 LA CHANCE DES AUTRES (Das Glück der anderen). – B, K, S: Brandt. – M: René Gerber. – T: Brandt. – P: Société de la Loterie Romande. – L: 15 Min. – F: 35 mm, sw. – U: 62 Lausanne.

1962 POURQUOI PAS VOUS? (Auch du und ich). – B, K, S: Brandt. – M: René Gerber. – T: Brandt. – P: Schweiz. Rotes Kreuz. – L: 15 Min. – F: 35 mm, sw. – U: 62 Bern. – CH-V: Rotes Kreuz.

1963 LES HOMMES DE LA MONTRE (Menschen und Uhren). – B, K, S: Brandt. – M: Claude de Coulon. – T: Brandt. – D: Monsieur Bernet, Uhrenmacher. – P: Ebauches SA (Neuchâtel). – L: 28 Min. – F: 16 mm, Farbe. – U: 1963. – CH-V: SSVK.

1964 LA SUISSE S'INTERROGE (Die Schweiz im Spiegel). Fünf Teile: LA SUISSE EST BELLE (Die Schweiz ist schön); PROBLEMES (Probleme); LA COURSE AU BONHEUR (Der Weg zum Glück); CROISSANCE (Wachstum); TON PAYS EST DANS LE MONDE (Dein Land gehört zur Welt). – Idee: Brandt, René Richterich, Guido Chochi. – B, K, S: Brandt. – M: Julien-François Zbinden. – T: Brandt. – D: (im 3. Teil) Corinne Coderey, Bernhard Junod, Christophe Brandt. – P: Exposition nationale 1964 (Lausanne). – L: 5 × 4 Min. – F: 35 mm, Farbe; Teil 5: sw, zwei Leinwände; Teil 4: drei Leinwände. – U: 1964 Lausanne. – CH-V: Teil 2: Zoom; Teil 3: SSVK, Zoom.

1964 OPERATION BANYARWANDA (Operation Banyarwanda). – B, K, S, T: Brandt. – P: Liga der Rot-Kreuz-Gesellschaften (Genf). – L: 20 Min. – F: 16 mm, sw. – U: 1964. – CH-V: Liga.

1969 VOYAGE CHEZ LES VIVANTS (Der blaue Planet). – B: Brandt, Texte: Pierre Gascar. – K: Jean-Luc Nicollier, Brandt. – S:

Claude Chenou, Sylvia Bachmann. – M: Pierre Cavalli. – T: Jean-Marc Payot, Serge Hertzog, Roger Tanner. – D: Linus Pauling, Isaac Asimov, Nini Guérard, Joseph Faye, die Familie Mutappa, Männer, Frauen und Kinder, die heute leben. – P: Brandt; HB: EDI, Kantone Neuchâtel, Vaud, Genf, Solothurn, Weltgesundheitsorganisation, Communauté nationale d'investissement. – L: 98 Min. – F: 35 mm, Farbe. – U: 1970 Genf. – D-TV: 10. 3. 71 (ARD). – CH-V: Brandt.

1972 CHRONIQUE DE LA PLANET BLEUE (Der Stern des Menschen). 13teilige Filmserie, montiert aus dem Material von VOYAGE CHEZ LES VIVANTS: 1.: LES OMBRES DU BOUT DU MONDE (Das goldene Zeitalter). – 2.: MON PROCHAIN S'APPELLE MILLIARD (Jeden Tag 200000 Menschen mehr). – 3.: ATTEINDRE L'AN 2000 (Ewig leben oder überleben?). – 4.: LA ROUTE DE LA FAMINE (Die Straße des Hungers). – 5.: LA BATAILLE DE LA MALARIA (Der Feldzug gegen die Malaria). – 6.: HIROSHIMA OU DES HOMMES ET DES SOURIS (Hiroshima oder Von Menschen und Mäusen). – 7.: LES PAYSANNES DE CASAMANCE (Die Bäuerinnen der Casamance). – 8.: BRATSK; SIBIRIE, AN 15 (Bratsk, Sibirien, Jahr 15). – 9.: LES ENFANTS DE RAMANAGARAM (Die Kinder von Ramanagaram). – 10.: SUMAN OU LA PAIX DE L'ESPRIT (Suman oder Der innere Frieden). – 11.: VOICI L'HOMME (Sehet, welch ein Mensch). – 12.: NINI DE SAN FRANCISCO (Nini aus San Francisco oder Das ausgeschlagene Erbe). – 13.: JOSEPH DE DAKAR (Joseph von Dakar). – B: Brandt. – K: Jean-Luc Nicollier, Brandt. – S: Madeleine Cavussin. – M: Pierre Cavalli. – T: Jean-Marc Payot, Serge Hertzog, Roger Tanner. – D: Leute aus der Schweiz, England, USA, UdSSR, Indien, Philippinen, Hongkong, Japan, Senegal, Malaysia; Linus Pauling, Isaac Asimov, Nini, Pedro, Joseph, Suman, Joan Baez, die Familie Mutappa. – P: Brandt; HB: EDI, Kantone Neuchâtel, Vaud, Genf, Solothurn, Weltgesundheitsorganisation, Communauté nationale d'investissement. – L: 13 × 27 Min. – F: 16 mm, Farbe. – CH-TV: 1972 (DRS, SSR). – D-TV: 14. 1. 73 (Teil 9), 21. 1. 73 (Teil 6), 28. 1. 73 (Teil 3), 4. 2. 73 (Teil 8), 11. 2. 73 (Teil 2), 18. 2. 73 (Teil 4), 25. 2. 73 (Teil 11), alle in BR 3. – CH-V: Brandt.

1973 TERRE A VENDRE (Land zu verkaufen). – B, K, S: Brandt. – M-Auswahl: Doris Mayer. – T: Jacqueline Duc. – P: Brandt, Association vaudoise pour l'aménagement rural. – L: 27 Min. – F: 16 mm, sw. – U: 1973 Lausanne. – CH-V: Brandt.

1977 LE DERNIER PRINTEMPS (Der letzte Frühling). – B: Brandt. – K: Willy Rohrbach. – S: Brandt. – T: Jacqueline Duc. – P: Brandt für Société de la Loterie Romande. – L: 89 Min. – F: 35 mm, Farbe. – U: 4. 6. 77 Lausanne. – CH-V: Distributeur de Films, Société.

1977 EUDOXIE. – B: Brandt. – K: Willy Rohrbach. – S: Brandt. – T: Jacqueline Duc. – P: Brandt für Société de la Loterie Romande. – L: 27 Min. – F: 16 mm, Farbe. – U: 1977 Lausanne. – CH-V: Société.

Claude Champion

Dokumentarfilmregisseur; geb. 1942. Ausbildung als Grafiker und Buchdrucker. 1964-66 Regieassistenzen in Paris, u. a. bei Serge Roullet. Drehbücher für Roullets ANNE VILLMER und für L'HEURE DES GUEUX. 1967 Mitgründer von Milos-Films. 1971 Mitgründer von Nemo Film. 1977 Mitgründer der Film et Video Collectif SA.

1962/3 LES PLUIES DE L'ETE (Sommerregen). – B: Champion, Texte: Jacques Pilet. – K: Claude Stebler. – S: Champion, Stebler. – M: Pierre Monod. – D: Jacqueline Grangier (Sigrid), Gérard Depierraz (Stéphane). – P: Champion, Pilet, Stebler. – L: 55 Min. – F: 16 mm, sw. – U: 1963 Rolle.

1967/68 QUATRE D'ENTRE ELLES. Episode 16 ANS – SYLVIE. – B: Jacques Pilet, Champion. – K: Erwin Huppert, Claude Stebler. – S: Champion. – M: The Spots, Michel Contat et le Jazz 005, Gérard Gray, Rossini. – T: Marcel Sommerer. – D: Mary Adossides (Sylvie), Jo Baumgartner, Kyoko Kosaka, Neige Dolksi, André Resplendino, Jimmy Gaudin. – P: Milos-Films (Les Verrières). – L: 22 Min. – F: 16 → 35 mm, sw. – U: 12. 10. 68 Mannheim. – CH-E: 26. 1. 69 Solothurn. – CH-TV: 19. 8. 71. – CH-V: Film-Pool.

1968 YVON YVONNE. – B: Champion, Agnès Contat. – K: Henri Rossier. – S: Champion. – T: Marcel Sommerer. – P: Le bon depart (Lausanne). – L: 63 Min. – F: 16 mm, sw. – U: Sept. 68 Lausanne. – CH-V: Le bon depart.

1968 DER TONSCHNITZER MIGOLA (Migola, l'artisan de la pietre ollaire/La pietra ollara). – B: Champion, Paul Hugger. – K: Champion. – P: Paul Hugger für Schweiz. Gesellschaft für Volkskunde (Basel) für die Serie *Aussterbende Berufe.* – L: 33 Min. – F: 16 mm, sw. stumm. CH-V: Gesellschaft.

1970 C'ETAIT UN DIMANCHE EN AUTOMNE (Garten). – B, K, S: Champion. – M: André Jequier. – P: Milos-Films (Les Verrières), ZDF. – L: 7 Min. – F: 35 mm, Farbe. – U: 29. 1. 72 Solothurn. – D-TV: 2. 3. 71 (ZDF). – CH-V: Film-Pool.

1971 MARIE BESSON. – B: Champion, Matine Viguet. – K, S: Champion. – M: Scarlatti, mech. Klavier. – T: Roger Tanner. – P: Milos-Films (Les Verrières). – L: 38 Min. – F: 35 mm, sw. – U: 2. 2. 74 Solothurn. – D-TV: 23. 9. 71 (ZDF). – CH-V: Film-Pool.

1971 LE MOULIN DEVELEY SIS A LA QUIELLE (Die Mühle von Develey). – B: Champion. – K: Henri Rossier. – S: Champion. – T: Roger Tanner. – P: Nemo Film (Zürich) für Paul Hugger und die Schweiz. Gesellschaft für Volkskunde (Basel). – L: 57 Min. – F:

16 mm, sw. – U: 11. 12. 71 Vaulion. – DE: 25. 6. 72 Berlin: Forum. – CH-V: Film-Pool, Gesellschaft (dort unter dem Titel LE MOULIN DE VAULION).
1972 LE PAYS DE MON CORPS (Die Welt meines Körpers). – R, B: Agnès Contat, Champion. – K: Eduard Wininger. – S: Contat, Champion. – T: Roger Tanner. – P: Nemo Film (Zürich); HB: EDI, Fonds Rapin (Genf). – L: 88 Min. – F: 16 mm, sw. – U: 3. 2. 73 Solothurn. – CH-V: Film-Pool.
1975 UNE JOURNEE DANS LA VIE DU KREUZ (Ein Tag im Leben des »Kreuz«). – B: Champion, Théo Bouchat. – K: Claude Stebler. – S: L. Gogel. – T: A. Pasquier. – P: SSR. – L: 26 Min. – F: 16 mm, Farbe. – U: 29. 1. 76 Solothurn.
In Arbeit: QUAND IL N'Y A PLUS D'ELDORADO.

Richard Dindo

Dokumentarfilmregisseur; geb. 1944 in Zürich. Als Filmemacher Autodidakt. Lehnt weitere biografische Angaben ab. Lebt in Zürich und Paris.
1970 DIE WIEDERHOLUNG. – B: Dindo. – K: Lucius Lehmann. – D: Anita Osterwalder, Miklos Gimes, Konrad Farner, Hans Bruggmann, Max Arnold, Peter Bichsel. – P: Dindo; HB: Alexander J. Seiler, Georg Radanowicz, Kurt Gloor, Markus Imhoof, Fredi M. Murer. – L: 38 Min. – F: 16 mm, sw. – U: 30. 1. 71 Solothurn. – CH-V: Film-Pool.
1971 DIALOG. – B: Dindo. – K: Peter von Gunten. – S: Dindo. – T: Jean-Daniel Bloesch. – D: Konrad Farner, Walter Marti. – P: Dindo. – L: 46 Min. – F: 16 mm, sw. – U: 29. 1. 72 Solothurn. – CH-V: Film-Pool, Zoom. – D-V: Matthias.
1972 NAIVE MALER IN DER OSTSCHWEIZ. – B: Dindo. – K: Otmar Schmid. – S: Dindo. – T: Reto Andrea Savoldelli, Robert Boner, Ulrich Meier. – P: Dindo; HB: EDI. – L: 62 Min. – F: 16 mm, Farbe. – U: 2. 2. 73 Solothurn. – DE: 10. 10. 73 Mannheim. – CH-TV: 12. 4. 73 (DRS). – CH-V: Film-Pool, SABZ.
1973 SCHWEIZER IM SPANISCHEN BÜRGERKRIEG. – B: Dindo. – K: Rob Gnant. – S: Dindo. – T: Robert Boner. – Ausschnitte aus THE SPANISH EARTH von Joris Ivens. – P: Dindo; HB: EDI, David Streiff. – L: 87 Min. – F: 16 mm, Farbe. – U: 1. 2. 74 Solothurn. – DE: 10. 10. 74 Mannheim. – CH-TV: 11. 11. 75 (gekürzte Fassung). – CH-V: Film-Pool, Filmcooperative, SABZ.
1975 DIE ERSCHIESSUNG DES LANDESVERRÄTERS ERNST S. – B: Niklaus Meienberg, Dindo. – K: Rob Gnant, Robert Boner. – S: Georg Janett. – T: Benni Lehmann. – P: Dindo, Filmkollektiv; HB: EDI. – U: 31. 1. 76 Solothurn. – DE: 7. 10. 76 Mannheim. – CH-TV: 3. 6. 77. – CH-V: Film-Pool, Filmcooperative.
1977 RAIMON – CHANSONS CONTRE LE PEUR (Raimon –

Lieder gegen die Angst). – B: Dindo. – K: Robert Boner. – S: Elisabeth Waelchli. – T: Luc Yersin, André Simmen. – P: Filmkollektiv. – L: 55 Min. – F: 16 mm, Farbe. – U: Juni 77 Zürich. – DE: 10. 10. 77 Mannheim. – CH-TV: 1. 6. 77 (SSR). – CH-V: Filmcooperative.

1977 ZWEI PORTRÄTS: CLEMENT MOREAU, GEBRAUCHSGRAFIKER / HANS STAUB, FOTOREPORTER. – B: Dindo, Guido Magnagnagno. – K: Otmar Schmid, Helene de Wit. – S: Elisabeth Waelchli. – T: Alain Klarer. – P: Filmkollektiv. – L: 97 Min. (MOREAU: 47 Min.; STAUB: 50 Min.) – F: 16 mm, sw. – U: 25. 1. 78 Solothurn. – CH-TV: 1. 5. 78 (nur MOREAU). – CH-V: Filmcooperative. – D-V: LZB (nur MOREAU).

In Arbeit: ein Max-Frisch-Porträt.

Kurt Gloor

Dokumentar- und Spielfilmregisseur; geb. 1942 in Zürich. Nach einem Jahr Kunstgewerbeschule Zürich und vier Jahren Ausbildung als Grafiker sechs Jahre in verschiedenen Ateliers in Zürich und Wien. Volontariat als Kameraassistent bei Werbefilmproduktion. 1969 Gründung einer eigenen Produktionsfirma. Mitgründer der Nemo-Film, aus der er bald wieder ausscheidet.

1967 FFFT. – B: Gloor, Karl Schneider. – K, S: Gloor. – M: Uli Staub, André Hager, R. Bänninger. – D: Verena, Armin und Kurt Gloor. – P: Gloor. – L: 10 Min. – F: 16 mm, monochrom. – U: 19. 1. 68 Solothurn. – CH-V: Zoom.

1968 HOMMAGE. – B, K: Gloor. – S: Ines Creola. – T, P: Gloor. – L: 12 Min. – F: 16 mm, sw. – U: Sept. 68 Zürich. – DE: 28. 3. 69 Oberhausen. – CH-TV: 22. 9. 68. – CH-V: Gloor.

1968 MONDO KARIES. – B, K: Gloor. – S: Ines Creola. – T: Gloor. – D: Verena Gloor, Eugen Möcklin. – P: Gloor. – L: 12 Min. – F: 16 mm, sw. – U: 25. 1. 69 Solothurn. – DE: 28. 3. 69 Oberhausen. – CH-TV: 13. 2. 69. – D:TV: 11. 1. 71 (ZDF). – CH-V: Gloor.

1969 DIE LANDSCHAFTSGÄRTNER. – B: Gloor. – K: Gloor, Peter von Gunten. – S: Gloor. – M: Richard Strauss. – T: von Gunten. – P: Gloor; HB: EDI. – L: 34 Min. – F: 16 mm, Farbe. – U: 24. 1. 70 Solothurn. – DE: 14. 4. 70 Oberhausen. – CH-TV: 21. 3. 71. – CH-V: Film-Pool, SABZ.

1970 EX. – B: Gloor. – Kommentar: Matthias Knauer, Gloor. – K: Otmar Schmid. – S: Gloor. – M: Wiener Gmüad Trio. – T: Benni Lehmann. – P: Kurt Gloor Filmproduktion (Zürich); HB: SRG, Schweiz. Zentralstelle gegen den Alkoholismus. – L: 35 Min. – F: 16 mm, Farbe u. sw. – U: 30. 1. 71 Solothurn. – DE: 30. 4. 71 Oberhausen. – CH-TV: 6. 11. 70. – CH-V: Film-Pool, SABZ, Zoom.

1970 WANTED. – B, K, S, T, P: Gloor. – L: 2 Min. – F: 16 mm, sw. – U: 30. 1. 71 Solothurn.

1971 DIE GRÜNEN KINDER. – B: Gloor. – Ko: Gloor, Sil

Schmid, Mario Erdheim. – K: Gloor. – S: Gloor. – M: Johann Sebastian Bach. – T: Reto Zellweger. – P: Kurt Gloor Filmproduktion (Zürich); HB: EDI, SRG, Pro Juventute, Verband Schweiz. Innenarchitekten, Schweiz. Werkbund. – L: 78 Min. – F: 16 mm, sw. – U: 29. 1. 72 Solothurn. – DE: 11. 10. 72 Mannheim. – CH-TV: 9. 6. 72 und 11. 6. 73. – D-TV: 11. 6. 73 (ARD). – CH-V: Film-Pool, SABZ. – D-V: LZB.

1972 WAS HALTEN SIE VON AUTORITÄRER ERZIEHUNG? – B: Gloor. – Ko: Gloor, Sil Schmid, Mario Erdheim. – K, S: Gloor. – T: Reto Zellweger. – P: Nemo-Film (Zürich). – L: 12 Min. – F: 16 mm, sw. – U: 1972. – CH-V: Gloor.

1973 DIE BESTEN JAHRE. – B: Gloor, Mitarbeit: Mario Erdheim, Ingrid Specht-Jürgensen. – K: Eduard Winiger, Otmar Schmid. – S: Gloor. – M: Dimitri Schostakowitsch. – T: Hans-Ulrich Jordi. – P: Nemo-Film (Zürich); HB: EDI, SRG. – L: 85 Min. – F: 16 mm, sw. – U und DE: 10. 10. 73 Mannheim. – CH-E: 1. 2. 74 Solothurn. – CH-TV: 15. 1. 74. – CH-V: Film-Pool, Selecta, Zoom. – D-V: LZB.

1976 DIE PLÖTZLICHE EINSAMKEIT DES KONRAD STEINER. – B: Gloor. – K: Franz Rath. – S: Alexander Rupp. – M: Peter Jacques. – T: Hans Künzi. – D: Silvia Jost (Claudia Hefti), Sigfrit Steiner (Steiner), Ettore Cella (Carlo Reni), Alfred Rassner, Felix Klee. – P: Kurt Gloor Filmproduktion (Zürich), Atlantic (Zürich). – L: 102 Min. – F: 35 mm, Farbe. – U und DE: 25. 6. 76 Berlin. – CH-E: 22. 10. 76 Zürich. – CH-V: Rialto-Film. – D-V: Stella-Film, Matthias, BAG.

1977 EM LEHME SI LETSCHT (Lehmanns Letzter). – B: Gloor, Thomas Hostettler. – K: Max Hänsler. – S: Trudi Saladin. – T: Hans Krackenberger. – A: Rolf Engler. – D: Michael Gempart (Karl Winiger), Mathias Gnädiger (Willi Hofer), Peter Höhn (Kurt Steiger), Ettore Cella (James Lehmann). – P: SRG. – L: 58 Min. – F: MAZ, Farbe. – CH-TV: 14. 9. 77.

In Arbeit: DER CHINESE (Spielfilm).

Claude Goretta

Fernsehspiel- und Spielfilmregisseur; geb. 1929 in Genf. Studium der Rechte in Genf. 1951 Gründung des Universitäts-Filmclubs in Genf, zusammen mit Tanner. Filmjournalistische Tätigkeit. 1955-57 Mitarbeit am Programm des National Film Theatre im British Film Institute in London. Artikel in *Sight and Sound,* erster Film 1957. Nach Rückkehr in die Schweiz Realisator am Fernsehen der romanischen Schweiz. 25 Reportagen für das Monatsmagazin *Continents sans visa* (in Frankreich ausgestrahlt innerhalb der Reihe *Cinq Colonnes à la Une.* Zusammen mit André Gazut Produzent der Serie *Aujourd'hui,* für die er selbst UN EMPLOYE DE BANQUE und ETRE PELERIN Á LOURDES realisiert. Zwei Frauenporträts für die Serie *Femmes entre elles* von Eliane Victor: HERMELINE OU EN ATTENDANT FRANÇOIS und MICHELINE SIX ENFANTS. Zahlreiche Literaturverfilmungen und Fernsehspiele. 1968 gründet er zusammen mit Tanner, Soutter, Jean-Louis Roy und Jean-Jacques Lagrange die Groupe 5.

Reportagen: Les gondoliers en hiver. – Les pompes funebres aux Etat-Unis. – La ville qui parle aux morts. – Maison blanche, ville noire. – Les nazis anglais. – Liver blanc sur l'inde. – Les vieux blancs. – Les gens du bout du monde. – Le tango. – Trois portraits de sovietiques. – Les Antilles francaises. – Les paparazi. – Le photoroman. – L'Irlande. – Melons et casquettes. – Fabricants d'idoles. – Professeur Calabuig. – Johnny Halliday.
Literaturverfilmungen: La cruche, nach Courteline. – Bettine, nach Musset. – La jeune fille violante, nach Paul Claudel. – Les trois coups de minuit, nach André Obey. – La grande colere de Philippe Hotz (Die große Wut des Philipp Hotz), nach Max Frisch. – Force de loi, nach Henri Deblue. – De l'huile, nach Eugen O'Neill. – Le tremplin, nach Michel Soutter. – Dossier Chelsea street, nach Walter Weideli. – L'azote et poivre de Cayenne, nach René de Obaldia. – Charles Louis Philippe ou les lumières du coeur, nach vier Novellen von Charles Louis Philippe. – Les créanciers, nach August Strindberg. – Le plaisir de rompre, nach Jules Renard. – La paix de dimanche, nach John Osborne. – Suzanne Andler, nach Marguerite Duras. – Vincent et Louise, nach Robert Soulat. – La fusillade en reponse a Dostoievski, nach Walter Weideli; D: Dominique Labourier, Pierre Collet, François Simon. – Racines, nach Arnold Wesker.

1957 NICE TIME. – R, B: Goretta, Alain Tanner. – K: John Fletcher. – S: Goretta, Tanner. – M: Chas McDevitt Skiffle Group, The Pete Ashon Quintet. – T: Fletcher. – P: British Film Institute Experimental Production Comittee. – L: 19 Min. – F: 16 mm, sw. – U: 1967 Venedig. – CH-E: 30. 1. 66 Solothurn. – DE: 20. 2. 66 Oberhausen. – CH-V: Film-Pool.
1958 LE TEMPS DES ETUDES. – Dokumentarfilm über das Leben an der Uni.
1960 GRAND-DIXENCE. – Dokumentarfilm über Bauarbeiten im Hochgebirge.
1961 JEAN-JACQUES ROUSSEAU OU L'ENERGIE DES RÊVES. – Dokumentarfilm über Rousseau.
1961 LE RETOUR. – B: Robert Soulat. – D: François Simon, Evelyne Istria. – P: SSR. – L: ca. 20 Min.
1963 UN DIMANCHE DE MAI. – B: Michel Soutter, Goretta. – K: Jacques Margot. – S: Lise Lavanchy. – M: Henri Chaix. – T: Jean Kaehr, Emile Mayer. – P: SSR. – L: ca. 45 Min. – F: 16 mm, sw.
1963 PETITE MUSIQUE DE NUIT und LA JOURNEE

D'ANNE. – Zwei Frauenporträts. – D: Françoise Giret, Serge Maillard und Laurence Mercier, Jo Escoffier.

1963 LA MISS A RAOUL. – B: Michel Soutter. – D: Jean-Pierre Kalfon. – L: ca. 20 Min. – F: 16 mm, sw.

1964/65 TSCHECHOV OU LE MIROIR DES VIES PERDUES. Vier Teile: LE MIROIR, LE JUGE D'INSTRUCTION, UNE FOIS L'AN, RÊVES. – B: Georges Haldas, nach vier Novellen von Tschechow. – K: André Gazut. – S: Lise Lavanchy. – T: Jean Kaehr. – D: LE MIROIR: Nelly Borgeaud, Armen Godel, Adrien Nicati, Janet Haufler; LE JUGE D'INSTRUCTION: André Cellier, Raoul Guillet; UNE FOIS L'AN: Lucie Avenay, Marcel Merminod, Jean Vigny; RÊVES: Marc Fayolle, Marc Cassagne, Claude Para. – P: SSR. – L: 70 Min. – F: 16 mm, sw.

1965 JEAN-LUC PERSECUTE. – B: Goretta, Georges Haldas, nach Ramuz. – K: André Gazut. – S: Lise Lavanchy. – M: Guy Bovet. – T: Jean Kaehr. – D: Maurice Garrel, Frédérique Meininger, André Cellier, Marc Fayolle, Philippe Mentha. – P: SSR. – L: 95 Min. – F: 16 mm, sw.

1968 VIVRE ICI. – B: Goretta. – K: Roger Bimpage. – S: Eliane Heimo. – M: Guy Bovet. – T: Rose-Marie Jenni. – D: Maurice Garrel (Pierre Vaucher), Anne Perez (Marguerite Yannakis), Laurence Mercier (Helène Vaucher), Arnold Walter, Gabriel Liardet, Yvette Théraulez, Sabine Thée, Walter Schochli, Bernard Arczynsky, François Simon. – P: SSR. – L: 89 Min. – F: 16 mm, sw. – CH-TV: 14. 3. 69 (SSR).

1970 LE FOU (Der Verrückte). – B: Goretta. – K: Jean Zeller, Eduard Wininger. – S: Eliane Heimo. – M: Guy Bovet. – T: Marcel Sommerer. – D: François Simon (George Plond), Camille Fornier (Jeanne Plond), Arnold Walter, Pierre Walker, André Neury, Jean Claudio, Deski Janjic, Frédérique Meininger, Jean-Luc Bideau, André Schmidt, Guillaume Chenevière, Nicole Rouan, Daniel Stuffel, Serge Moisson, Jaroslav Vizner. – P: Le Groupe 5, SSR. – L: 87 Min. – F: 16 → 35 mm, sw. – U: 29. 1. 71 Solothurn. – CH-TV: 4. 10. 74. – D-TV: 8. 2. 74 (ZDF). – CH-V: Film-Pool, SSVK.

1970 LE JOUR DES NOCES (Die Hochzeit im Grünen). – B: Goretta, Michel Contat, nach *La partie de champagne* von Guy de Maupassant. – K: Jean Zeller. – S: Françoise Lenoir. – M: Guy Bovet. – T: Michel Morier. – D: Arnold Walter (Philippe Dutour), Martine Garrel (Henriette Ducret), Dora Doll (Mde Dutour), Maurice Garrel, Lucie Avenay, André Schmidt, Pierre Collet, François Simon, William Jacques, Jean-Luc Bideau, Neige Dolski, Vilette Fleury. – P: SSR, Radio-Television Belge, ORTV. – L: 71 Min. – F: 16 mm, Farbe. – CH-TV: 4. 8. 74. – D-TV: 23. 1. 76 (ARD).

1971 LE TEMPS D'UN PORTRAIT (Zeit für ein Porträt). – B: Claude Fléouter, Goretta. – K: Charlie Gaeta. – S: Genevieve Cohen.

– M: Julien Clerc. – D: Julien Clerc (Dan), Arnold Walter (Gilles), Maurice Garrel, Eve Jablonsky, Pierre Collet, José Destoop, Marc Bonseigneur, Jacques Lalande, Cécile Loiseau, Maurice Bourbon, André Vautier, Pierre Durouey, Raymond Adam, Christian Remer, Simon Hernou, Maurice Vallet. – P: SSR, ORTV. – L: 82 Min. – F: 16 mm, Farbe. – CH-TV: 29. 10. 71 (SSR). – D-TV: 26. 4. 74 (ZDF). – DE: 26. 11. 72 Berlin.

1973 L'INVITATION (Die Einladung). – B: Goretta, Michel Viala. – K: Jean Zeller. – S: Joëlle van Effenterre. – M: Patrick Moraz. – T: Paul Girard. – A: Yanko Hodjis. – D: Michel Robin (Rémy Placet), Jean-Luc Bideau (Maurice Dutoit), Rosine Rochette, François Simon, Corinne Coderey, Pierre Collet, Jean Champion, Cécile Vassort, Jacques Rispal, Neige Dolski, Lucie Avenay, William Jacques, Roger Jendly. – P: Citel Films (Genf), Le Groupe 5, SSR, Planfilm (Paris). – L: 100 Min. – F: 35 mm, Farbe. – U: Mai 73 Cannes. – CH-E: 2. 8. 73 Locarno. – DE: 1. 11. 73 Hof. – CH-TV: 8. 11. 75. – D-TV: 1. 3. 74 (ZDF). – CH-V: Majestic, SSVK. – D-V: Matthias, BAG.

1975 PAS SI MECHANT QUE ÇA (Ganz so schlimm ist er auch nicht). – B: Goretta, Charlotte Dubreuil. – K: Renato Berta. – S: Joëlle van Effenterre. – M: Arié Dzierlatka, Patrick Moraz. – D: Marlène Jobert (Nelly), Gérard Depardieu (Pierre), Philippe Léotard, Dominique Labourier, Jacques Debray, Michel Robin, Paul Crauchet, Bénédict Gampert, Jean-Pierre Moutier, Bernard Junod, Pierre Ruegg, René Marc, Pierre Walter, Marc Blum. – P: Citel Films (Genf), Action Films (Paris), M. J. Productions (Paris). – L: 115 Min. – F: 35 mm, Farbe. – U: Aug. 75 Locarno. – D-TV: 28. 6. 76 (ZDF). – CH-V: Majestic, SSVK.

1975 PASSION ET MORT DE MICHEL SERVET. – B: Georges Haldas. – D: Michel Cassagne (Servet), Maurice Garrel (Calvin). – P: SSR. – CH-TV: Mai 75.

1976 LA DENTELLIÈRE (Die Spitzenklöpplerin). – B: Goretta, Pascal Lainé, nach dessen Roman. – K: Jean Boffety. – S: Joëlle van Effenterre. – M: Pierre Jansen. – T: Pierre Gamet. – D: Isabelle Huppert (Pomme), Yves Beneyton (François), Florence Giorgetti (Marylène), Annemarie Düringer, Renate Schroeter, Michel de Ré, Monique Chaumette, Jean Obé. – P: Citel Films (Genf), Action Films (Paris), Janus Film (Frankfurt am Main). – L: 108 Min. – F: 35 mm, Farbe. – U: Mai 77 Cannes. – CH-E: Aug. 77 Locarno. – DE: 28. 4. 78 Berlin. – CH-V: Citel. – D-V: Filmverlag.

1977 JEAN PIAGET. – B: Goretta. – K: Willy Rohrbach, Claude Stebler. – S: Joëlle van Effenterre. – T: Marcel Sommerer. – P: Yale University (USA). – L: ca. 30 Min. – F: 16 mm, Farbe.

In Arbeit: JEAN-JACQUES ROUSSEAU (Spielfilm).

Urs und Marlies Graf

Urs Graf: Dokumentarfilmemacher; geb. 1940 in Olten. Ausbildung als Grafiker. Angestellter bei Industrie- und Werbefilmproduktionen. Zusammenarbeit bei unabhängigen Filmen mit Marlies Graf bis 1973. 1976 Gründungsmitglied beim Filmkollektiv Zürich. Mitarbeit bei den Filmkollektiv-Produktionen KAISERAUGST und AUFPASSEN MACHT SCHULE (s. Filmografie Hans Stürm).

Marlies Graf: Dokumentarfilmregisseurin; geb. 1943 in Aarburg. Ausbildung als Goldschmiedin. Reprofotografin, Pressefotografin, Journalistin. Bis 1973 Zusammenarbeit mit Urs Graf. Mitarbeit bei zahlreichen Filmen, u. a. 1973 DIE AUSLIEFERUNG von Peter von Gunten (Regieassistenz), 1974 BUSETO von Remo Legnazzi (Ton), 1977 ROSEMARIE, SUSANNE, RUTH von Ruedi Staub (Ton).

1970 Z. B. UNIFORMEN. – B, K, S, T, P: Urs und Marlies Graf. – L: 20 Min. – F: 16 mm, sw. – U: 24. 1. 70 Solothurn. – CH-V: Film-Pool, SABZ.

1971 EINE LINIE IST EINE LINIE IST EINE LINIE. – Trickfilm, direkt auf den Film gezeichnet von U. Graf. – M: Johann Sebastian Bach. – P: U. und M. Graf. – L: 5 Min. – F: 35 mm, sw. – U: 31. 1. 71 Solothurn. – DE: 26. 4. 71 Oberhausen. – CH-TV: 25. 11. 71. – D-TV: 14. 8. 72 (ZDF). – CH-V: Film-Pool, SABZ.

1972 ISIDOR HUBER UND DIE FOLGEN. – R, B: U. und M. Graf. – K: U. Graf, Hans Stürm. – S: U. und M. Graf. – M: George Gruntz. – T: M. Graf, Rolf Zehnder. – D: Robert Messerli, Erwin Parker, Klaus Knuth, Rolf Kadgin, Horst Christian Beckmann, Kurt Bigger, Petra Leuzinger. – P: U. und M. Graf; HB: EDI, Turnus-Film AG (Gutenswil). – L: 50 Min. – F: 16 mm, sw. – U: 28. 1. 72 Solothurn. – DE: 11. 10. 72 Mannheim. – CH-V: Film-Pool, SABZ. – D-V: LZB.

1973 BERUFE BEIM ZOLL. – R, B: U. und M. Graf. – K: Hans Stürm. – S, T: U. und M. Graf. – P: Eidgenössische Oberzolldirektion (Bern). – L: 29 Min. – F: 16 mm, Farbe. – U: 1973 Bern. – CH-V: SSVK.

Marlies Graf:

1974/5 DIE BAUERN VON MAHEMBE. – Konzeption: Hans-Peter Dürr, Andreas Enderli, Hans Sonderegger, M. Graf. – K: Fritz E. Maeder. – S: M. Graf. – M: Folklore aus Mahembe. – T: Hans-Peter Dürr. – P: Cinov (Bern), Schweiz. Arbeitsgruppen für Entwicklungshilfe (SAFEP) zusammen mit Community Development Trust Fund of Tansania. – L: 56 Min. – F: 16 mm, Farbe. – U: 1975 Zürich. – DE: 10. 10. 75 Mannheim. – CH-TV: 19. 11. 75. – CH-V: Film-Pool, SAFEP, Brot für Brüder, Selecta, Zoom. – D-V: LZB.

In Arbeit: BEHINDERTE LIEBE (Dokumentarfilm).

Urs Graf:

1976/8 CINEMA MORT OU VIF? (Film/Kino – tot oder lebendig?). – Teil 1: Warum und wie andere Bilder und Töne herstellen – ein Tag der Dreharbeiten; Teil 2: Die Montage. Die Musik; Teil 3: »Die Betrachtungsweise des Zuschauers verändern ...«. Kunst und Geld. – R: U. Graf, Mathias Knauer, Hans Stürm; Mitarbeit: Felix Singer, Alain Klarer, Luc Yersin, Benni Lehmann, Rainer Trinkler, Iwan P. Schumacher, André Pinkus, Anne Cuneo. – K: Stürm. – S: U. Graf. – T: Yersin, Knauer. – D: Alain Tanner, Miou-Miou, Roger Jendly, Jacques Denis, Renato Berta, Yves Gasser, Brigitte Sousselier, Jean-Marie Sénia. – P: Filmkollektiv (Zürich); HB: EDI, SSR, SSVK, Schweiz. Konferenz der kantonalen Erziehungsdirektoren, Migros, Jubiläums-Stiftung der Schweiz. Bankgesellschaft, Jubiläums-Stiftung der Schweiz. Volksbank, Kanton Zürich, Walter- und Ambrosia-Oertli-Stiftung, Stiftung Landis & Gyr. – L: 105 Min. (Teil 1: 50, Teil 2: 35, Teil 3: 20 Min.). – F: 16 mm, Farbe. – U: 24. 1. 78 Solothurn. – DE: 25. 2. 78 Berlin: Forum. – CH-V: Filmcooperative, SSVK. – D-V: Freunde der deutschen Kinemathek.
In Arbeit: KOLLEGE HODEL (zusammen mit einer Arbeitsgruppe des Filmkollektivs; Dokumentarfilm).

Peter von Gunten

Spiel- und Dokumentarfilmregisseur; geb. 1941 in Bern. 1957-61 praktische Lehre als Grafiker und Fotograf. 1963 eigenes Atelier für Grafik und Fotografie. Seit 1969 unabhängiger Filmschaffender. Als Kameramann: 1968 IMITATIONEN von Louis Jent, AUCH EIN SISYPHOS und TÜRTORTUR von Robert Schär, 1969 21 SCHWEIZER KÜNSTLER (verantwortlich auch für die künstlerische Gesamtleitung), DIE LANDSCHAFTSGÄRTNER von Kurt Gloor, 1971 DIALOG von Richard Dindo.
Als Regisseur:
1967 BLUMENGEDICHT. – B: von Gunten, nach dem *Blumengedicht* von Rolf Geisbühler. – K, S: von Gunten. – M: Dionne Warwick. – T: von Gunten. – D: Mateo Zuber, Annelise Jendt. – P: vo/gu/Film. – L: 6 Min. – F: 16 mm, Farbe. – U: 19. 1. 68 Solothurn. – DE: 4. 4. 68 Oberhausen. – CH-V: Film-Pool.
1968 DIE VORSTELLUNG. – B, K, S: von Gunten. – D: Roni Segal, Robert Schär, Don Luigi Nizzola. – P: von Gunten. – L: 30 Min. – F: 16 mm, sw. – U: Dez. 68 Basel.
1968 IM SCHÖNSTEN WIESENGRUNDE. – B, K, S: von Gunten. – M: Volkslied. – T: von Gunten. – D: Herr und Frau Scherz. – P: vo/gu/Film (Bern). – L: 4 Min. – F: 16 mm, sw. – U: Jan. 69 Solothurn. – DE: 28. 3. 69 Oberhausen. – D-TV: 11. 1. 71 (ZDF). – CH-V: Film-Pool, Zoom.
1969 MEIN PERSÖNLICHER BEITRAG ZUR AKTION GESUNDES VOLK. – B, K, S: von Gunten. – T: Marc Rudin. – D: Hans

»Jeti« Stamm, Herr Reimann, vier Polizisten. – P: von Gunten (Bern). – L: 15 Min. – F: 16 mm, Farbe. – U: 23. 1. 70 Solothurn. – D-TV: 31. 1. 71 (BR 3). – CH-V: Film-Pool, 5-Minuten-Kurzfassung (ALLES WAS SIE BRAUCHEN): Zoom.

1970 BANAERA LIBERTAD. – B, K, S: von Gunten. – M: Jiri Ruzicka. – T: Robert Schär. – Mitarbeit: Schär, Helene Schär, Rolf Schrag. – P: von Gunten (Bern), Helvetas; HB: EDI. – L: 55 Min. – F: 16 mm, Farbe u. sw. – U: 30. 1. 71 Solothurn. – CH-TV: 16. 4. 71. – D-TV: 11. 11. 72 (WDR 3), 26. 1. 74 (NDR 3), 2. 2. 74 (SWF 3), 14. 4. 74 (WDR 3). – CH-V: Film-Pool, Helvetas, Zoom, Selecta, SSVK. – D-V: LZB, Matthias, BAG. – Kurzfassung: 5 RAPPEN FÜR EIN KILO BANANEN. – L: 11 Min. – CH-V: Zoom. – D-V: LZB, BAG.

1974 DIE AUSLIEFERUNG/L'EXTRADITION. – B: von Gunten; franz. Dialoge: Claude Frochaux, Monica Iseli. – K: Fritz E. Maeder. – S: von Gunten. – M: Josef Ivanovic, Fréderic Chopin; Bearbeitung: Jiri Ruzicka, Wladimir Rébikoff. – T: Jean-Daniel Bloesch. – A: Agathe Bagnoud. – D: Roger Jendly (Sergej Njetschajew), Anne Wiazemsky (Nathalie Herzen), Silvia Jost (Albertine), Bernard Arczynski (Ogarew, russ. Emigrant), Urs Bihler, Günter Gube, Alfons Hoffmann, Paul Pasquier, Rudolf Ruf, Peter Simonischek, Gilbert Costa, Gérard Despierre, Pierre Holdener, Claude Yersin, Alex Freihart, Wolfgang Hiller, Wolfgang Hoffmann, Heinz Jost. – P: Cinov (Bern); HB: EDI, Stadt Bern, DRS. – Pl: Rudolf Santschi. – L: 90 Min. – F: 16 → 35 mm, sw. – U: 2. 2. 74 Solothurn. – DE: 25. 6. 74 Berlin: Forum. – CH-TV: 3. 3. 76. – D-TV: 7. 1. 76 (HR 3, NDR 3, WDR 3), 24. 5. 76 (SWF 3), 26. 8. 76 (BR 3). – CH-V: Film-Pool, SSVK. – D-V: Filmverlag, atlas, BAG.

1977 EL GRITO DEL PUEBLO (Der Schrei des Volkes). – B: von Gunten. – K: Fritz E. Maeder. – S: Therese Voegeli. – M: Miguel de Cusco, Volksmusik aus Peru. – T: Juerg Zysset. – P: Cinov (Bern) für Fastenopfer, Brot für Brüder, DRS. – L: 68 Min. – F: 16 mm, Farbe. – U: 25. 6. 77 Bern. – DE: 15. 10. 77 Mannheim. – CH-TV: 2. 3. 78. – CH-V: Cinov, Zoom, Selecta. – D-V: LZB.

1977 KLEINE FRIEREN AUCH IM SOMMER. – B: von Gunten, Herbert Meier. – K: Fritz E. Maeder. – S: Alexander Rupp. – M: Rumpelstilz. – T: Hans Künzi. – A: Kathrin Brunner. – D: Verena Reichart (Juliette), Lorenz Hugener (Max), Esther Christinat (Patricia), Heinz Sommer (Gérard), Silvia Jost, Hans-Jürg Iseli, Roger Jendly, Alex Freihart, Matthias Gnädinger, Janet Haufler, Monika Koch, Guido von Salis, Babette Wiesmann, Brigitte Eckstein, Loic Segoin, Paul Roland, Elsbeth Schaad, Peter Schnedel, Ernst Stiehl. – P: Cinov (Bern); HB: EDI, DRS, Atlantic-Film, Rialto-Film, Erziehungsdirektion Bern, Stadt Bern, Migros, Ente Turistico di Locarno e Ascona, Ente Ticinese per il Turismo, Kommunales Kino Frankfurt am Main, Verband Volksaufklärung über den Alkoholismus, Schweizer Arbeiterhilfswerk. – Pl: Peter Spoerri. – L: 96 Min. – F: 16 → 35 mm, Farbe. – U: 21. 4. 78 Bern. – CH-V: Rialto-Film.

Villi Herman

Dokumentarfilmregisseur; geb. 1941 in Luzern. Kunstgewerbeschulen in Luzern, Krefeld und Paris. Studienaufenthalte in USA und Nordafrika. 1968-70 Besuch der London Film School mit einem Stipendium. Danach freier Filmschaffender. Industriefilme, didaktische Filme. Filmbeiträge für das Fernsehen der deutschen und der italienischen Schweiz und die BBC in London, u. a. 1974 EIN FREMDARBEITER NAMENS ROLF LIEBERMANN für die DRS zusammen mit Niklaus Meienberg, 1975 PACE DEL LAVORO (Arbeitsfrieden) für TSI zusammen mit Delta Zeidler. Beiträge für die Kultursendung *Perspektiven.*

1969 FEED-UP. – B: Herman. – K: Dave Edwards. – S: Ivo Palitenghi. – M: Cecil McCarthy. – D: Eve, Nicolas, Gina, John Franklin. – P: London Film School. – L: 11 Min. – F: 16 mm, Farbe. – CH-E: 22. 2. 70 Solothurn. – DE: 8. 10. 69 Mannheim. – CH-V: Film-Pool.

1970 10 ESSAI. – B: Herman. – K: Sandro Bernardoni. – S: Herman. – M: Dorfmusik aus Beride, Tessin. – T: Franco Tognola. – P: Herman. – L: 6 Min. – F: 16 mm, sw. – CH-V: Film-Pool.

1970 24 SU 24 (Die Schmuggler). – B: Herman. – K: Sandro Bernardoni. – S: Herman. – M: The Nightbirds Bellinzona. – T: Franco Tognola. – P: Villi Film, Pic Film (Lugano); HB: EDI. – L: 27 Min. – F: 16 mm, Farbe. – U: Aug. 70 Locarno. – CH-TV: 28. 10. 71. – CH-V: Film-Pool.

1974 CERCHIAMO PER SUBITO OPERAI, OFFRIAMO ... (Arbeitskräfte gesucht, wir bieten ...). – Ko: Giovanni Orelli. – K, S: Herman. – M: La comune Dario Fo, Milano. – T: Eve Martin. – P: Herman, mit einer Gruppe von Arbeitern, Freunden und Kollegen. – L: 68 Min. – F: 16 mm, sw. – U: 3. 8. 74 Locarno. – DE: 10. 10. 74 Mannheim. – D-TV: 19. 2. 76 (ZDF). – CH-V: Film-Pool, SABZ, Filmcooperative.

1976/77 SAN GOTTARDO. – B: Herman, Eve Martin; deutsche Dialoge: Peter Zeindler, franz. Dialoge: André Puig, ital. Dialoge: Giovanni Orelli. – K: Renato Berta (Spielszenen), Hans Stürm (Dokumentaraufnahmen). – S: Rainer Trinkler, Elisabeth Waelchli. – M: Volksmusik. – T: Luc Yersin. – A: Edith Peier, Bernhard Sauter. – D: Hans-Dieter Zeidler (Alfred Escher), Maurice Aufair (Louis Farre), Roger Jendly, Norbert Schwientek, Didier Flamand, Ingold Wildenauer, Dimitri, Compagnia del Colletivo di Parma, Giaio Daghini, Michèle Gleizer, Michel Cassagne, Siegfried Meisner. – P: Filmkollektiv (Zürich); HB: EDI, ZDF, SSR, Kantone Bern und Tessin, Migros, Schweiz. Gewerkschaftsbund. – Pl: Rudolf Santschi. – L: 90 Min. – F: 16 mm, Farbe. – U: Mai 77 Cannes. – CH-E: 13. 8. 77 Locarno. –

DE: 11. 10. 77 Mannheim. – CH-TV: 25. 1. 78 (DRS). – D-TV: 9. 2. 78 (ZDF). – CH-V: Filmkollektiv.

Roman Hollenstein

Kurzspiel- und Dokumentarfilmregisseur; geb. 1942 in Luzern. 1963-65 Hochschule für Gestaltung Ulm. Assistenz am Theater. Studienaufenthalte in Wien und Madrid. Philologie-Studium in Zürich. 1968/69 Teilnahme an den Filmkursen II und III der KGS Zürich. Seit 1970 freier Filmschaffender. Mitarbeit bei der Produktionsleitung von DÄLLEBACH KARI und DER FALL, beide von Kurt Früh. Zwei Multivisionen. Auftragsfilme, u. a. über Gewässerschutz und Raumzellen-Bauweise. Gest. am 3. 10. 77 durch Suizid.

1964 RENATE. – B, K, S: Hollenstein. – D: Renate Seids. – Von Hollenstein vernichtet.

1968 SISIFUS. – B: Hollenstein. – K: Lucius Lehnherr. – S: Hollenstein. – T: Hollenstein. – D: Paul Weibel. – P: KGS Zürich. – L: 14 Min. – F: 35 mm, sw. – U: 15. 2. 69 Zürich. – DE: 28. 3. 69 Oberhausen. – CH-V: KGS Zürich, Zoom.

1971/73 FREUT EUCH DES LEBENS. – B: Hollenstein; wissenschaftliche Mitarbeit: Dr. Berthold Rothschild, Beratung: Dr. Hanspeter Meyer, Pat Kunstenaar. – K: Otmar Schmid. – S: Georg Janett, Hollenstein. – M: aus der Musikdose von Walter H. – T: Robert Boner. – D: Walter H., Kunsttischler, Reto »Mike« S., Heiminsasse, Hans Sch., Gärtner. – P: Hollenstein; HB: EDI, Kanton Zürich, Pro Infirmis, Verband Zürcherischer Kreditinstitute, Schweiz. Volksbank, Migros u. a. – L: 82 Min. – F: 16 mm, Farbe. – U: Dez. 73 Zürich. – DE: 10. 10. 74 Mannheim. – CH-TV: 20. 1. 75. – CH-V: Film-Pool, SABZ. – D-V: LZB, BAG.

1977 JE KA MI ODER DEIN GLÜCK IST GANZ VON DIESER WELT. – R: Hollenstein, nach dessen Tod fertiggestellt von Georg Janett. – B: Hollenstein, Janett, Alexa Habenthür. – K: Otmar Schmid, Hans Liechti. – S: Janett. – T: Hans Künzi, Mathias Knauer, Robert Boner. – P: Hollenstein, Filmkollektiv (Zürich); HB: EDI, Kantone Bern und Tessin, Stadt Zürich, Migros, versch. Stiftungen. – L: 95 Min. – F: 16 mm, Farbe. – U: 28. 1. 78 Solothurn. – CH-V: Filmcooperative.

Markus Imhoof

Dokumentar- und Spielfilmregisseur; geb. 1941 in Winterthur. Philologie-Studium in Zürich, abgeschlossen mit Lizentiatsarbeit: *Brechts Stücke im Hinblick auf sein theoretisches Werk.* 1967/68 Besuch der Filmkurse I und II an der KGS Zürich. 1971 Mitgründer der Nemo-Film. 1976 eigene Firma (Limbo-Film). Lebt seit Sommer 1978 in Mailand.

1961 WEHE, WENN WIR LOSGELASSEN. – B: Imhoof. – K:

Peter Lattmann. – S, T, P: Imhoof. – L: 30 Min. – F: 16 mm, Farbe. – U: 1961 Winterthur.

1963 PRINZESSIN TUAMASI. – B: Imhoof. – K: Peter Lattmann. – S: Imhoof. – M: Peter Jäggi. – P. Imhoof. – L: 20 Min. – F: 16 mm, Farbe. – U: 1963 Winterthur.

1967 HAPPY BIRTHDAY. – B: Imhoof. – K: Christine Raymann. – S: Imhoof. – P: KGS Zürich. – L: 9 Min. – F: 35 mm, sw. – U: 1968 Zürich. – CH-V: Limbo-Film, Zoom.

1968 RONDO. – B: Imhoof. – K: Lucius Lehnherr. – S, T: Imhoof. – P: KGS Zürich. – L: 42 Min. – F: 16 mm, sw. – U: 15. 2. 69 Zürich; nach Verbot durch den Kanton Zürich: 29. 1. 76 Solothurn. – CH-V: Film-Pool, Zoom.

1969 ORMENIS 199 + 69. – B: Imhoof. – K: Otmar Schmid, Clemens Klopfenstein. – S: Imhoof. – M: »Krokodil«, Walti Anselmo, Düde Dürst. – T: Imhoof. – P: Imhoof. – L: 27 Min. – F: 16 mm, sw. – U: 23. 1. 70 Solothurn. – CH-TV: 2. 7. 70. – CH-V: Film-Pool, SABZ.

1970 PHLEBOLOGISCHES SYMPOSIUM. – B: Imhoof. – K: Otmar Schmid. – S, T, P: Imhoof. – L: 43 Min. – F: 16 mm, Farbe, – U: März 1971 Winterthur.

1970 SCHWEIZER MALER UND BILDHAUER. Serie von fünf Filmen; über Henri Presset, Remo Rossi, Albert Roullier, Otto Tschumi, Walter Vogeli. – B: Imhoof, Peter Althaus, Erika Billeter. – K: Hans Liechti, Pio Corradi. – S: Wilma Panke. – T: Stanislaw Hromadnik. – P: Ciné-Groupe (Zürich), Pro Helvetia. – L: 5 × 14 Min. – F: 16 mm, Farbe. – U: Sept. 71 Biennale Paris. – CH-V: Pro Helvetia.

1971 VOLKSMUND ODER MAN IST, WAS MAN ISST. – B: Imhoof. – Ko: Imhoof, mit Ausschnitten aus einem Gespräch mit Peter Kubelka. – K: Pio Corradi. – S: Imhoof. – M: Händel, Ricciotti, Kurt Weill, Hans Hintermüller, »Krokodil« mit Walti Anselmo. – T: Hans-Ulrich Schlumpf. – P: Nemo-Film (Zürich), SRG; HB: EDI, Migros. – L: 50 Min. – F: 16 mm, Farbe. – U: 29. 1. 72 Solothurn. – DE: 11. 10. 72 Mannheim. – CH-TV: 18. 5. 72. – D-TV: 8. 1. 73 (HR 3 und BR 3), 15. 9. 75 (HR 3). – CH-V: Film-Pool, SABZ.

1974 FLUCHTGEFAHR. Wie einer zum Verbrecher wird. – B: Imhoof. – K: Eduard Winiger, Hans Liechti. – S: Marianne Jäggi. – M: Bruno Spoerri, Paul Anka. – T: Hans Künzi, Peter Brodbeck, Hans-Ulrich Jordi. – D: Wolfram Berger (Bruno Kuhn), Matthias Habich (Winarski), Sigfrit Steiner (Hausbursche Stotz), Hans Gaugler, Roger Jendly, Luzius Versell, Ernst Kühni, Beat Tanner, Strafgefangene der Strafanstalt Basel. – P: Nemo-Film (Zürich); HB: EDI, SRG, Kuratorium für die Förderung des kulturellen Lebens Aargau, Ernst Koller, Volkert Stiftung (Winterthur), Jubiläums-Stiftung der Schweiz. Bankgesellschaft, Franke Stiftung (Aarburg), Stadt Zürich,

Stadt Winterthur, Stadt Brugg, Alkag AG (Basel), Coop Schweiz, Sibir Kühlapparate GmbH (Schlieren), Basler Versicherungsgesellschaft, Willner AG (Birr/Brugg), Carl Spaeter AG (Basel). – Pl: Georg Radanowicz. – L: 104 Min. – F: 16 → 35 mm, Farbe. – U: Feb. 75 Strafanstalt Basel. – DE: 10. 10. 74 Mannheim. – CH-TV: 30. 3. 77. – D-TV: 7. 7. 78 (ZDF). – CH-V: Film-Pool, SSVK. – D-V: Matthias.

1977 TAUWETTER. – B: Imhoof, Mitarbeit: Claude Chenow. – K: Gerard Vandenberg. – S: Marianne Jäggi. – M: Bruno Spoerri. – T: Vladimir Vizner. – A: Dani Bodmer. – D: Gila von Weitershausen (Jutta), Diana (Sandra), Arthur Brauss (Manfred), Niels Arestrup (Jean Luc), Lotte Lang, Roger Jendly, Irene von Lichtenstein, Gerda Schweizer, Herbert E. Meyer, Joos Heintz, Kurt Meier, Marlies Mühlemann, Yves Räber, Jacques Michel, Daniel Gubler, Eric Berthoud, 90 Einwohner des Dorfes Lavin. – P: Limbo Film (Zürich), Condor Film (Zürich), Solaris (München); HB: EDI, SRG, ZDF, Kantone Solothurn und Jura, Migros. – L: 92 Min. – F: 35 mm, Farbe. – U: 22. 10. 77 Scuol und Lavin. – CH-V: Monopol Pathé.

Thomas Koerfer

Spielfilmregisseur; geb. 1944 in Bern. Englisches Abitur. Studium der Volkswirtschaft in Berlin, München, St. Gallen. Diplom-Volkswirt. Volontariat bei Alexander Kluge am Ulmer Institut für Filmgestaltung. Assistenz bei Brunello Rondi in Rom. Kameraassistenz und Schnitt bei Filmen von Kurt Blum. Eineinhalb Jahre Mitarbeiter des politischen Magazins *Rundschau des Schweizer Fernsehens* bei Auslandsreportagen. 1970 ein Kurzfilm ZEICHEN.

1973 DER TOD DES FLOHZIRKUSDIREKTORS ODER OTTOCARO WEISS REFORMIERT SEINE FIRMA. – B: Dieter Feldhausen. – K: Renato Berta. – S: Heinz Berner. – M: Ernst Kölz. – T: Jeti Grigioni. – A: Toutschka von Goldschmidt. – D: François Simon (Ottocaro Weiss), Paul Gogel (Johannes Wagner), Norbert Schwientek (Stephan Moosbrugger), Janine Weill, Gotthard Dietrich, Gerhard Dorfer, Peter Kuer, Wolfgang Rottsieper, Wolfgang Warnecke, Edzard Wüstendörfer. – P: Thomas Koerfer Film (Zürich). – Pl: Luc Yersin. – L: 111 Min. – F: 16 → 35 mm, sw. – U: 5. 8. 73 Locarno. – DE: 10. 10. 73 Mannheim. – CH-TV: 31. 7. 75. – CH-V: Film-Pool. – D-V: Filmverlag, prokino, Filmkundliches Archiv Schönecker.

1975 DER GEHÜLFE. – B: Dieter Feldhausen, Koerfer, nach dem Roman von Robert Walser. – K: Renato Berta. – S: Georg Janett. – T: Pierre Gamet, Luc Yersin. – A: Heidi Lüdi, Rolf Knutti. – D: Paul Burian (Joseph Marti), Verena Buss (Frau Tobler), Ingolf Wildenauer (Carl Tobler), Lucie Avenay, Wolfram Berger, Hannelore Hoger, Nikola Weisse, Tobi Mettler, Nicole Heri, Jürgen Cziesla, Rosalinde

Renn, Janet Haufler, Norbert Schwientek, Gerhard Dorfler, Lotti Gündthardt, Wolfgang Schwarz, Benjamin Gygax, Annemarie Dermon, Herbert Leiser, Klaus-Henner Russius, Michael Maassen, Tina Engel, Peter Siegenthaler. – P: Thomas Koerfer Film (Zürich); HB: EDI, ZDF, DRS, Kanton Bern, Stadt Zürich. – Pl: Rudolf Santschi. – L: 122 Min. – F: 35 mm, Farbe. – U: 30. 1. 76 Solothurn. – DE: 27. 6. 76 Berlin: Forum. – CH-TV: 30. 10. 77. – D-TV: 31. 10. 77 (ZDF). – CH-V: Film-Pool. – D-V: prokino, Filmkundliches Archiv Schönecker.

1977 ALZIRE ODER DER NEUE KONTINENT. – B: Dieter Feldhausen. – K: Renato Berta, Carlo Varini. – S: Georg Janett. – T: Luc Yersin. – A: Edith Peier. – D: François Simon (Voltaire), Roger Jendly (Rousseau), Monika Bleibtreu (Julie), Verena Buss (Tina), Verena Reichardt (Sophie), Nikola Weisse (Zoe), Wolfram Berger (Rolf), Hans-Peter Korff (Ludwig), Bernd Spitzer (Jago), Rüdiger Vogeler (Leo), Michael Maassen, Michael Schlachter, Joaquin Hinojosa, Hans-Jörg Assmann, Gerhard Dorfer, Rosalind Renn, Klaus-Henner Russius, Klaus Völker, José del Castillo, Nain Chuquimia, Willmer Marino, Macario Tumiri. – P: Filmkollektiv (Zürich), Thomas Koerfer Film (Zürich), ZDF, SRG; HB: EDI, Kantone Bern, Thurgau, Zürich, Jubiläums-Stiftung der Schweiz, Schweiz. Bankgesellschaft, Migros. – L: 97 Min. – F: 16 mm, Farbe. – U: 28. 1. 78 Solothurn. – DE: 26. 2. 78 Berlin: Forum. – D-TV: 28. 6. 78 (ZDF).

Remo Legnazzi

Dokumentarfilmregisseur; geb. 1946 in Bern. Nach Abitur und Studium Aufenthalt in Zentralafrika und Indien. Besuch der Hochschule für Fernsehen und Film München. Als freier Mitarbeiter für den Bayerischen Rundfunk u. a. AUSBRUCHSVERSUCH, MATTALA (1968), ENDPUNKT (1969), KORTNER INSZENIERT (1970).

1969 DER ZEITPLAN. – B: Legnazzi. – K: W. Osterrieder. – S: Legnazzi. – D: W. Borel, M. Gahr, H. Crämer, J. Greismayr. – P: Hochschule für Fernsehen und Film. – L: 29 Min. – F: 16 mm, Farbe. – U: 25. 1. 70 Solothurn.

1969 DIE STADT DES HANS-DIETER K. – B, K, S, T, P: Legnazzi. – L: 30 Min. – F: 16 mm, Farbe.

1971 DIE ANDERE SEITE. – B, K, S, T, P: Legnazzi. – L: 60 Min. – F: 16 mm, Farbe.

1972 ERFÜLLTE HOFFNUNG? WESTLICHE JUGEND IN INDIEN. – B: Legnazzi. – K: Legnazzi, Andreas Stoller. – S: Legnazzi. – T: Stoller, Elke Etzold. – P: Legnazzi, Bayerischer Rundfunk. – L: 68 Min. – F: 16 mm, Farbe. – U: 1. 2. 73 Solothurn. – CH-TV: 14. 5. 73. – CH-V: Film-Pool.

1974 BUSETO. DIE EMIGRATION AM BEISPIEL EINES SIZILIANISCHEN DORFES. – B: Legnazzi. – K: Fritz E. Maeder. – S:

Legnazzi. – M: Dorfmusik aus Buseto. – T: Marlies Graf. – D: Salvatore Coppola, Baldasare und Maria Sciuto, Giacomo und Caterina Ruggirello und andere Bewohner von Buseto. – P: Legnazzi, Cinov (Bern). – L: 55 Min. – F: 16mm, Farbe. – U: 29. 1. 75 Solothurn. – CH-TV: 28. 1. 75. – CH-V: Film-Pool, SABZ, Zoom.
1977 MIR SI IR GLICHE SCHTRASS UFGWACHSE (Wir sind in der gleichen Straße aufgewachsen). – B: Legnazzi, Agathe Keller, Marie-Louise Zimmermann. – K: Urs Kohler. – S: Legnazzi. – M: Philippe Jean-Mairet, Andreas Ligusate. – T: Pavel Jarovsky. – D: Yvonne Leutenegger, Andreas Eigensatz, Cyrill. – P: Cinov (Bern) für Evang. Reformierte Kirche des Kantons Bern. – L: 45 Min. – F: 16 mm, Farbe. – U: 25. 1. 78 Solothurn. – CH-V: Zoom.
1977/78 PRUGIASCER CHRONIK. – B: Legnazzi, Hugo Sigrist. – K: Werner Zuber. – S: Legnazzi. – M: Mito Mandioni. – T: Urs Kohler. – P: Cinov (Bern); HB: EDI, SRG, Stadt Bern, Milchproduzentenverband. – L: 120 Min. – F: 16 mm, Farbe. – U: Anf. Juli 78 Bern.

Rolf Lyssy

Spiel- und Dokumentarfilmregisseur; geb. 1936 in Zürich. Vier Jahre Lehre als Fotograf in Zürich. Ausbildung als Kameraassistent bei Spiel- und Dokumentarfilmen. Kameramann (u. a. beim Eidophor-Farbfernsehen), Aufnahmeleiter, Cutter, Drehbuchautor.
Mitarbeit bei LES APPRENTIS von Alain Tanner (1964, Kamera und Schnitt), URSULA ODER DAS UNWERTE LEBEN von Walter Marti/Reni Mertens (1966, Kamera und Schnitt), LA CHASSE AU DIABLE von Pierre Koralnik (1972, Regieassistenz), SAN GOTTARDO von Villi Herman (1976, Regieassistenz). Verschiedene Beiträge für die *Schweizer Filmwochenschau* (z. B. 1973 VIER ERSTLINGE über die Filmemacher Peter von Gunten, Ueli Meier, AKS, Markus Imhoof, und DIE BAUCHLAGE DES SÄUGLINGS).
1968 EUGEN HEISST WOHLGEBOREN. – R: Lyssy, Reni Mertens, Walter Marti. – B: Lyssy. – K: Rob Gnant. – S: Lyssy. – M: Paul Burkhard. – T: Robert Boner. – D: Kurt Bigger, Heddy-Maria Wettstein, Hans Schaad, Albert Schuppli, Oskar Glans. – P: Teleproduction (Zürich). – L: 90 Min. – F: 35 mm, sw. – U: 17. 8. 68 Zürich. – CH-TV: 18. 8. 74. – CH-V: Teleproduction.
1970 VITA PARCOEUR. – B: Lyssy, Mani Kupke. – K, S: Lyssy. – M: Hans-Peter Michel, Ivanovich Seidenberg, Andreas Vollenweider, Stephan Wittwer. – T: Jean-Pierre Voiret. – D: Irene Hupfer, Peter Andermatt. – P: Lyssy, Andermatt. – L: 23 Min. – F: 16 mm, Farbe. – U: 30. 1. 71 Solothurn. – DE: 30. 4. 71 Oberhausen. – CH-V: SABZ.
1974 KONFRONTATION. Das Attentat von Davos. – B: Lyssy, Georg Janett. – K: Fritz E. Maeder. – S: Janett. – M: Arthur Paul

Huber. – T: Hans Künzi. – A: Edith Peier. – D: Peter Bollag (David Frankfurter), Marianne Kehlau (Frau Gustloff), Gert Hauke (Wilhelm Gustloff), Hilde Ziegler, Wolfram Berger, Peter Arens, Michael Rittermann, Alfred Schlageter, Max Knapp, Klaus Knuth, Günter Strack, Wolfgang Hiller, Siegfried Meissner, René Scheibli, Gertrud Dorfer, Hubert Kronlacher, Tina Engel, Ariva Joel, Werner Am Rhein, Paul Burian, Walter Holub, Alfred Pfeifer, Rainer Zur Linde, Armando Dotto, Jochen Tavote, René Schoenberg. – P: Lyssy, H. R. Willner AG (Birr/Brugg); HB: EDI, SRG, Migros, Stadt Zürich, Verena Bänziger, Foto Michel Korolnyk. – Pl: Rudolf Santschi. – L: 114 Min. – F: 35 mm, sw. – U: 17. 1. 75 Zürich. – DE: Juni 75 Berlin: Berlinale. – CH-TV: 14. 10. 77. – D-TV: 17. 10. 76 (ARD). – CH-V: Europa-Film.
In Arbeit: DIE SCHWEIZERMACHER (Spielfilm).

Walter Marti und Reni Mertens

Walter Marti: Dokumentarfilmregisseur; geb. 1923 in Yverdon. Nach Studium der Romanistik Arbeit am Theater, Journalist für Presse und Radio. Kurze Zeit Leiter der Filmabteilung beim Schweizer Fernsehen. Lehrbeauftragter an der Universität Zürich. Seit 1954 unabhängiger Filmproduzent mit eigener Firma.
Reni Mertens: Dokumentarfilmregisseurin; geb. 1918 in Zürich. Studium abgeschlossen mit Promotion zum Dr. phil., Arbeit u. a. als Übersetzerin (theoretische Schriften von Bert Brecht ins Italienische). Filmarbeit mit Walter Marti, mit dem sie immer gemeinsam für die Regie verantwortlich zeichnet.
Produktionen u. a. LES APPRENTIS von Alain Tanner, EUGEN HEISST WOHLGEBOREN von Rolf Lyssy.
1955 JOUR DE PECHE. – B: Marti, Mertens. – K, S, T: Ernest Antaria. – L: 16 Min. – F: 16 mm, sw. – U: Sept. 65.
1956 RHYTHMIK. – B: Marti, Mertens, Mitarbeit: Mimi Scheiblauer. – K, S: Ernest Antaria. – M: Mimi Scheiblauer. – P: Teleproduction (Zürich). – L: 20 Min. – F: 16 mm, sw. – CH-V: Pro Helvetia, Teleproduction.
1960 FRUSTRATION IM FRÜHEN KINDESALTER. – B: Marti, Mertens, Mitarbeit: Dr. Marie Meierhofer. – K, S: Marti, Mertens. – P: Teleproduction (Zürich). – L: 50 Min. – F: 16 mm, Farbe. – U: 1960. – CH-V: Institut für Psychohygiene im Kindesalter, Zürich.
1961 IM SCHATTEN DES WOHLSTANDES. – B: Marti, Mertens, Mitarbeit: Dr. Marie Meierhofer. – K: Ferry Radax, Meierhofer. – S: Marti, Mertens. – T: Werner Konhard. – P: Teleproduction (Zürich). – L: 28 Min. – F: 16 mm, sw. – D-TV: 1961 SFB. – CH-V: Von den Zürcher Behörden verboten.
1962 UNSERE KLEINSTEN. – B: Marti, Mertens, Mitarbeit: Dr.

Marie Meierhofer. – K: Rudolf Menthonnex. – S: Marti, Mertens. – T: Werner Konhard. – P: Teleproduction (Zürich). – L: 17 Min. – F: 16 mm, sw. – CH-V: Teleproduction.

1962 KRIPPENSPIEL. – B: Mimi Scheiblauer. – K: Hans-Peter Roth. – M: Scheiblauer, Schweizer Bambusflötengruppe. – D: Schüler der Taubstummenschule Zürich. – P: Teleproduction (Zürich). – L: 27 Min. – F: 35 mm, sw. – CH-V: Zoom. – D-V: Matthias, Landesbildstellen.

1963 LE PELE. – R: Marti, Moritz de Hadeln, Sandro Bertossa. – B: de Hadeln. – K, S: Ernest Antaria. – T: Werner Konhard. – P: Teleproduction (Zürich). – L: 57 Min. – F: 16 mm, sw. – U: 29. 1. 66 Solothurn. – CH-V: Teleproduction.

1966 URSULA ODER DAS UNWERTE LEBEN. – B: Marti, Mertens, Mitarbeit: Mimi Scheiblauer. Sprecherin: Helene Weigel. – K: Hans-Peter Roth, Rolf Lyssy. – S: Lyssy. – M: Scheiblauer. – P: Teleproduction (Zürich). – L: 88 Min. – F: 35 mm, sw. – U: 1966 Zürich. – CH-TV: 22. 11. 77 (letzte Ausstrahlung). – CH-V: Teleproduction. – D-V: atlas, Matthias.

1973 DIE SELBSTZERSTÖRUNG DES WALTER MATTHIAS DIGGELMANN. – B: Marti, Mertens. – K: Hans-Peter Roth. – S: Hanka Kaminska. – M: Yehoshua Lakner. – T: Marcel Sommerer. – D: Diggelmann. – P: Teleproduction (Zürich). – L: 69 Min. – F: 16 mm, Farbe. – U: 29. 1. 74 Solothurn. – CH-V: Teleproduction.

1974 GEBET FÜR DIE LINKE. – B: Marti, Mertens. – K: Rob Gnant, Hans-Peter Roth, Otmar Schmid, Erich Langjahr. – S: Ines Diacon. – M: Manfred Eysell. – T: Werner Leonhardt. – D: Dom Helder Camara. – P: Teleproduction (Zürich) für Selecta. – L: 28 Min. – F: 16 mm, sw. rot viragiert. – U: 30. 1. 75 Solothurn. – CH-V: Selecta. – D-V: LZB, BAG.

Fredi M(elchior). Murer

Experimental- und Dokumentarfilmregisseur; geb. 1940 in Beckenried. Besuch der Fachklasse Fotografie der KGS Zürich; Abschluß mit Diplom. 1960 Mitarbeit an der Filmausstellung in Zürich. 1964 Mitarbeit an der Exposition nationale Lausanne. 1971 Mitgründer von Nemo-Film. Fotobuch *Jugend zwischen 13 und 20*, Cartoon-Bücher.

1962 MARCEL – TAG EINES ELFJÄHRIGEN. – B, K, S, T, P: Murer. – L: 35 Min. – F: 8 mm, sw.

1963 DER GEFALLENE TURM VON PISA. – B, K, S, T, P: Murer. – L: 15 Min. – F: 16 mm, sw.

1965 PAZIFIK – ODER DIE ZUFRIEDENEN. – B: Murer. – K: Andreas Wolfensberger, Murer. – S: Murer. – M: The onion gook. – P: Pazifik GmbH. – L: 60 Min. – F: 16 mm, sw. – U: 30. 1. 66 Solothurn.

1966 CHICOREE. – B, K, S: Murer. – M: Celly Pastorini. – D: Urban Gwerder (the poet himself), Tina Gwerder, Wanja Gwerder. – P: Murer. – L: 27 Min. – F: 16 mm, Farbe. – U: 22. 1. 67 Solothurn. – DE: 5. 4. 67 Oberhausen. – D-TV: 4. 2. 68 (BR 3). – CH-V: Film-Pool.

1966 BERNHARD LUGINBÜHL. – B, K, S, T: Murer, Mitarbeit: Stephan Portmann. – D: Bernhard Luginbühl. – P: Murer. – L: 23 Min. – F: 16 mm, Farbe. – U: 21. 1. 67 Solothurn. – D-TV: 16. 4. 69 (BR 3). – CH-V: Film-Pool.

1967 BALANCE. – Neufassung einer Episode aus PAZIFIK – ODER DIE ZUFRIEDENEN. – B, K, S: Murer. – D: Augustin Erb. – P: Murer. – L: 12 Min. – F: 16 mm, sw. – CH-V: Film-Pool.

1967 METEORIT. – Neufassung einer Episode aus PAZIFIK – ODER DIE VERLORENEN. – B, K, S, P: Murer.

1967 CENTRE LE CORBUSIER (Das letzte Bauwerk von Le Corbusier). – R: Murer, Jürg Gasser. – L: 30 Min. – F: 16 mm, Farbe.

1968 VISION OF A BLIND MAN. – Experiment von Murer, der mit verbundenen Augen filmt; Mitarbeit: Renzo Schraner, Christian Kurz. – P: Murer. – L: 45 Min. – F: 16 mm, Farbe.

1969 SWISSMADE. Episode 2069 ODER DORT, WO SICH FUTUROLOGEN UND ARCHEOLOGEN GUTE NACHT SAGEN. – B, K, S: Murer. – T: Christian Kurz. – A: H. R. Giger. – D: Esther Altorfer, Hannes Bosshard, Carmen Corti, Sabine Murer, Yvette Erler, Dieter Ackerknecht, Gianni Bacchetta, E. und S. Besmer, Tina Gwerder. – P: Schweiz. Volksbank, Murer und die Regisseure der anderen Episoden, Fritz E. Maeder und Yves Yersin. – L: 104 Min. (Gesamtlänge aller drei Episoden). – F: 35 mm, Farbe. – U: Aug. 1969 Locarno. – DE: 8. 10. 69 Mannheim. – CH-TV: 31. 7. 70. – CH-V: Columbus.

1969 SAD-IS-FICTION. – B: Murer. – K: Murer, Fritz E. Maeder. – S: Renzo Schraner, Murer. – M: The Ministrels, The Coincidence. – D: Alex Sadkowsky. – P: Murer. – L: 43 Min. – F: 16 mm, Farbe. – U: 22. 1. 70 Solothurn. – CH-V: Film-Pool.

1970 LIEBESERKLÄRUNG AN VRENI. – B, K, S: Murer. – L: 5 Min. – F: 16 mm, Farbe.

1972 PASSAGEN – EINE STUDIE ÜBER DEN PHANTASTISCHEN REALISMUS DES SCHWEIZER MALERS H. R. GIGER. – B: Murer. – Ko: Konrad Farner, Fritz Billeter. – K: Murer. – S: Yves Yersin, Murer. – T: Benni Lehmann. – P: Nemo-Film (Zürich), WDR. – L: 50 Min. – F: 16 mm, Farbe. – U: 11. 10. 72 Mannheim. – CH-E: 2. 2. 73 Solothurn. – CH-TV: 5. 2. 73. – D-TV: 6. 5. 73 (WDR 3). – CH-V: Film-Pool, SABZ.

1973 CHRISTOPHER UND ALEXANDER. – B: Murer. – K: Murer, Iwan P. Schumacher. – S: Murer. – M: Jonas C. Haefeli. – T: Benni Lehmann. – D: Christopher und Alexander Franck. – P: Nemo

Film (Zürich), Artco Films (Genf), im Auftrag des Privatbankiers Eric Franck. – L: 46 Min. – F: 16 mm, Farbe. – U: 1. 2. 74 Solothurn. – CH-V: Film-Pool.
1974 WIR BERGLER IN DEN BERGEN SIND EIGENTLICH NICHT SCHULD, DASS WIR DA SIND. – Konzeption: Murer, Jean Pierre Hobby, Georg Kohler. – K: Iwan P. Schumacher. – S: Murer, Eveline Brombacher. – T: Luc Yersin. – P: Nemo Film (Zürich), HB: EDI, SRG, Migros, Kanton Uri, weitere private Geldgeber. – L: 108 Min. – F: 16 mm, Farbe. – U: 31. 1. 75 Solothurn. – DE: 7. 10. 75 Mannheim. – CH-TV: 1. 8. 74 und 30. 5. 75. – D-TV: 29. 6. 77 (BR 3), 7. 1. 76 (WDR 3). – CH-V: Film-Pool. – D-V: Freunde der deutschen Kinemathek.
In Arbeit: GRAUZONE (Spielfilm).

Georg Radanowicz

Dokumentar- und Spielfilmregisseur; geb. 1939 in Aarau. Nach Abitur am Humanistischen Gymnasium 1958 Besuch der Fotoklasse an der KGS Zürich. Mitarbeit an der Filmausstellung 1960. 1961-66 Studium der Architektur an der ETH Zürich, abgeschlossen mit Diplom. Arbeit in einem Mailänder Fotostudio. 1971 Mitgründer von Nemo-Film. 1971-77 Präsident des »Verbandes Schweiz. Filmgestalter«. Mitarbeit bei FLUCHTGEFAHR von Markus Imhoof (1974, Produktionsleitung), FRÜCHTE DER ARBEIT von Alexander J. Seiler (1976, Produktionsleitung).
1960 WAS IST FILM. – B: Radanowicz. – P: KGS Zürich, für die Ausstellung »Was ist Film«. – L: 10 Min.
1961 AM RANDE. – R: Ferry Radax, Radanowicz.
1967 PIC-NIC. – B: Radanowicz, Friedrich Kuhn. – K: Radanowicz, Peter Nebel. – S: Radanowicz. – M: Boogie Woogie. – D: Friedrich Kuhn, Nicolas Bregenzer. – P: Czadinawor Film (Zürich). – L: 8 Min. – F: 16 mm, sw. – U: 1967 Knokke. – CH-E: 19. 1. 68 Solothurn. – CH-V: Film-Pool.
1967 MOTTENSACK. – B, K: Radanowicz, Klaus Zaugg. – S: Radanowicz. – M: Brian Auger. – D: Zaugg, Radanowicz, Albane Navizet, Karin Latry, Gisela Bindel, Bebo Martin, Gianni Quaranta. – P: Fotostudio Zaugg (Mailand). – L: 27 Min. – F: 16 mm, sw. – U: 20. 1. 69 Solothurn. – CH-V: Film-Pool.
1967 GLUMP. – B, K, S: Radanowicz, Peter Schweri. – D: Schweri, Mani Neumeyer. – Unvollendeter experimenteller Werbe-Essay.
1968 13 BERNER MUSEEN. – B: Radanowicz. – K: Radanowicz, Balz Burkhard. – S: Radanowicz. – M: Heinz Bigler. – D: Peter von Wattenwyl. – P: Czadinawor Film (Zürich) für die Berner Museen. – L: 13 Min. – F: 16 mm, Farbe. – U: 1968 Bern. – CH-TV: 1969. – CH-V: Film-Pool.
1968 PAUSENHOF. – P: SRG. – CH-TV: 1968.

1969 22 FRAGEN AN MAX BILL. – B: Radanowicz. – Ko: Claus Bremer. – K: Iwan P. Schumacher. – S: Radanowicz. – M: Brian Auger, Mani Neumeyer. – D: Max Bill. – P: Hans-Peter Walker, Czadinawor Film (Zürich); HB: EDI. – L: 39 Min. – F: 16 mm, Farbe. – U: 9. 6. 69 Bern. – CH-V: Film-Pool.
1970 GRENZWÄCHTER – EIN BERUF? – B: Radanowicz, Franz Rueb. – K: Hans Liechti. – S: Heinz Berner. – D: Werner Zuber. – P: Czadinawor Film (Zürich) für Eidgenössische Oberzolldirektion (Bern). – L: 25 Min. – F: 16 mm, Farbe. – CH-V: Eid. Oberzolldir.
1972 ALFRED R. – EIN LEBEN UND EIN FILM. – B: Giovanni Blumer, Xavier Koller, Urs Lüthi, Radanowicz. – K: Werner Zuber (16 mm), Radanowicz (S8 mm). – S: Heinz Berner, Radanowicz, Zuber. – M: Steve Lacy mit Irène Aebi, Steve Potts, Anton Bruhin. – T: Christoph Wirsing, Zuber. – D: Koller. – P: Czadinawor Brothers + Sisters, Nemo Film (Zürich); HB: EDI, SRG. – L: 90 Min. – F: 16 mm und S8 → 16 mm, sw. – U: 18. 11. 72 Zürich. – DE: 28. 11. 72 Berlin. – CH-TV: 26. 7. 73. – CH-V: Film-Pool.
1976 DAS UNGLÜCK. – B: Radanowicz, Georg Janett, nach der Erzählung *Skizze eines Unglücks* von Max Frisch. – K: Hans Liechti. – S: Fee Liechti. – T: Hans Künzi. – D: Verena Gantner (Marlis), Wolfgang Forester (Viktor). – P: Nemo Film (Zürich) im Auftrag des NDR. – Pl: Georg Janett. – L: 75 Min. – F: 16 mm, Farbe. – U: 25. 1. 77 Solothurn. – CH-TV: 23. 12. 76 und 16. 6. 78. – D-TV: 28. 12. 76 und 18. 8. 78 (ARD).

Francis Reusser

Dokumentar- und Spielfilmregisseur; geb. 1942 in Vevey. Nach Schule und Studium zuerst am Theater, dann Besuch der Fotoschule in Vevey. Mitarbeit am Fernsehen der romanischen Schweiz. In den letzten Jahren verstärkt Arbeit mit Video.
1965 ANTOINE ET CLEOPATRE. – K: Henri Rossier. – D: Yvonne Escher, Robert Scara, Pierre Karlen. – P: Milos-Film (Les Verrières). – L: 20 Min. – F: 16 mm, sw. – U: 22. 1. 67 Solothurn.
1967 MANNEQUIN, MODE ET JAZZ. – P: SSR.
1967/68 QUATRE D'ENTRE ELLE. Episode 22 ANS – PATRICIA. – B: Reusser. – K: Renato Berta. – S: Reusser. – M: The Jets, The Teddy Bears. – D: Teddy Chessex, Serge Maillard, William Jacques, André Schmidt, Patricia Moraz, Jacques Gardel. – P: Milos-Films (Les Verrières). – L: ca. 20 Min. – F: 16 → 35 mm. – U: 26. 1. 69 Solothurn. – DE: 21. 1. 68. – U: 12. 10. 68 Mannheim. – CH-E: 26. 1. 69 Solothurn. – CH-TV: 19. 8. 71. – CH-V: Film-Pool.
1968 VIVE LA MORT. – B: Patricia Moraz, Reusser. – K: Renato Berta. – S: Reusser. – M: Patrick Moraz. – T: Luc Perini. – D: Fran-

çoise Prouvost, Edouard Miermans, André Schmidt, Erika Dentzler, Jean Mars. – P: Milos-Films (Les Verrières). – L: 85 Min. – F: 35 mm, Farbe. – U: Mai 69 Genf. – DE: 9. 10. 69 Mannheim. – CH-V: Film-Pool.

1969 ANNE-MARIE JEUDI. – B: Reusser. – K: Renato Berta. – D: Anne-Marie Michel. – P: Reusser; HB: Milos-Films (Les Verrières). – L: 20 Min. – F: 16 mm, Farbe. – U: 24. 1. 70 Solothurn.

1969 UN FILM EN CHANTIER. – B: Reusser. – K: Reusser, Alain Miéville, François Bertin. – S: Anne-Marie Michel, Reusser. – T: Roger Tanner. – D: Anne-Marie Michel, Michel Viala, Nathalie Viala. – P: Cineatelier (Vaugondry), Milos-Films (Les Verrières). – L: 24 Min. – F: 16 mm, Farbe.

1970 BILADI, UNE REVOLUTION!. – B: J. P. Garnier, Reusser. – K: Reusser. – S: Brigitte Sousselier. – M: Palästinensische Volkslieder. – P: Cineatelier (Vaugondry), Milos-Films (Les Verrières); HB: Palästinensische Befreiungsfront. – L: 50 Min. – F: 35 mm, sw. – U: Aug. 70 Locarno. – DE: 8. 10. 70 Mannheim. – CH-V: Film-Pool.

1973 LE QUARTIER D'OSIRIS. – B: Reusser. – K: Hugues Ryffel. – S: Edwige Weiss. – M: Denise Leteurneur. – P: Cadia SA (Genf), Universität Genf. – L: 32 Min. – F: 16 mm, Farbe. – U: 30. 1. 74 Solothurn. – DE: 26. 4. 74 Oberhausen.

1975 LE GRAND SOIR. – B: Jacques Baynac, Patricia Moraz, Reusser. – K: Renato Berta. – S: Edwige Ochsenbein. – T: Luc Yersin. – D: Jacqueline Parent (Léa), Niels Arestrup (Léon), Arnold Walter, Fernand Berthet, Roland Sassi. – P: Artco Film (Genf), Cadia (Lausanne), C.E.C.R.T. (Paris). – L: 95 Min. – F: 35 mm, Farbe. – U: 6. 8. 76 Locarno. – CH-V: Ideal, SSVK.

In Arbeit: MEMENTO.

Hans-Ulrich Schlumpf

Dokumentarfilmregisseur; geb. 1939 in Zürich-Seefeld. Nach Abitur und einjährigem Aufenthalt als Fotograf in Paris 1963-1969 Studium der Kunstgeschichte, abgeschlossen durch Dissertation *Das Gestirn über der Stadt – Ein Motiv im Werk von Paul Klee.* 1970-1973 Geschäftsführer, 1973-1975 Vizepräsident des »Vereins für ein Schweizerisches Filmzentrums«. 1972-76 Redaktion des *Schweizer Filmkatalogs.* Seit 1977 Mitglied bei Nemo-Film. Mitarbeit bei VOLKSMUND ODER MAN IST, WAS MAN ISST von Markus Imhoof (1971, Ton).

1966 FORTSCHRITT – NACH UNS DIE WÜSTE. – B, K, S: Schlumpf. – M: Béla Bartok, Frank Martin, Igor Strawinsky. – T, P: Schlumpf; HB: World Wildlife Fund. – L: 25 Min. – F: 16 mm, sw. – U: 26. 5. 66 Zürich. – CH-TV: Dez. 66.

1968 WEITER. – B: Schlumpf. – K: Freddy Knubel. – S: Peter P. Lendi, Schlumpf. – T: Schlumpf. – D: Maya Speth, Martin Kempf.

– P: Schlumpf. – L: 5 Min. – F: 16 mm, sw. – U: 24. 1. 69 Solothurn. – CH-TV: 3. 2. 69. – CH-V: Film-Pool.

1970 SAG MIR, WO DU STEHST. – B, K, S: Schlumpf. – M: Klaus König. – P: Schlumpf. – L: 5 Min. – F: 16 mm, Farbe. – U: 28. 1. 71 Solothurn. – DE: 30. 4. 71 Oberhausen. – CH-TV: 16. 9. 71. – CH-V: Film-Pool.

1973 ANDRÉ-FRANÇOIS MARESCOTTI. – B: Schlumpf. – K: Hans Liechti. – S: Heinz Berner. – M: André-François Marescotti. – T: Stanislaw Hromadnik. – P: Ciné-Groupe (Zürich) für SUISA, SRG, Pro Helvetia. – L: 15 Min. – F: 16 mm, Farbe. – U: 6. 3. 74 Zürich. – CH-TV: 28. 7. 74. – CH-V: Pro Helvetia, SUISA.

1973 KLAUS HUBER VOM 24. BIS 27. SEPTEMBER 1973 ANLÄSSLICH DER PROBEN ZUR URAUFFÜHRUNG SEINES WERKES »JOT – ODER WANN KOMMT DER HERR ZURÜCK« MIT DER DEUTSCHEN OPER BERLIN IN DER ORANGERIE DES SCHLOSSES CHARLOTTENBURG. – B: Schlumpf. – K: Pio Corradi. – S: Franziska Wirz. – M: Klaus Huber. – T: Peter Pfister. – P: Ciné-Groupe (Zürich) für SUISA, SRG, Pro Helvetia. – Pl: Ernst Schilling. – L: 18 Min. – F: 16 mm, Farbe. – U: 6. 3. 74 Zürich. – CH-TV: 24. 10. 75. – CH-V: Pro Helvetia, Suisa.

1973 ARMAND SCHULTHESS – J'AI LE TELEPHONE. – B: Schlumpf. – K und Trick: Kurt Aeschbacher. – S: Schlumpf. – M: Enrico Toselli. – T: Wachsplattenaufnahmen von Armand Schulthess. – P: Schlumpf; HB: EDI, SRG, Pro Helvetia. – L: 55 Min. – F: 16 mm, Farbe. – U: 2. 2. 74 Solothurn. – DE: 10. 10. 74 Mannheim. – CH-TV: 16. 5. 74. – CH-V: Film-Pool.

1974 PLANUNG AUF RUINEN. – B: Schlumpf, Beratung: Giorgio Crespo. – K: Pio Corradi. – S: Franziska Wirz. – M: Bruno Spoerri. – T: Werner Steiner. – P: Ciné-Groupe (Zürich) für SRG, Pro Helvetia. – Pl: Edi Hubschmid. – L: 15 Min. – F: 16 mm, Farbe. – CH-TV: 19. 3. 75. – CH-V: SSVK. – Aus der Serie *Eine Zukunft für unsere Vergangenheit.*

1974 BETON-FLUSS. – B: Schlumpf, Beratung: Giorgio Crespo. – K: Pio Corradi. – S: Franziska Wirz. – M: Bruno Spoerri. – T: Stanislaw Hromadnik. – P: Ciné-Groupe (Zürich) für SRG, Pro Helvetia. – Pl: Ernst Schilling. – L: 15 Min. – F: 16 mm, Farbe. – U: 1. 2. 75 Solothurn. – DE: 6. 5. 75 Oberhausen. – CH-TV: 19. 2. 75. – CH-V: Film-Pool, SSVK.

1976/77 DIE BÜHNE IM DORF, DAS DORF AUF DER BÜHNE. – R, B: Schlumpf und Paul Hugger. – K: Pio Corradi. – S: Anina Schmutz-Kenner. – T: Florian Eidenbenz. – P: SRG. – L: 61 Min. – F: 16 mm, Farbe. – CH-E: 25. 1. 78 Solothurn. – CH-TV: 10. 10. 77.

In Arbeit: KLEINE FREIHEIT (Dokumentarfilm).

Daniel Schmid

Spielfilmregisseur; geb. 1941 in Flims. Nach Abitur 1962 Studium der Geschichte, Politologie, Publizistik und Kunstgeschichte. 1965 Studienreisen nach USA und Mexiko. 1966-69 Studium an der Deutschen Film- und Fernsehakademie Berlin. Regieassistenz bei Peter Lilienthal. Beiträge für Sender Freies Berlin. Mitarbeit bei Werner Schröter und Rainer Werner Fassbinder (DER HÄNDLER DER VIER JAHRESZEITEN). Darsteller in HÄNDLER, DER AMERIKANISCHE FREUND von Wim Wenders, UNE FEMME DANGEREUSE von P. Chereau. 1978 Cabaret-Inszenierung in Paris: *Ingrid Caven chante.*

1969 MIRIAM. – Kurzfilm an der DFFB. – L: 11 Min.

1970 THUT ALLES IM FINSTERN, EUREM HERRN DAS LICHT ZU ERSPAREN. – B: Schmid. – K: Gerard Vandenberg. – S: Ila von Hasperg. – T: Hartmut Kunz. – D: Igor Joszà (Diener), Isabella Morellato (Principessa), Stella Longo, Jenny Capuler. – P: Iduna Film für Bayerischen Rundfunk. – L: 45 Min. – F: 16 mm, Farbe. – CH-E: 27. 2. 72 Solothurn. – DE: Juni 71 Hof. – D-TV: 10. 1. 71 (BR 3).

1972 HEUTE NACHT ODER NIE. – B: Schmid. – K: Renato Berta. – S: Ila von Hasperg. – M: Grieg, Offenbach, Verdi, Saint-Saens, Rosita Serano. – T: Jeti Grigioni. – D: Ingrid Caven, Voli Geiler, Peter Chatel, Igor Joszà, Peter Kern, Harry Baer, Peter-Christian Bener, Béatrice Stoll, Viktor Latscha, Anna Fadda, Angelika Pross, Bohumil Octabecz, Irène Olgiati, Leonie Küng, Liz Panama, Peter Hartmann, Silvio Pasquarelli, Rosy-Rosy. – P: Schmid. – L: 90 Min. – F: 16 mm, Farbe. – U: Sept. 72 Venedig. – CH-E: 3. 2. 73 Solothurn. – DE: 11. 10. 72 Mannheim. – CH-TV: 31. 5. 74. – CH-V: Film-Pool. – D-V: Filmverlag.

1973/4 LA PALOMA. – B: Schmid. – K: Renato Berta. – S: Ila von Hasperg. – M: Gottfried Hünsberg. – T: Luc Yersin. – D: Ingrid Caven (Viola Schlump, »La paloma«), Peter Kern (Graf Isidor Palewski), Peter Chatel (Raoul, Liebhaber), Bulle Ogier (Gräfin Palewski), Jérôme-Olivier Nicolin, Béatrice Stoll, Ludmilla Tucek, Manon, Irene Olgiatti, Roland Jouby, Pierre Edernac, Peter-Christian Bener. – P: Citel-Films (Genf), Artco Films (Genf), Les films du Losange (Paris); HB: EDI. – L: 110 Min. – F: 35 mm, Farbe. – U: Mai 74 Cannes. – CH-E: 9. 8. 74 Locarno. – DE: 10. 10. 74 Mannheim. – CH-TV: 3. 10. 74 (DRS; Ausschnitte), 11. 2. 77 (DRS). – CH-V: Majestic.

1975 SCHATTEN DER ENGEL. – B: Schmid, Rainer Werner Fassbinder, nach dessen Stück *Der Müll, die Stadt und der Tod.* – K: Renato Berta. – S: Ila von Hasperg. – M: Peer Raben, Gottfried Hünsberg. – T: Günther Kortwich. – A: Raul Gimenez. – D: Ingrid Caven (Lily Brest), Fassbinder (Raoul), Klaus Löwitsch (Jude), Annemarie Düringer, Adrian Hoven, Boy Gobert, Ulli Lommel, Jean-

Claude Dreyfuss, Irm Herrmann, Debria Kalpataru, Hans Gratzer, Peter Chatel, Ila von Hasperg, Gail Curtis, Christine Jirku, Raul Gimenez, Alexander Allerson, Harry Baer. – P: Albatros (München), Artco Films (Genf). – L: 105 Min. – F: 35 mm, Farbe. – U: 31. 1. 76 Solothurn. – DE: 3. 9. 76 München. – D-TV: 7. 5. 76 (HR 3). – CH-V: Ideal. – D-V: Filmverlag, atlas.
1977 VIOLANTA. – B: Wolf Wondratschek, Schmid, nach der Novelle *Die Richterin* von Conrad Ferdinand Meyer. – K: Renato Berta. – S: Ila von Hasperg. – M: Peer Raben. – T: Florian Eidenbenz. – A: Raul Gimenez. – D: Lucia Bosé (Violanta), Maria Schneider (Laura), Lou Castel (Silver), Ingrid Caven (Alma), Gérard Depardieu, François Simon, Raul Gimenez, Luciano Simioni. – P: Condor (Zürich), Artco Films (Genf); HB: EDI, SRG. – Pl: Max Dora. – L: 100 Min. – F: 35 mm, Farbe. – U: 1977 San Sebastian. – CH-E: 15. 3. 78 Zürich. CH-V: Monopol-Pathé.

Hans Helmut Klaus Schoenherr

Experimentalfilmemacher; geb. 1936 in Nordhausen (heute DDR). 1956-61 Hochschule für bildende Künste Hamburg. 1962/3 Aufenthalt in Südfrankreich. Seit 1963 in Zürich. Nach erfolglosen Kontakten mit deutschen Produzenten ab 1966 unabhängiger Filmemacher. 1967 Teilnahme in Knokke. Anreger und Mitveranstalter des 1. Europäischen Treffens unabhängiger Filmemacher in München 1968. Gründung der Zeitschrift *supervisuell* (6 Nummern). 1972 Rundreise mit Programm Schweizer Experimentalfilm durch Deutschland, Holland und England.
1966/67 THALER'S, MEIER'S, SADKOWSKY'S LIFE IN THE EVENING. – B, K, S, M, T, P: HHK Schoenherr. – L: 28 Min. – F: 16 mm, Farbe, 16 B/s. – U: 29. 12. 67 Knokke. – CH-E: 18. 3. 68 Zürich. – DE: 17. 2. 68 Hamburg. – V: Schoenherr.
1966/67 DAS GESICHT DER ALTEN FRAU, DIE SUPPENTERRINE, VRENI KELLER SPRICHT UND DER POPO DER MADAME. – B, K, S, M, T, P: Schoenherr. – L: 30 Min. – F: 16 mm, Farbe, 16 B/s. – U: 28. 12. 67 Knokke. – CH-E: 18. 3. 68 Zürich. – DE: 17. 2. 68 Hamburg. – V: Schoenherr.
1967 PLAY. – B, K, S, M, T, P: Schoenherr. – L: 12 Min. – F: 16 mm, Farbe, 16 B/S. – U: 17. 2. 68 Hamburg. – CH-E: 18. 3. 68. – V: Schoenherr.
1967 4 MINUTENNACHMITTAG. – K, S: Raphaela Schoenherr. – M, T, P: Schoenherr. – L: 4 Min. – F: S8 mm, Farbe, 18 B/s. – U: 17. 2. 68 Hamburg. – CH-E: 18. 3. 68 Zürich. – V: Schoenherr.
1967 WAS SUCHST DU IN DER SCHUBLADE? – B, K, S, M, T, P: Schoenherr. – L: 50 Min. – F: S8 mm, Farbe, 18 B/s. – U: 17. 2. 68 Hamburg. – CH-E: 18. 3. 68 Zürich. – V: Schoenherr.
1967/68 SONATE: GRAUBILD/FRAUBILD/BLAUBILD &

WEISSKADER. – B, K, S, M, T, P: Schoenherr. – L: 9 Min. – F: 16 mm, Farbe, 16 B/s. – U: 26. 4. 68 Wien. – DE: 5. 6. 69 Frankfurt am Main. – V: Schoenherr.

1967/68 AUTOPORTRAIT. – B, K, S, M, T, P: Schoenherr. – L: 130 Min. – F: 16 mm, Farbe, 16 B/s. – U: 28. 6. 68 Zürich. – DE: Sept. 68 Hamburg. – V: Schoenherr.

1968 KLEINBÜRGERLICHES DRACULA-IDYLL AM FAMILIENTISCH. – B, K, S, M, T: Schoenherr. – P: Ernst Schmidt, Schoenherr. – L: 9 Min. – F: 16 mm, Farbe, 16 B/s.

1968 GEDANKEN BEIM BEFÜHLEN EINER MÄDCHENHAUT. – B, K, S: Schoenherr. – M: Johann Sebastian Bach. – T, P: Schoenherr. – L: 21 Min. – F: 16 mm, Farbe, 16 B/s. – U: 12. 11. 68 München. – CH-E: 31. 5. 69 Luzern. – V: Schoenherr.

1969 PLAY 2 & 3. – B, K, S, M, T, P: Schoenherr. – L: 24 Min. – F: 16 mm, Farbe, 16 B/s. – U: 12. 11. 68 München. – CH-E: 31. 5. 69 Luzern. – V: Schoenherr.

1969 SUPERVISUELL. – B, K, S, M, T, P: Cli-Cli, Schoenherr. – L: 8 Min. – F: 16 mm, Farbe, 16 B/s. – U: 7. 3. 69 Hamburg. – CH-E: 31. 6. 69 Zürich. – V: Schoenherr.

1969 METERMASS KAPUTT. – B, K: Raphaela Schoenherr. – S, M, T, P: Schoenherr. – L: 10 Min. – F: 16 mm, Farbe, 24 B/s. – U: 7. 3. 69 Hamburg. – CH-E: 31. 6. 69 Luzern. – V: Schoenherr.

1969 DAS PORTRAIT DER CORDULA. – B, K, S, M, T, P: Schoenherr. – L: 16 Min. – F: 16 mm, Farbe, 16 B/s. – U: 5. 6. 69 Frankfurt am Main. – CH-E: 23. 1. 70 Solothurn. – V: Schoenherr.

1969 PLAY 4 & 5. – B, K, S, M, T, P: Schoenherr. – L: 18 Min. – F: 16 mm, sw, 24 B/s. – U: 12. 8. 69 Avignon. – CH-E: 23. 1. 70 Solothurn. – DE: 19. 9. 70 Hamburg. – V: Schoenherr.

1969 PLAY 6. – B, K, S, M, T, P: Schoenherr. – L: 6 Min. – F: 16 mm, sw, 24 B/s. – U: 2. 3. 70 Köln. – V: Schoenherr.

1969 PLAY 7. – B, K, S, M, T, P: Schoenherr. – L: 6 Min. – F: 16 mm, sw, 16 B/s. – V: Schoenherr.

1969 PLAY 8. – B, K, S, M, T, P: Schoenherr. – L: 10 Min. – F: 16 mm, sw, 16 B/s. – V: Schoenherr.

1969 PLAY 9. – Ein Buchfilm: 500 Seiten DIN 4 ergeben beim Blättern einen Film.

1970 DAYDREAM. – B, K, S, M, T, P: Schoenherr. – D: zufällig herumstehende Personen. – P: Schoenherr. – L: 84 Min. – F: 16 mm, Farbe, 16 B/s. – U: 12. 2. 70 Zürich. – DE: 18. 9. 70 Hamburg. – V: Schoenherr.

1970 HINWEISAKTIONEN. – B: Schoenherr. – K: Fernsehleute. – D: Hilmar Hoffmann, Peter W. Jansen, Wilhelm Roth. – P: Roth. – L: 3 Min. – F: 16 mm, sw, 24 B/s. – U: 17. 9. 70 Hamburg. – CH-E: 28. 1. 72 Solothurn. – V: Schoenherr.

1970 PORTRÄT KURT KREN. – B, K, S, M, T: Schoenherr. – D:

Kurt Kren. – P: Schoenherr. – L: 8 Min. – F: S8 mm, Farbe, 18 B/s. – U: 1970 Zürich. – V: Schoenherr.

1971 DAS KAPUTTE KINO. – B, K, S, T: Schoenherr. – D: Raphaela und HHK Schoenherr, Vorstadtkinder. – P: Schoenherr. – L: 12 Min. – F: 35 mm, sw. – U: 4. 10. 71 Mannheim. – CH-E: keine. – D-TV: 4. 10. 71 (HR 3). – V: Schoenherr.

1972 UNTEN IM FUCHSLOCH AUF DEM KALTACKER IM EMMENTAL. – B, K, S, M, T: Schoenherr. – D: Gorgon und Rhaban Haas, Raphaela Schoenherr. – P: Schoenherr. – L: 12 Min. – F: 16 mm, Farbe, 18 B/s. – U: 4. 6. 72 Hamburg. – CH-E: keine. – V: Schoenherr.

1971/72 BILDABLÄUFE. – B: Schoenherr. – K, S, M, T, P: Sigrid und HHK Schoenherr, Zoom-Prinzip: Peter Schoenherr. – L: 4 Min. – F: 16 mm, sw, 24 B/s. – U: 28. 1. 72 Solothurn. – DE: 4. 6. 72 Hamburg. – V: Schoenherr.

1973 PLAY 20. – B, K, S, M, T: Schoenherr. – P: Deutsche Oper Berlin, Schoenherr. – L: 24 Min. – F: 16 mm, sw, 24 B/s. – U: 27. 9. 73 Berlin. – CH-E: 11. 3. 78 Zürich. – V: Schoenherr.

1974 DAS NERVÖSE KINO. – B, K, S, M, T, P: Schoenherr. – L: 20 Min. – F: 16 mm, Farbe, 16 B/s. – U: 28. 12. 74 Knokke. – CH-E: keine. Zürich. – V: Schoenherr.

1974 PLAY 22. – B: Schoenherr. – K: Raphaela und HHK Schoenherr. – S, M, T, P: Schoenherr. – L: 6 Min. – F: 16 mm, sw, 24 B/s. – V: Schoenherr.

1974 DAS SCHWARZE KINO. – B: Schoenherr. – K: Sigrid Schoenherr. – S, M, T: Sigrid und HHK Schoenherr. – P: Schoenherr. – L: 7 Min. – F: 16 mm, Farbe, 18 B/s. – V: Schoenherr

1977 ICH HASSE, ICH LIEBE FILM. – B, K, S, M: Raphaela Schoenherr. – T: Schoenherr. – D: Raphaela und HHK Schoenherr. – P: Schoenherr. – L: 6 Min. – F: 16 mm, Farbe, 24 B/s. – V: Schoenherr.

1977 PLAY 27. – B, K, S, M, T, P: Schoenherr. – L: 12 Min. – F: 16 mm, Farbe, 16 B/s. – V: Schoenherr.

1974/77 ROBERT WALSER. – B, K, S, M, T: Schoenherr. – D: Peter Ziegel, Niklaus Meienberg, Adolf Muschg, Raphaela Schoenherr. – P: Nemo Film (Zürich), Schoenherr; HB: EDI, Kanton Zürich, Stadt Zürich. – L: 90 Min. – F: 16 mm, Farbe, 24 B/s. – U: 26. 1. 78 Solothurn. – DE: 14. 4. 78 Berlin. – V: Schoenherr.

Sebastian C. Schroeder

Dokumentarfilmregisseur, Kameramann; geb. 1939 in Berlin. Nach höherer Schule Studium der Architektur, abgeschlossen mit Diplom. Als Filmemacher Autodidakt. Seit 1967 viele »Home-Movies«, u. a. MR. EICHHORN'S GOLFBALL, BALOON JOB, DIE MAUER, DUCK DUCK, STATUS SYMBOL, COLLAGE NO. 1, AMEISEN UND TOTE ENTEN. Kameramann bei

WER EINMAL LÜGT ODER VIKTOR UND DIE ERZIEHUNG von Alexander Seiler und June Kovach, DIE FRÜCHTE DER ARBEIT von Seiler, VERGLICHEN MIT FRÜHER von Iwan P. Schumacher und bei Rudolfs Thomes Südseefilm. Mitglied bei Nemo-Film.

1971 UNTERSCHÄTZEN SIE AMERIKA NICHT. – B: Schroeder. – K: Alton Walpole, Schroeder. – S: Schroeder. – M: Gilbert Gfeller. – P: Schroeder. – L: 27 Min. – F: 16 mm, Farbe. – U: 27. 1. 72 Solothurn. – DE: 26. 4. 72 Oberhausen. – CH-V: Film-Pool. – D-V: LZB, BAG.

1972 CINEMA. – B, K, S: Schroeder. – T: Jean-Charles Blanc. – P: Schroeder. – L: 3 Min. – F: 16 → 35 mm, Farbe. – U: 2. 2. 73 Solothurn. – DE: 14. 4. 73 Oberhausen. – CH-TV: 18. 10. 73. – CH-V: Film-Pool.

1973 DER BUCHEGGPLATZ Z. B. – B, K, S: Schroeder. – T: Roland Huber. – P: Nemo-Film (Zürich). – L: 11 Min. – F: 16 mm, sw. – U: 3. 2. 74 Solothurn. – CH-V: Film-Pool.

1974 MAN SOLLTE DABEI SEIN KÖNNEN. – B, K, S, P: Schroeder. – DE: April 74 Oberhausen.

1976 DAS SCHWEIZERISCHE FREILICHTMUSEUM BALLENBERG. – B: Schroeder. – K: Friedrich Kappeler, Schroeder. – S: Schroeder. – T: Kappeler, Jürg von Allmen. – P: Nemo-Film (Zürich) für die Stiftung Schweiz. Freilichtmuseum Ballenberg; HB: Pro Helvetia. – L: 18 Min. – F: 16 mm, Farbe.

1977 DER BRONZEGUSS. – K: Schroeder. – P: Schweiz. Gesellschaft für Volkskunde (Basel). – L: 37 Min. – F: 16 mm, Farbe. – CH-V: Gesellschaft.

1977 SÜDSEEREISE ODER »DAS GLEICHZEITIG AM GLEICHEN ORT STATTFINDENDE GLÜCK«. – B: Schroeder. – K: Hans Liechti. – S: Schroeder. – M: Hawai Musik 101 Strings. – T: Florian Eidenbenz. – D: Schroeder (Sebastian), Ursula Klar (Ursula), Philipp Nicolas (Kind), Eva Bischofberger, Dry Cleaner X, Bice Curiger, Simone Hassler, Irene Hupfer, Hannes Ineichen, Marie-Therese Menzel, Christian Prohaska, Heinrich Schärer, H. H. K. Schoenherr, Robert Senti, Rico Somaini, Charles Vagnières, Alton Walpole. – P: Nemo-Film (Zürich); HB: Ursula Klar. – L: 80 Min. – F: 16 mm, sw. – U: 26. 1. 78 Solothurn. – CH-V: Schroeder.

Ulrich Schweizer

Dokumentarfilmregisseur; geb. 1941 in Steffisburg. 1957-60 Lehre als Fotograf. 1960-62 Volontär bei Telepressfilm in Lausanne. Seit 1963 freier Filmschaffender. 1963-66 Filmberichte für das Fernsehen.

1963 DIE GLASMACHER VON BIDA. – R, B: René Gardi, Schweizer. – K, S, T: Schweizer. – P: Gardi. – L: 25 Min. – F: 16 mm, Farbe. – U: Nov. 63 Bern. – DE: 30. 11. 63 Braunschweig. – CH-V: Gardi.

1964 VOLK OHNE LAND. – B, K, S: Schweizer. – T: Max Hirschburger. – P: Bund Schweiz. Armenierfreunde. – L: 49 Min. – F: 16 mm, Farbe. – U: 12. 10. 64 Bern. – CH-V: Schweizer.
1965 URS. – Kinderspielfilm. – B: Hans Trommer, nach dem Roman von Werner Güttinger. – K: Roland Bertschinger. – S: Schweizer, Kurt Gfeller. – M: Klaus Sonnenburg. – T: Gfeller. – D: Regula Briner, Jacques Zimmermann, Walti Blum, Ueli Luginbühl, Ruth Schonthal. – P: Filba (Basel). – L: 60 Film. – F: 16 mm, sw. – U: Okt. 75 Ostermundingen. – CH-V: Filba.
1966 DIE LETZTEN KARAWANEN. – R, B: René Gardi, Schweizer. – Ko: Gardi. – K, S: Schweizer. – M: Klaus Sonnenburg. – T: Schweizer. – P: Gardi; HB: EDI. – L: 85 Min. – F: 16 mm, Farbe. – U: 22. 10. 66 Bern. – DE: 1968 St. Augustin. – CH-V: Columbus, Gardi.
1968/69 EIN ERSTER SCHRITT. – B, K, S, T: Schweizer. – P: Schweizer, KEM. – L: 25 Min. – F: 16 mm, Farbe. – U: 22. 10. 69 Bern. – CH-V: Zoom.
1968/69 ÜBERLEBEN. – B, K, S, T: Schweizer. – P: Schweizer, KEM. – L: 20 Min. – F: 16 mm, Farbe. – U: 22. 10. 69 Bern. – CH-V: Zoom.
1968/69 STADT H. – B, K, S, T: Schweizer. – P: Schweizer, KEM. – L: 16 Min. – F: 16 mm, Farbe. – U: 22. 10. 69 Bern. – CH-V: Zoom. – D-V: Matthias.
1968/69 BEGEGNUNG. – B, K, S, T: Schweizer. – P: Schweizer, KEM. – L: 16 Min. – F: 16 mm, Farbe. – U: 22. 10. 69 Bern. – CH-V: Zoom. – D-V: Deutsche Ostasienmission.
1971 KATUTURA. – B, K, S, T: Schweizer. – P: Schweizer, KEM. – L: 38 Min. – F: 16 mm, Farbe. – U: 24. 2. 72 Bern. – DE: 12. 4. 73 Oberhausen. – CH-V: Zoom. – D-V: LZB, Matthias.
1975 AFRICAN RIVIERA – ENTWICKLUNG WOHIN. – B, K, S: Schweizer. – T: Peter Haller, Schweizer. – P: Schweizer, KEM. – L: 45 Min. – F: 16 mm, sw. – U: 27. 5. 75 Zürich. – DE: 24. 1. 76 Berlin. – CH-V: Film-Pool, Zoom, Schweizer. – D-V: LZB, Matthias.
1976 BERN TRANSIT. – B: Schweizer, Oskar Pfenninger. – K: Marcel Schwab, Schweizer. – S: Schweizer. – M: Werner Walter. – T: Danièle Schweizer. – P: Schweizer, KEM. – L: 80 Min. – F: 16 mm, Farbe. – U: 12. 1. 77 Ostermundingen. – DE: 15. 10. 77 Mannheim. – CH-V: Zoom, Schweizer.

Alexander J. Seiler

Dokumentarfilmregisseur; geb. 1928 in Zürich. Nach Abitur Mitarbeit am Schauspielhaus und Filmclub in Zürich. Studium der Literatur, Philosophie, Soziologie in Basel, Paris und München. 1953-55 Theater-, Film- und Literaturjournalist in Basel. Studienabschluß und Promotion in Wien; Dissertation *Idee und Erscheinung des Dramas bei Jean Giraudoux*. 1958-60 Journalist in Zürich und Basel. Seit 1961 Filmemacher, Zusammenarbeit mit Rob Gnant und June Kovach. 1962 Gründung der »Seiler + Gnant-Filmproduktion«. Seit 1965 filmpolitische Tätigkeit, u. a. als Sekretär des »Verbandes schweiz. Filmgestalter« (1966-69), Gründungsmitglied des »Schweizerischen Filmzentrums« und Präsident des Filmrates (1976/77). 1971 Mitgründer der Nemo-Film. Neben Tätigkeit als Filmschaffender vielfältige publizistische Aktivitäten; 1967-69 regelmäßige Filmkolumne in der »Weltwoche«.

1961 AUF WEISSEM GRUND. – B: Seiler. – K: Fritz E. Maeder. – S: Seiler, June Kovach, Maeder. – M: Oskar Sala. – P: Kurt Blum für Schweiz. Verkehrzentrale (SVZ). – L: 10 Min. – F: 35 mm, Farbe. – U: Jan. 62 Zürich. – DE: Juni 62. – CH-V: SVZ, SSVK. – D-V: Constantin.

1962 IN WECHSELNDEM GEFÄLLE. – R: Seiler, Rob Gnant. – B: Seiler. – K: Gnant. – S: Seiler, June Kovach. – M: Oskar Sala. – P: Seiler, in Zusammenarbeit mit SVZ. – L: 12 Min. – F: 35 mm, Farbe. – U: 8. 12. 62 Zürich. – DE: 1963. – CH-V: Unartisco, SSVK, SVZ. – D-V: Constantin.

1964 ENTWICKLUNGSHILFE. – B, K, S: Seiler. – L: 10 Min. – F: 16 mm, Farbe. – P: Seiler + Gnant für Exposition nationale Lausanne. – U: Mai 64 Lausanne.

1964 SIAMO ITALIANI. DIE ITALIENER. – R, B: Seiler, Rob Gnant, June Kovach. – K: Gnant. – S: Seiler, Gnant, Kovach. – T: Kovach. – P: Seiler + Gnant. – L: 79 Min. – F: 16 → 35 mm, sw. – U: 19. 9. 64 Zürich. – DE: 30. 6. 65 Berlin. – CH-TV: 2. 12. 69. – D-TV: 22. 10. 66 (NDR 3), 12. 11. 66 und 27. 12. 67 (BR 3). – CH-V: Film-Pool.

1966 MIXTUREN. – R, B: Seiler, Rob Gnant. – K: Gnant. – S: Seiler. – M: Oskar Sala. – T: Seiler. – D: Sala. – P: Seiler + Gnant für NDR. – L: 17 Min. – F: 16 mm, sw. – CH-E: 21. 1. 67 Solothurn. – D-TV: 29. 10. 66 (NDR 3). – CH-V: Film-Pool.

1966 IM LAUF DES JAHRES. Volksbräuche in der Schweiz. – R, B: Seiler, Rob Gnant. – K: Gnant. – S: June Kovach, Seiler. – M: Volksmusik. – T: Seiler, Kovach. – P: Seiler + Gnant für SVZ. – L: 25 Min. – F: 35 mm, Farbe. – U: 21. 1. 67 Solothurn. – CH-TV: 14. 4. 74. – CH-V: Nemo-Film, SVZ, SSVK.

1967 ... VIA ZÜRICH. – R: Seiler, Rob Gnant. – B: Seiler, Gnant, June Kovach. – K: Gnant. – S: Seiler, Kovach. – M: Mozart, Ravel. – T: Seiler, Hans Stürm. – D: Gaye Fulton, Barry McGrath, Orchester und Chor des Opernhauses Zürich, Leitung: Christian Vöchting. – P: Seiler + Gnant für Verkehrsverein Zürich. – L: 13 Min. – F: 35 mm, Farbe. – U: 21. 4. 67 Zürich. – DE: Anfang 68. – CH-V: SVZ, SSVK, Swissair. – D-V: United Artists.

1967 MUSIKWETTBEWERB. – R, B: Seiler, Rob Gnant, June

Kovach. – K: Gnant, Fritz E. Maeder, Hans Stürm. – S: Seiler, Kovach. – M: Bach, Mozart, Beethoven, Schumann, Chopin, Strawinsky, Liszt, Frank Martin. – T: Werner Walter, Hermann Wetter. – D: Jury und Kandidaten des Internationalen Musikwettbewerbes Genf 1966, das Orchestre de la Suisse Romande, Leitung: Jean-Marie Auberson. – P: Seiler + Gnant für NDR. – L: 72 Min. – F: 16 mm, sw. – CH-E: 21. 1. 68 Solothurn. – CH-TV: 20. 6. 68. – D-TV: 17. 1. 67 (NDR 3), 7. 11. 67 (BR 3), 25. 3. 69 (ARD). – CH-V: Film-Pool.

1968 FIFTEEN. – R, B: Seiler, Rob Gnant, June Kovach. – K: Gnant. – S: Seiler, Kovach. – T: Kovach. – D: Joan Sonberg, Suzanne Perrotett, Nina. – P: Seiler + Gnant für BR 3. – L: 20 Min. – F: 16 mm, sw. – CH-E: 25. 1. 69 Solothurn. – CH-TV: 19. 11. 70. – D-TV: 28. 9. 69 (BR 3). – CH-V: Film-Pool, Zoom.

1971 UNSER LEHRER. – B: Seiler, Peter Bichsel. – Ko und Sprecher: Bichsel. – K: Rob Gnant, Fritz E. Maeder. – S: Seiler. – T: Hans Künzi. – D: Eine 4. Klasse der Städtischen Primarschule Zürich und ihr Lehrer André Schmidt. – P: Seiler + Gnant für SRG. – L: 48 Min. – F: 16 mm, sw. – CH-E: 30. 1. 72 Solothurn. – DE: 7. 10.71 Mannheim. – CH-TV: 3. 9. 71. – D-TV: 24. 10. 71 (BR 3). – CH-V: Film-Pool, SABZ. – D-V: BAG.

1973 WER EINMAL LÜGT ... ODER VIKTOR UND DIE ERZIEHUNG. – R, B: June Kovach, Seiler. – K: Sebastian C. Schroeder. – S: Kovach. – Mitarbeit: Hans-Ulrich Jordi, Iwan P. Schumacher. – P: Nemo-Film (Zürich) für Bayerischen Rundfunk. – Pl: Seiler. – U: 2. 2. 74 Solothurn. – DE: 10. 10. 74 Mannheim. – CH-TV: 19. 9. 74. – D-TV: 10. 2. 74 (BR 3), 4. 11. 77 (WDR 3). – CH-V: Film-Pool, SABZ. – D-V: LZB, BAG, Matthias.

1976 DIE FRÜCHTE DER ARBEIT. – B: Seiler, Dokumentation: Hans-Ulrich Jordi, Niklaus Meienberg, Franz Rueb. – K: Sebastian C. Schroeder. – S: June Kovach. – M: Carlos Chavez, György Ligeti. – T: Hans Künzi. – D: Bruno Fader, Rudolf und Gertrud Fierz, Beat, Hansruedi und Ueli Fierz, Remigio und Eliana Gervasoni, Johannes und Lise Jost, Conrad Mayer. – P: Nemo-Film (Zürich); HB: EDI, SRG, Schweiz. Gewerkschaftsbund, Schweiz. Typographenbund. – Pl: Georg Radanowicz. – L: 146 Min. – F: 35 mm, sw. – U: 29. 1. 77 Solothurn. – DE: 26. 6. 77 Berlin: Forum. – CH-TV: 1. 5. 77. – CH-V: Film-Pool. – D-V: Freunde der deutschen Kinemathek.

Michel Soutter

Fernseh- und Filmregisseur; geb. 1932 in Genf. Nach dem Gymnasium verschiedene Berufe. Veröffentlicht 1953 die Gedichtsammlung *Pays d'enfance* (Edition »Jeune Poésie«), Mitarbeit an der Anthologie *Genève* in der gleichen Edition. Sein Opernlibretto *Terre dans le ciel* wird 1955 in der Orchesterfassung mit der Musik von Jacques Guyonnet aufgeführt. Komponiert Chansons, tritt zusammen mit Jean Ferrat, Anne Sylvestre und Bernard Haller auf. In Paris Begegnung mit Alain Tanner und Claude Goretta. 1961-64 Regieassistent von Goretta und Jean-Jacques Lagrange. Schreibt Kommentare für Goretta. Autor von Gorettas LE TREMPLIN (1962), UN DIMANCHE DE MAI (1963, zusammen mit Goretta), LA MISS À RAOUL (1963). Seit 1965 Regisseur: Fernsehspiele, Porträts (1966 Gustave Roud, 1967 Renè Char, Jean Villars–Gilles, Louis Soutter, Marcel Raymond, 1968 Serge Reggiani, 1971 Brigitte Fontaine), Reportagen (DELINGUANCE JUVENILE, LES FEMMES CELIBATAIRES, LES PAYS DE VAUD, LA MUSIQUE, auch Fußball und Eishockey-Reportagen), mittellange Fernsehfilme (L'EOLIENNE, 50 Min.; PAROLES, 50 Min.; PAQUES A NEW YORK, 40 Min.). 1968 zusammen mit Tanner, Goretta, Jean-Louis Roy und Jean-Jacques Lagrange Mitgründer der Groupe 5. Seit 1975 auch Theaterinszenierungen: *Ce Schubert qui decoiffe* (eigener Text, Genf 1975), *Ubu Roi* von Alfred Jarry (1976, Genf), *Fin de Partie* (Endspiel) von Beckett (1978, Lausanne).

Fernsehspiele:

1965 A PROPOS D'ELVIRE. – B: Soutter. – D: Liliane Aubert. – P: SSR. – F: MAZ.

1966 UNE HEURE DIX AVEC O'NEILL. – B: O'Neill. – D: Edith Scob. – P: SSR. – F: MAZ.

1968 LA COLLECTION. – B: Harold Pinter. – D: Michel Lonsdale, Francois Rochaix, Marcel Imhoof, Elsbeth Schoch. – P: SSR. – F: MAZ.

1968 CAPITAINE BERTHE ET SOLDAT CATHERINE. – B: Louis Gaulis. – D: François Simon, Aristide Domenico, Marcel Imhoof. – P: SSR. – F: MAZ.

1969 MEDOR. – B: Roger Vitrac. – D: Pierre Vernier, Nicole Rouan. – P: SSR. – F: MAZ.

1969 LA FOLIE JOURNEE. – B: Emile Mazaud. – D: Robert Vattier, François Simon, Jean-Luc Bideau. – P: SSR. – F: MAZ.

1970 LA CHATTE SUR LES RAILS. – B: Joseph Topol. – D: Marie Dubois, André Weber, Jacques Denis, Jean-Luc Bideau. – P: SSR. – F: MAZ.

1971 UNE PETITE DOULEUR. – B: Harold Pinter. – D: Danièlle Delorme, Marcel Imhoof, François Simon. – P: SSR. – F: MAZ.

1972 LES NENUPHARS. – B: Soutter. – D: Francois Rochaix, Jean-Luc Bideau, Jacques Denis, François Simon, Nicole Zufferey, Marcel Robert. – P: SSR. – F: MAZ.

1973 CE SCHUBERT QUI DECOIFFE. – B: Soutter. – D: Antoinette Moya, Georges Wod, Francois Rochaix. – P: SSR. – F: MAZ.

1976 DIALOGUES D'EXILE'S (Flüchtlingsgespräche). – B: Bert Brecht. – D: Georges Wod, Jean-Luc Bideau. – P: SSR. – F: MAZ.

Filme:

1965 MICK ET ARTHUR. – B: Soutter. – K: Roger Bovard. – D: Laien. – P: Soutter. – L: ca. 20 Min. – F: 16mm, sw. – CH-V: Cinémathèque suisse.

1966 LA LUNE AVEC LES DENTS (Der Mond mit den Zähnen). – B: Soutter. – K: Jean Zeller. – S: Eliane Heimo. – M: Jacques Olivier (J. Guyonnet). – T: Rose-Marie Jenny. – D: William Wissmer (William), Noëlle Frémont (Noelle), Michel Fidanza, Desko Yanic, Gérald Ansermet. – P: Arado-Film (Genf): Anita Oser-Collet, Soutter. – L: 80 Min. – F: 16 → 35mm, sw. – U: Aug. 66 Locarno. – DE: 8. 11. 74 Frankfurt am Main. – CH-V: Film-Pool.

1967 HASCHISCH. – B: Soutter. – K: Jean Zeller. – S: Eliane Heimo. – M: Jacques Guyonnet, Chanson: Christian Mühlestein. – T: Rose-Marie Jenny. – D: Edith Scob (La vedette), Dominique Catton (Matthieu), Gérard Despierre, Marcel Vidal, Violette Fleury, Marion Chalut, Jeanne Friedrich, Jacques Roullier, Roland Sassi, Pierre Holdener, Francois Rochaix, Jacques Guyonnet. – P: Arado-Film (Genf). – L: 80 Min. – F: 16 → 35mm, sw. – U: Aug. 68 Locarno. – CH-V: Film-Pool.

1969 LA POMME. – B: Soutter. – K: Simon Edelstein. – S: Eliane Heimo. – M: Jacques Olivier, Johann Sebastian Bach. – T: Marcel Sommerer. – D: André Widmer (Journalist), Elsbeth Schoch (Laura), Arnold Walter, Claudine Berthet, Daniel Stuffel, Antoine Bordier, Pierre Holdener, François Rochaix, Dominique Catton. – P: Arado-Film (Genf). – L: 80 Min. – F: 16 → 35mm, sw. – U: Mai 69 Cannes. – CH-E: Aug. 69 Locarno. – CH-V: Film-Pool.

1970 JAMES OU PAS. – B: Soutter. – K: Simon Edelstein. – S: Yvette Schladenhaufen. – M: Guy Bovet, Fréderic Chopin. – T: Marcel Sommerer. – D: Jean-Luc Bideau (Hector), Harriet Ariel (Eva), Serge Nicoleff (James), Nicole Zufferey, Jacques Denis, Daniel Stuffel, Jaroslav Vizner, Dominique Catton, Antoinette de Pourtalès, Roger Burckhardt. – P: Le Groupe 5, SSR. – L: 80 Min. – F: 16 → 35mm, sw. – U: Mai 70 Cannes. – CH-E: 21. 1. 71 Solothurn. – DE: Juni 71 Berlin: Forum. – CH-V: Film-Pool.

1972 LES ARPENTEURS (Die Landvermesser). – B: Soutter. – K: Simon Edelstein. – S: Joëlle van Effenterre. – M: Johannes Brahms, Franz Schubert. – T: Marcel Sommerer. – D: Marie Dubois (Alice), Jean-Luc Bideau (Léon), Jacques Denis (Lucien), Jacqueline Moore, Michel Cassagne, Armen Godel, Germaine Tournier, Nicole Zufferey, Benedict Gampert, William Jacques, Constantin und Simon Soutter. – P: Le Groupe 5, SSR. – L: 80 Min. – F: 16 → 35mm, sw. – U:

Mai 72 Cannes. – CH-E: 6. 8. 72 Locarno. – DE: 11. 10. 72 Mannheim. – CH-TV: 30. 8. 74. – D-TV: 17. 12. 73 (ARD). – CH-V: Majestic, SSVK.

1973 L'ESCAPADE (Der Seitensprung). – B: Soutter. – K: Simon Edelstein. – S: Joëlle van Effenterre. – M: Guy Bovet, Scarlatti. – T: Marcel Sommerer. – D: Philippe Clevenot (Paul), Marie Dubois (Anne), Antoinette Moya (Virginie), Jean-Louis Trintignant (Ferdinand), Georges Wod (August), Jean-Yves Bader, Guy Bovet, Claudine Berthet, Michel Cassagne, Roger Diamantis, André Faure, Armen Godel, Roger Jendly, Marcel Vidal, Nicole Zufferey. – P: Citel Films (Genf), Planfilm (Paris), St. André des Arts-Production (Paris). – L: 90 Min. – F: 35 mm, Farbe. – U: 20. 4. 74 Zürich. – CH-TV: 20. 5. 76. – D-TV: 22. 10. 76 (ARD). – CH-V: Majestic.

1977 REPERAGES. – B: Soutter. – K: Renato Berta. – S: Albert Jürgenson. – M: Arié Dzierlatka. – T: Pierre Gamet. – A: Serge Etter. – D: Jean-Louis Trintignant (Victor), Delphine Seyrig (Julie), Lea Massari (Cécilia), Valérie Mairesse (Esther), Roger Jendly (Valées), France Lambiotte, Kurt Fehr, Violette Fleury, Marcel Vidal, Armen Godel, François Rochaix, Gabriel Arout, Maurice Aufair, Roland Amstutz. – P: Citel Films (Genf), Action Films (Paris), Gaumont (Paris). – L: 100 Min. – F: 35 mm, Farbe. – U: Anf. Nov. 77 Paris. – CH-E: 19. 11. 77 Genf und Zürich. – CH-V: Majestic.

Hans Stürm

Kameramann, Dokumentarfilmregisseur; geb. 1942. Nach Abitur Studium der Philologie in Fribourg und Paris. Anschließend Studium an der IDHEC in Paris, abgeschlossen mit Kameramann-Diplom. 1976 Mitgründer des Filmkollektivs; Mitarbeit bei den Filmkollektiv-Produktionen KAISERAUGST, CINEMA MORT OU VIF? (s. Filmografie Urs Graf). Als Kameramann: 1967 MUSIKWETTBEWERB von Alexander J. Seiler, 1969 EINE WELT WIE BARBARA von Beat Kuert, 1972 ISIDOR HUBER UND DIE FOLGEN von Urs und Marlies Graf, 1973 BERUFE BEIM ZOLL von U. und M. Graf, 1974 MULUNGU von Beat Kuert, 1976 LIEBER HERR DOKTOR von der Filmgruppe Schwangerschaftsabbruch, 1976/77 SAN GOTTARDO von Villi Herman, 1976/78 CINEMA MORT OU VIF?

1967 METRO. – B: H. und Nina Stürm. – K: H. Stürm. – S: H. und N. Stürm. – Mitarbeit: Hanspeter Stalder. – P: H. Stürm; HB: EDI. – L: 17 Min. – F: 16 mm, Farbe. – U: 24. 1. 68 Solothurn.

1971 ZUR WOHNUNGSFRAGE 72. – B: H. Stürm. – K: H. Stürm, Hans-Ulrich Schenkel. – S: H. und Nina Stürm. – T: H. Stürm, Schenkel. – P: H. Stürm; HB: EDI. – L: 30 Min. – F: 16 mm, Farbe. – U: 30. 1. 72 Solothurn. – DE: 26. 4. 72 Oberhausen. – CH-TV: Film-Pool, Zoom. – D-V: LZB.

1974 EIN STREIK IST KEINE SONNTAGSSCHULE. – R:

H. Stürm, Mathias Knauer, Nina Stürm. – K: Hans-Ulrich Schenkel, H. Stürm. – S: H. und N. Stürm, Knauer. – M: Richard Heger, Knauer. – D: Arbeiter der Pianofabrik Burger & Jacobi in Biel. – P: H. Stürm; HB: Gewerkschaft Bau und Holz. – L: 60 Min. – F: 16mm, Farbe. – U: 1. 2. 75 Solothurn. – DE: 6. 5. 75 Oberhausen. – CH-TV: 30. 4. 75. – D-TV: 25. 3. 76 (ZDF). – CH-V: Film-Pool, Filmcooperative, SABZ. – D-V: Zentral-Film-Verleih, LZB.

1977/78 AUFPASSEN MACHT SCHULE. – R, B: Filmgruppe Demokratische Rechte: Hans Stürm, Mathias Knauer, Benno Thoma, Urs Graf, Martin Wirthensohn, Felix Singer, Helen Stehle, Konstanze Binder, Silvia Höner. – K: Stürm. – M: Roland Moser. – Weitere Mitarbeiter: Rolland Gretler, Benni Lehmann, André Pinkus, Otmar Schmid, André Simmen, Rainer Trinkler. – P: Filmkollektiv (Zürich), die beteiligten Mitarbeiter; HB: Spenden. – L: 75 Min. – F: 16mm, Farbe. – U: 28. 1. 78 Solothurn. – DE: 24. 2. 78 Berlin: Forum. – CH-V: Filmcooperative. – D-V: Zentral-Film-Verleih.

Alain Tanner

(Dokumentar-) Spielfilmregisseur; geb. 1929 in Genf. Studium der Wirtschaftswissenschaft. 1961 Gründung des Filmclubs an der Universität Genf (zusammen mit Claude Goretta). 1955-57 am British Film Institute in London. 1958 Produktionsassistent bei der BBC, Mitarbeit an sechs Dokumentarfilmen der Serie *Living in Danger.* Artikel für die Filmzeitschriften *Sight and Sound, Cahiers du Cinéma* und *Cinéma 59.* 1959-60 Assistent bei Werbefilmen in Paris. 1962 Mitgründer des »Verbandes schweiz. Filmgestalter«. 1964-69 ca. 40 Reportagen für das schweizerische und französische Fernsehen. Mitarbeit an der Serie *Cinq Collonnes à la Une.* Vier Filmporträts für Claude Goretta: MIKE OU L'USAGE DE LA SCIENCE, DR B MEDICIN DE CAMPAGNE, LE BUFFET, LES HEURES ET LES JOURS, LA VIE COMME ÇA. 1968 Mitgründer der Groupe 5.

1957 NICE TIME. – R: Tanner, Claude Goretta (weitere Angaben s. Filmografie Goretta).

1961 RAMUZ, PASSAGE D'UN POETE. – B: Frank Jotterand. – K: Fernand Raymond. – P: Actua Films (Genf). – L: 27 Min. – F: 16mm, sw.

1962 L'ECOLE. – B: Tanner. – K: Fernand Raymond. – P: Actua Films (Genf). – F: 16mm, Dreifachleinwand. – U: Triennale 1972 Mailand.

1964 LES APPRENTIS (Die Lehrlinge). – B: Tanner. – K: Ernest Antaria. – S: Tanner, Antaria. – M: Fenigstein. – P: Teleproduction (Zürich); HB: verschiedene Kantone. – L: 80 Min. – F: 35mm, sw. – U: 24. 1. 66 Solothurn (?). – CH-V: Rialto.

1966 UNE VILLE A CHANDIGARH (Eine Stadt in Chandigarh). – B: Tanner, John Berger. – K: Ernest Antaria. – M: Klassische

indische Musik. – T: Antaria. – P: Tanner, Antaria für BBC (London). – L: 51 Min. – F: 16mm, Farbe. – U: 21. 6. 67 Solothurn.
1969 CHARLES MORT OU VIF (Charles tot oder lebendig). – B: Tanner. – K: Renato Berta. – S: Sylvia Bachmann. – M: Jacques Olivier. – T: Paul Girard. – D: François Simon (Charles Dé), Marcel Robert (Paul), Marie-Claire Dufour (Adeline), Maya Simon (Marianne Dé), André Schmidt, Michèle Martel, Jo Escoffier, Walter Schöchli, Jean-Pierre Moriaud, Jean-Luc Bideau, Francis Reusser, Janine Christoffe, Martin Simon, Pierre Verdan, Antoine Bordier, Liliane Bovard. – P: Le Groupe 5, SSR. – L: 94 Min. – F: 16 → 35mm, sw. – U: 29. 1. 70 Locarno. – DE: 25. 11. 72 Berlin. – CH-TV: 3. 8. 71. – CH-V: Film-Pool, Selecta, Zoom.
1971 LA SALAMANDRE (Der Salamander). – B: Tanner, John Berger. – K: Renato Berta. – S: Brigitte Sousselier. – M: Patrick Moraz, Main Horse Airline. – T: Marcel Sommerer. – D: Bulle Ogier (Rosemonde), Jean-Luc Bideau (Pierre), Jacques Denis (Paul), Véronique Alain, Marblum Jécquier, Nathalie, Marcel Vidal, Dominique Catton, Daniel Stuffel, Violette Fleury, Mista Prechac, Pierre Walker, Antoine Bordier, Janine Christoffe, Marcel Robert, Claudine Berthet, Guillaume Chenevière, Jaroslav Vizner, Michel Viala, François Simon. – P: Svocine (Genf), HB: EDI. – L: 128 Min. – F: 16 → 35mm, sw. – U: Mai 71 Cannes. – CH-E: 28. 1. 72 Locarno. – DE: 29. 6. 71 Berlin: Forum. – D-TV: 3. 10. 72 (ARD), 1. 5. 74 (BR 3), 21. 12. 74 (NDR 3, WDR 3). – CH-V: Film-Pool, SSVK. – D-V: Lupe.
1973 LE RETOUR D'AFRIQUE (Die Rückkehr aus Afrika). – B: Tanner. – K: Renato Berta. – S: Brigitte Sousselier. – M: Johann Sebastian Bach, Bearbeitung: Arié Dzierlatka. – T: Marcel Sommerer. – D: Josée Destoop (Françoise Silvestre), François Marhouret (Vincent Silvestre), Juliet Berto, Anne Wiazemsky, Jacqueline Cuénod, Roger Ibanez, Pierre Holdener, Roger Jendly, André Schmidt, Armen Godel, Philippe Gruffel, Jacques Roman, Séverine Bujard, Dominique Catton. – P: Tanner, Le Groupe 5, SSR, Filmantrope, Nouvelle Editions des Films, V. M. Productions, C.E.C.R.T. (Paris). – L: 113 Min. – F: 16 → 35mm, sw. – U: 23. 3. 73 Zürich. – DE: Juni 73 Berlin: Forum. – CH-TV: 26. 5. 76. – CH-V: Film-Pool. – D-V: Lupe.
1974 LE MILIEU DU MONDE (Die Mitte der Welt). – B: Tanner, John Berger. – K: Renato Berta. – S: Brigitte Sousselier. – M: Patrick Moraz. – T: Pierre Gamet. – D: Olimpia Carlisi (Adriana), Philippe Léotard (Paul), Juliet Berto (Juliette), Dénise Perron, Jacques Denis, Roger Jendly, Gilbert Bahon, Pierre Walker, Paul Pasquier, Adrien Nicati, Pierre Ruegg, Alain Chevalier, Robert Guillon, Charles Geyrod, Albert Itten, Lise Lachenal, André Schmidt, Michel Fidanza, Arthur Grosjean, Hugues Kastner, Gérard Despierre, Roland Amstutz, Jacques Michel, Gilbert Divorne, Guillaume Chenevière, André

Neury, Alfredo Guassio. – P: Citel Films (Genf), Action Films (Paris); HB: EDI. – L: 115 Min. – F: 35 mm, Farbe. – U: 11. 8. 74 Locarno. – DE: 10. 10. 75 Mannheim. – D-TV: 16. 8. 76 (ZDF). – CH-V: Ideal, SSVK. – D-V: Prokino, atlas.

1976 JONAS QUI AURA 25 ANS EN L'AN 2000 (Jonas, der im Jahr 2000 25 Jahre alt sein wird). – B: Tanner, John Berger. – K: Renato Berta. – S: Brigitte Sousselier, Marc Blavet. – M: Jean-Marie Sénia. – T: Pierre Gamet. – D: Jean-Luc Bideau (Max Satigny), Rufus (Mathieu Vernier), Miou-Miou (Marie), Jacques Denis (Marco Perly), Dominique Labourier (Marguerite Certoux), Roger Jendly (Marcel Certoux), Myriam Mézière (Madeleine), Myriam Boyer (Mathilde Vernier), Raymond Bussière, Jonas, Pierre Holdener, Maurice Aufair, Jean Schlegel, Gilbert Costa, Christine Wipf, Guillaume Chenevière, Robert Schmid, Daniel Stuffel, Francis Reusser, Michel Fidanza, Nicole Dié, Domingo Semedo, Mady Deluz, Jiairo Daghini, Albino Palumbo, Cécile, Coralie, Nathalie, David, Lionel, Nicholas, Sten, die Theatergruppe des Collège Calvin. – P: Citel Films (Genf), SSR, Action Films (Paris), Société française de Production (Paris). – L: 110 Min. – F: 35 mm, Farbe. – U: 11. 8. 76 Locarno. – DE: Okt. 76 Hof. – CH-V: Ideal. – D-V: NEF, atlas.

In Arbeit: CONTRE-CŒUR (Spielfilm).

Yves Yersin

Dokumentarfilmregisseur; geb. 1942 in Lausanne. Nach der Schule Besuch der Fotoschule in Vevey 1959-61. 1964 Mitarbeit an der *Polyvision* bei der Exposition nationale in Lausanne. 1965/66 zahlreiche Regieassistenzen beim Fernsehen. 1967 Mitgründer der Milos-Films. 1971 Mitgründer von Nemo-Film. 1977 Mitgründer bei der Film et Video Collectif SA. 1965-73 Serie von 13 ethnografischen Filmen über aussterbende Berufe für Paul Hugger und die Schweiz. Gesellschaft für Volkskunde in Basel. Mitarbeit bei PASSAGEN von Fredi M. Murer (Schnitt).

1965 LE PANIER A VIANDE (Schlachttag). – R, B: Jacqueline Veuve, Yersin. – P: Veuve, Yersin für Schweiz. Gesellschaft für Volkskunde (Basel). – L: 25 Min. – F: 16 mm, sw. – U: 22. 1. 67 Solothurn. – CH-V: Film-Pool.

1966 LES CLOCHES DE VACHE. – P: Schweiz. Gesellschaft für Volkskunde (Basel). – L: 27 Min. – F: 16 mm, sw. – CH-V: Gesellschaft.

1967 CHAINES ET CLOUS (Die Kettenschmiede). – T: stumm. – P: Schweiz. Gesellschaft für Volkskunde (Basel). – L: 17 Min. – F: 16 mm sw. – V: Gesellschaft.

1967 LE LICOU. – T: stumm. – P: Schweiz. Gesellschaft für Volkskunde (Basel); HB: EDI, Nationalfonds. – L: 16 Min. – F: 16 mm sw. – V: Gesellschaft.

1967 LA TANNERIE. – T: stumm. – P: Schweiz. Gesellschaft für Volkskunde; HB: EDI, Nationalfonds. – 16 mm, sw. – V: Gesellschaft.

1967 VALVIEJA. – B: Yersin. – K: Erwin Huppert, Renato Berta. – S: Yersin. – T: Huppert. – P: Susanna und Hans-Peter Walker. – L: 14 Min. – F: 16mm, sw. – U: 19. 1. 68 Solothurn. – CH-V: Film-Pool.

1967/68 QUATRE D'ENTRE ELLES. Episode 72 ANS – ANGELE. – B: Yersin. – K: Renato Berta, Erwin Huppert. – S: Yersin. – M: Alfred Thuilland, Roland Sassi. – T: Marcel Sommerer. – D: Angèle Grammont, Lucie Avenay, Marguerite Cavadasky, Paul Pasquier, Henriette Friedrich, Françoise Chatelan, Nicole, Serge und Marius Maillard. – P: Milos-Films (Les Verrières). – L: 40 Min. – F: 16 → 35mm, sw. – U: 12. 10. 68 Mannheim. – CH-E: 26. 1. 69 Solothurn. – CH-TV: 20. 8. 71. – CH-V: Film-Pool, SABZ, Zoom. – D-V: Filmkundliches Archiv Schönecker.

1968 SUISSEMADE. Episode 1980 CELUI QUI DIT NON (1980 Der Neinsager). – B: Michel Contat, Yersin. – K: Witold Lesmiewicz. – S: Yersin. – A: Jacques Deléchat, Roland Rapin. – D: Henri Noverraz, Elsa Skorecka, Erika Denzer, Frank Jotterand, Jean-Louis Cornuz, Pietro Sarto, Clecia Babaiantz, Gil Pidoux, René Moraz, Yves Secrétan. – P: Schweiz. Volksbank, Yersin und die Regisseure der beiden anderen Episoden, Fritz E. Maeder und Fredi M. Murer. – L: 104 (Gesamtlänge aller drei Episoden). – F: 35mm, Farbe. – U: Aug. 69 Locarno. – DE: 8. 10. 69 Mannheim. – CH-TV: 31. 7. 70. – CH-V: Columbus.

1970 UNE HUILERIE VAUDOISE. T: stumm. – P: Schweiz. Gesellschaft für Volkskunde; HB: Lotteriefonds. – L: 14 Min. – F: 16 mm, sw. – V: Gesellschaft.

1970 UNE FROMAGERIE D'ALPAGE (Alpkäserei im Jura). – P: Schweiz. Gesellschaft für Volkskunde (Basel). – L: 45 Min. – F: 16 mm sw. – V: Gesellschaft.

1970 LES SANGLES A VACHERIN. – T: stumm. – P: Schweiz. Gesellschaft für Volkskunde (Basel). – L: 18 Min. – F: 16 mm, sw. – V: Gesellschaft.

1970 LES BOITES A VACHERIN. – T: stumm. – P: Schweiz. Gesellschaft für Volkskunde (Basel). – L: 25 Min. – 16 mm, sw. – V: Gesellschaft.

1970 EIN GILSTEINOFEN ENTSTEHT (Der Gilsteinofenbauer). – T: stumm. – P: Schweiz. Gesellschaft für Volkskunde; HB: Stiftung Perig. – L: 88 Min. – F: 16 mm, sw. – V: Gesellschaft.

1970 DER WANDERSCHUMACHER. – T: stumm. – P: Schweiz. Gesellschaft für Volkskunde (Basel): HB: Stiftung Perig. – L: 100 Min. – F: 16 mm, sw. – V: Gesellschaft.

1970 DIE HUTMACHERINNEN IM LÖTSCHENTAL. – T:

stumm. – P: Schweiz. Gesellschaft für Volkskunde (Basel); HB: Stiftung Perig. – L: 80 Min. – F: 16 mm, sw. – V: Gesellschaft.
1972 HEIMPOSAMENTEREI. – P: Schweiz. Gesellschaft für Volkskunde (Basel). – L: 40 Min. – F: 16 mm. – V Gesellschaft.
1972/73 DIE LETZTEN HEIMPOSAMENTER. – B: Yersin, Eduard Winiger; Interviews: Yersin, André Pinkus, wissenschaftliche Mitarbeit: Jürg Ewald, Paul Hugger, Peter Suter, Paul Suter. – K: Winiger, Otmar Schmid. – S: Yersin. – T: Roger Tanner. – P: Nemo-Film (Zürich); HB: Kanton Basel Land, Schweiz. Gesellschaft für Volkskunde. – L: 105 Min. – F: 16mm, sw und Farbe. – U: 1. 2. 74 Solothurn. – DE: 23. 6. 74 Berlin: Forum. – CH-V: Film-Pool, SABZ. – D-V: Freunde der deutschen Kinemathek.
In Arbeit: LES PETITS FUGUES.

Bibliografie

Die Veröffentlichungen über den neuen Film in der Schweiz – in Büchern, Zeitungen, Zeitschriften – sind längst nicht mehr überschaubar. Für die vorliegende Bibliografie mußte deshalb eine Auswahl getroffen werden; aufgenommen wurden nur Bücher, Broschüren und einige größere Zeitschriftenbeiträge. Vor allem konnten keine Artikel aus Zeitschriften und Zeitungen, die sich monografisch mit einem Regisseur oder einem Film befassen, und keine Interviews berücksichtigt werden. Einige Zeitschriftennummern, die sich speziell mit dem neuen Schweizer Kino beschäftigen, sind dagegen aufgeführt. – Zur Zusammenstellung trugen bei: Bibliothek des Deutschen Filmmuseums Frankfurt am Main, Dokumentation des Reformierten Filmdienstes in Bern; Martin Schaub.

Allgemeine Darstellungen

Michel Boujut: Situation et perspectives du cinéma suisse romand. in: Positif Nr. 152/3 v. Juli/Aug. 1973. S. 85-94. – Michel Boujut: L'escapade ou le cinéma selon Soutter. Lausanne: L'age d'homme 1974. 127 S. – Michel Boujut: Le milieu du monde ou le cinéma selon Tanner. Lausanne: L'age d'homme 1974. 183 S. – Walter Boveri, Walter Matthias Diggelmann, Leopold Lindtberg, David Wechsler: Morgarten kann nicht stattfinden. Lazar Wechsler und der Schweizer Film. Zürich: Europa Verlag 1966. 120 S. – Jean-Pierre Brossard: Le cinéma suisse au-delà de la mode. in: Image et son. La revue du cinéma Nr. 280 v. Jan. 74. S. 16-70. – Freddy Buache: Le cinéma suisse. Lausanne: L'age d'homme 1974. 314 S. – Freddy Buache: Portrait de Daniel Schmid en magicien. Lausanne: L'age d'homme

1975. 110 S. (beschäftigt sich auch mit Ingrid Caven und Renato Berta). – Anne Cuneo: La machine fantasie. Enquête sur le cinéma suisse. Vevey: Editions Bertil Galland 1977. 271 S. – Jean Delmas: Tanner, Goretta, la Suisse et nous. in: Jeune Cinéma Nr. 73 v. Sept./Okt. 1973. S. 16-20. – Hervé Dumont: Leopold Lindtberg et le cinéma suisse 1935-1953. in: Travelling Nr. 44/45/46 v. Herbst 1975. – Bruno Edera: Histoire du cinéma suisse d'animation. in: Travelling Nr. 51/52 v. Sommer 1978. 248 S. – 1918-1958. Film und Filmwirtschaft in der Schweiz. Fünfzig Jahre allgemeine Kinemathographengesellschaft. Hrsg. von der Kinemathographengesellschaft. Zürich 1968. 176 S. – Bernhard Giger, Theres Scherer (Red.): 1957-1976. Von Nice Time bis Früchte der Arbeit: Materialien zur Entwicklung des Dokumentarfilms in der Schweiz. Bern: Kellerkino 1977. 233 S. – Bernhard Giger (Red.): Katalog zur Ausstellung »Forschungsreise ins Paradies. Entwicklungslinien im neuen Schweizer Film 1954-1977«. Zürich: Kunstgewerbemuseum 1978. o. S. (dort weitere Literatur). – Moritz de Hadeln, Alexander J. Seiler, Martin Schaub: Réalités Suisse dans le nouveau documentaire suisse 1961-1971. Nyon: 7. Festival international de Cinéma 1975. 40 S. – Ruth Herlinghaus: Die Lackmusprobe auf die Wirklichkeit. Eindrücke – Gedanken nach einer Woche des Schweizer Films. in: Film und Fernsehen (Berlin, DDR) Nr. 2/1978. S. 28-31. – Urs Jaeggi: Massenmedien in der Schweiz. Im Zeichen zunehmender Verflachung. in: medium Nr. 3/1977. S. 15-21. – Ernst Prodolliet: Die Filmpresse in der Schweiz. Bibliographie und Texte. Freiburg: Universitätsverlag 1975. 173 S. (Band 9 der Reihe des Instituts für Journalistik und Kommunikationwissenschaften der Universität Freiburg/Schweiz). – Christian Rossier, Marcel Leiser: Enquête Cinéma Suisse: Les cinéastes de long metrage de la »deuxieme generation« du cinéma romand. in: Travelling Nr. 43 v. März 1975. S. 36-60. – Martin Schaub: Filmen in einem kleinen Land. in: Jahrbuch Film 1968. Velber: Friedrich 1968. S. 51-55. – Martin Schaub: Der neue Schweizer Film 1963-1974. Zürich: Pro Helvetia 1975. 54 S. (in deutsch, französich, italienisch, englisch, spanisch veröffentlicht; eine bis 1977 nachgeführte Fassung existiert bisher nur in italienisch). – Hans-Ulrich Schlumpf: Abschied von der Enge. in: Jahrbuch der Neuen Helvetischen Gesellschaft. Bern 1972. – Alexander J. Seiler: Über die Fremde und die Fremden im eigenen Land. in: Tages-Anzeiger-Magazin Nr. 39 v. 25. 9. 76. S. 6-13 (nachgedruckt: Zwischen Heimat und Fremde. Vom alten zum neuen Schweizer Film. in: epd-Kirche und Film v. Jan. 1978, März 1978, Apr. 1978). – Alexander J. Seiler: »... und diese Realität ist der Film selber!«. Ein Gespräch mit Alain Tanner vom 9. 11. 76. in: Tages-Anzeiger-Magazin Nr. 3 v. 22. 1. 1977. S. 15-19.

Spezialnummern von Zeitschriften:

Cinema (alte Folge) Nr. 47/48 v. Nov./Dez. 1966. – Cinema (alte Folge) Nr. 56 v. Dez. 1968. – Cinema (neue Folge) Nr. 1/1978 (über alternative Filmarbeit in der Schweiz). – Image et son. La revue du cinéma Nr. 324 v. Feb. 1978. – Kinemathek (Hrsg. von den Freunden der Deutschen Kinemathek) Nr. 48 v. Nov. 1972. – Travelling Nr. 35/36 v. Jan./Feb. 1973. – Travelling Nr. 39 v. Nov./Dez. 1973. – ZOOM/Filmberater Nr. 2/74 v. 23. 1. 1974.

Dokumentationen/Jahrbücher/Kataloge

Cinémomo 77-78. Filmadreßbuch der Schweiz. Hrsg. von Peter Hürlimann. Zürich: Peter Hürlimann 1977. Ausgabe 78/79: 1978. – Information über die Situation des schweizerischen Filmschaffens. Hrsg. von der Schweizerischen Gesellschaft Solothurner Filmtage. Solothurn: Gesellschaft 1971 ff. (erscheint jeweils zu den Solothurner Filmtagen mit der Jahreszahl des vergangenen Jahres, seit 1975 broschiert, vorher hektographiert; enthält zahlreiche Beiträge zur filmpolitischen Entwicklung und Situation; zweisprachig). – Jahrbuch der Schweizer Filmindustrie. Genf: Chapalay + Mottier SA 1938 ff. (enthält Angaben über die Schweizer Kinos, über Produzenten und Filmschaffende und das aktuelle Angebot der Verleiher.). – Hans-Ulrich Schlumpf (Red.): Schweizer Filmkatalog. Hrsg. vom Schweizerischen Filmzentrum. Zürich 1972. o. S. 2. Ausgabe (Ergänzungsband): Zürich 1973. 3. Ausgabe (Ergänzungsband): Zürich 1974. 4. Ausgabe (völlig neu bearbeitet und aufgebaut): Schweizer Filmkatalog 1975/76: Fribourg/Zürich 1976. (enthält jeweils von den Regisseuren selbst zusammengestellte Angaben zu ihren Filmen in deutsch, französisch und englisch). – Solothurner Filmtage. Dokumentation zu den in Solothurn gezeigten Filmen. Hrsg von der Schweizerischen Gesellschaft Solothurner Filmtage. – Swiss Films/Films suisses/Schweizer Film. Hrsg. vom Schweizerischen Filmzentrum. 1977 ff. (erscheint als Aktualisierung des Filmkatalogs und enthält Angaben zu allen fertiggestellten oder in Produktion befindlichen Filmen des Jahres).

Zeitschriften

CinéBulletin. Mitteilungsblatt schweizerischer Filmfachverbände und filmkultureller Organisationen. Hrsg. v. Schweizerischen Filmzentrum mit einem Beitrag des Eidgenössischen Departments des Innern. Seit Okt. 1975, monatlich, kostenlos. Redaktion: Pierre Lachat. Dient als Mitteilungsblatt folgender Verbände (s. auch unter Institutionen): Stiftung Schweizerisches Filmzentrum, Eidgenössisches Amt des Inneren, Verband Schweiz. Filmgestalter, Verband Schweiz. Film- und

AV-Produzenten, Schweizer Trickfilmgruppe, Schweiz. Filmtechniker-Verband, Vereinigung Schweiz. Filmkritiker, Stiftung Pro Helvetia, Verband Schweiz. Filmklubs und nichtkommerzieller Spielstellen (Cinélibre), Cinémathèque suisse. Enthält Berichte über die Arbeit der Verbände, außerdem Hinweise auf Filme in Produktion, Bücher, Festivals.

Cinema. Nichtkommerzielle Vierteljahreszeitschrift für Film. Hrsg. v. Karl Aeschbacher, Dr. Fritz Schaub, Dr. Viktor Sidler. 1955-1973. (Zuerst mit dem Titel: Der Filmklub). Offizielles Organ der Vereinigung Schweizer Filmklubs. Erschienen sind 76 Nummern, meist Themennummern über Regisseure, Länder. Filmhistorisch orientiert, enthielt aber auch fortlaufend kurze Berichte und Kritiken zum neuen Film in der Schweiz. Weitergeführt, bei Beibehaltung der Jahrgangszählung, von CINEMA.

CINEMA. Unabhängige schweizerische Filmzeitschrift. Hrsg. v. der Arbeitsgemeinschaft CINEMA/Groupe de travail CINEMA. Seit 1974, vierteljährlich, 5 Fr. Zunächst mit von Nummer zu Nummer wechselnder Sitzredaktion. Redaktionskommission: Hans M. Eichenlaub, Bernhard Giger (Bern), Jörg Huber, Martin Schaub (Zürich). Enthält Artikel und Berichte zum neuen Film in der Schweiz, Themennummern über Regisseure, Länder, Produktionsberichte. Zweisprachig.

film. Zeitschrift für Filmfragen. Hrsg. v. Schweizerischen Lichtspieltheater-Verband. Erscheint im 41. Jahrgang, monatlich, Abonnement 24 Fr. (Ausland: 26 Fr.). Redaktion: Geschäftsstelle des Verbandes. Enthält Berichte und Artikel über Filme, Festivals, Filmtechnik, Filmpolitik, aus der Sicht der Filmwirtschaft.

TRAVELLING. (Bis März 1975, Nr. 43: revue de cinéma). Gegründet und redigiert von Marcel Leiser bis Nr. 43. Seitdem vereinigt mit den *Documents Cinémathèque suisse.* Unregelmäßig, Abonnement für fünf Nummern 30 Fr. (Ausland: 34 Fr.). Administration: Christian Rossier, André Chavalier. Enthält Aufsätze, Kritiken, Interviews zum internationalen Filmschaffen, Dossiers über Regisseure, Schauspieler, Beiträge zur Filmgeschichte. Widmet dem jungen Filmschaffen in der Schweiz, besonders dem romanischen, breite Aufmerksamkeit.

ZOOM-Filmberater. Illustrierte Halbmonatszeitschrift für Film, Radio, Fernsehen und AV-Mittel. Hrsg. v. Vereinigung evangelisch-reformierter Kirchen der deutschsprachigen Schweiz für kirchliche Film-, Radio- und Fernseharbeit und v. Schweizerischen Katholischen Volksverein, vertreten durch die Film-Kommission und die Radio- und Fernseh-Kommission. Seit 1973 (vorher als getrennte Zeitschriften: 1948-70: Film und Radio, fortgesetzt mit neuem Titel ZOOM 1970-72; 1940-72 Der Filmberater), halbmonatlich, Abonnement 30 Fr. (Ausland: 35 Fr.). Redaktion: Urs Jaeggi (Bern) und Franz Ulrich (Zürich). Enthält unter der Rubrik »Kommunikation und Gesellschaft« ausführliche Berichte über Fragen der Massenkommunikation, Festivals, Regisseure; umfangreiche Filmkritiken und Besprechungen von Fernseh- und Radiosendungen, Arbeitsblätter zu Kurz- und Spielfilmen, Buchbesprechungen.

Drehbücher/Szenarien/Filmtexte

Armand Schulthess – j'ai le telephone. Filmtext (R: Hans-Ulrich Schlumpf). Zürich: Film-Pool 1974. o. S.
Aufpassen macht Schule. Textliste (R: Filmgruppe Demokratische Rechte, Hans Stürm). Zürich: Filmkollektiv 1978. 33 S.
Die Auslieferung/L'extradiction. Textbuch in deutsch und französisch (R: Peter von Gunten). in: Reihe »Filmtexte«. Hrsg. v. Hilmar Hoffmann und Walter Schobert. Frankfurt am Main: Kommunales Kino 1974. 71 S.
Bern Transit. Filmtext (R: Ulrich Schweizer). Bern: KEM (Kooperation evangelischer Kirchen und Missionen) 1977. o. S.
Cerchiamo per subito operai, offriamo ... Drehbuch und Dokumentation (R: Villi Herman). Zürich: ECAP Sede Svizzera 1975.
Charles mort ou vif? Drehbuch (R: Alain Tanner). in: L'avant-scène du cinéma Nr. 108 v. Nov. 70. S. 3-37.
Cinéma mort ou vif? Filmtext in französisch und deutsch (R: Urs Graf und Team vom Filmkollektiv). Zürich: Filmkollektiv 1978. o. S.
Die Erschießung des Landesverräters Ernst S. Textliste und Dokumentation (R: Richard Dindo). in: film 2. Kritisches Filmmagazin. Heft 3 v. Jan. 76. 60 S.
L'escapade. Scenario und Material (R: Michel Soutter). in: Michel Boujut: L'escapade ou le cinéma selon Soutter. Lausanne: L'age d'homme 1974. 127 S.
Fluchtgefahr. Textbuch und Protokoll (R: Markus Imhoof). in: Reihe »Filmtexte«. Hrsg. v. Hilmar Hoffmann und Walter Schobert. Frankfurt am Main: Kommunales Kino 1975 (2. Aufl.). 112 S.
Der Tod des Flohzirkusdirektors oder Ottocaro Weiss reformiert seine Firma. Drehbuch von Dieter Feldhausen (R: Thomas Koerfer). in: Dieter Feldhausen (Hrsg.): Die Pestschrift. Materialien zum Film. Köln: Selbstverlag 1973.
Der Gehülfe. Kommentierte Textliste (R: Thomas Koerfer). in: film 3. Kritisches Filmmagazin. Heft 4-6. Zürich 1976. S. 46-137.
Isidor Huber und die Folgen. Textliste (R: Urs und Marlies Graf). Filmtexte der Landeszentrale politische Bildung Düsseldorf, o. J. .
Le milieu du monde. Scenario und Material (R: Alain Tanner). in: Michel Boujut: Le milieu du monde ou le cinéma selon Tanner. Lausanne: L'age d'homme 1974. 183 S.
Le retour d'Afrique. Drehbuch (R: Alain Tanner). in: L'avant-scène du cinéma Nr. 153 v. Jan. 75.

La salamandre. Drehbuch (R: Alain Tanner). in: L'avant-scène du cinéma Nr. 125 v. Mai 72. S. 1-40.
San Gottardo. Materialien zum Film (R: Villi Herman). in: Tobias Kästi: Der Streik der Tunnelarbeiter am Gotthard 1875. Quellen und Kommentar. Nachwort von Villi Herman. Basel: z-Verlag 1977. 87 S.
Schatten der Engel. Drehbuch und Dokumentation (R: Daniel Schmid). Frankfurt am Main: Zweitausendeins 1977. 160 S.
Siamo italiani. Materialien zum Film (R: Alexander J. Seiler), in: Alexander J. Seiler: Siamo italiani, Gespräche mit italienischen Arbeitern in der Schweiz. Nachwort von Max Frisch. Zürich: EVZ-Verlag 1965. 245 S.
Südseereise oder »Das gleichzeitig am gleichen Ort stattfindende Glück«. Textliste (R: Sebastian C. Schroeder). Zürich: Nemo-Film 1978. o. S.
Wer einmal lügt oder Viktor und die Erziehung. Textbuch (R: June Kovach und Alexander J. Seiler). Zürich: Nemo-Film 1973. o. S.

Institutionen

Alternative Filmarbeit

Cinélibre. Verband Schweizer Filmklubs und nichtkommerzieller Spielstellen. Sekretärin: Annelise Ruott. Postfach 82, 4005 Basel. – Dachorganisation der unabhängigen Spielstellen. Wichtigste Aufgabe ist die Vermittlung besonders von ausländischen Spielfilmen und Dokumentarfilmen, deren Einfuhr in die Schweiz streng begrenzt und nur über sog. Kontingente möglich ist. Die wichtigsten Spielstellen sind: Centre d'animation cinématographique (Case postale 423, 1211 Genf), Kellerkino (Leitung: Theres Scherer, Kramgasse 26, 3001 Bern), Filmpodium der Stadt Zürich (Leitung: Bernhard Uhlmann, Stadthaus, 8000 Zürich).

Arbeitsgemeinschaft Jugend und Massenmedien (AJM). Präsident: Josef Binzegger. Sekretariat: Seehofstraße 15, 8022 Zürich. – Regelmäßige Kurse für Medienerzieher, Herausgabe eines Beratungsdienstes für Medienpädagogik. Vermittlung von Referenten, umfangreiche Dokumentation.

AV-Alternativen. Sekretär: Hanspeter Stalder. Zweiackerstraße 15, 8053 Zürich. – Ähnliche Aufgabenstellung wie AJM, von der es sich abgespalten hat.

Archiv

La Cinémathèque suisse. Präsident: Albert Mermond. Geschäftsführer: Freddy Buache. 12 place de la Cathédrale, 1005 Lausanne. – Sammlung von Filmen und allen Materialien zum Film. Besitzt zur Zeit etwa 5000 lange und 4200 kurze Filme, vollständig das Archiv der Schweizer Filmwochenschau. Bibliothek mit ca. 7600 Bänden. Veranstaltet Retrospektiven, arbeitet mit unabhängigen Spielstellen wie dem Filmpodium zusammen. Mitglied des internationalen Filmarchivverbandes FIAF. Publiziert die *Documents cinémathèque suisse,* seit kurzem in der Zeitschrift *TRAVELLING.*

Fernsehen
Schweizerische Radio- und Fernsehgesellschaft (SRG). Generaldirektor: Dr. Stelio Molo. Giacomettistraße 3, 3000 Bern. – Radio und Fernsehen der deutschen und rätoromanischen Schweiz (DRS). Direktor: Dr. Gerd H. Padel. Hagenholzstraße 81, 8052 Zürich. Leitung der Abt. Dramatik: Max P. Ammann; Filmredaktion: Paul Kretz, Gerhart Waeger. – Radio-Télévision Suisse Romande (RTSR). Direktor: René Schenker. Av. de la Gare 6, 1001 Lausanne. Département Spectacle: Guillaume Chenevière. – Radiotelevisione della Svizzera italiana (RTSI). Direktor: Cherubino Daroni. Casa Postale, 6903 Lugano-Besso. – Das romanische Fernsehen hat den neuen Film in der Schweiz stark gefördert durch enge Koproduktion (Goretta, Tanner, Soutter und ihre Groupe 5). Bei der DRS Projekt »Verfilmung epischer Literatur« (bisher 3 fertige Filme: *Riedland* von Wilfried Bolliger, *Der Stumme* von Gaudenz Meili, *Die Magd* von Louis Jent).

Festivals
Festival internationale del film Locarno. Festivaldirektor: offen (für 1978, nach dem Rücktritt von Moritz de Hadeln: Jean-Pierre Brossard). Casa postale 186, 6601 Muralto-Locarno. – Gegründet 1947, jährlich im August. Für Langfilme: internationaler Wettbewerb, Retrospektiven, Informationsschau über den schweizer Film.
Festival international du cinéma Nyon. Festivaldirektor: Moritz de Hadeln. 27 rue de la Gare, 1260 Nyon. – Gegründet 1969, jährlich im Oktober. Für Kurz- und Dokumentarfilme: internationaler Wettbewerb, Retrospektiven, Informationsschau über den schweizer Film. (Die Festivals von Locarno und Nyon waren von 1972-77 in der Société suisse des festivals internationaux de cinéma verbunden, die sich nach dem Rücktritt de Hadelns aufgelöst hat.)
Solothurner Filmtage. Präsident der Schweizerischen Gesellschaft Solothurner Filmtage: Helmut Hubacher. Präsidenten der Geschäftsleitung: Stephan Portmann, Annelis Gressly-Kläy. Postfach 92, 4500 Solothurn. Gegründet 1966, jährlich in der letzten Januarwoche. Wettbewerbsfreie Sichtung der Vorjahresproduktion der schweizer Filmschaffenden, von der Auftrags-, Fernseh- und Amateurfilme ausgeschlossen sind. Es erscheint jeweils eine Dokumentation zu den gezeigten Filmen und eine Broschüre, *Information,* mit Beiträgen zur filmischen und filmpolitischen Entwicklung im vergangenen Jahr.

Filmzentrum

Stiftung Schweizerisches Filmzentrum. Präsident des Stiftungsrates: Thomas Fleiner; Vizepräsidenten: Peter Frey, Alain Tanner. Präsident des Filmrates: Toni Lienhard (bis Nov. 77: Alexander J. Seiler). Geschäftsführer: Beat Müller (vorher Hans-Ulrich Schlumpf, David Streiff). Münstergasse 18/Postfach 171, 8025 Zürich. – Der Vorgänger-»Verein für ein Schweizerisches Filmzentrum« wurde 1975 in die Stiftung umgewandelt. Gegründet als – neben dem Bund – weiteres Instrument der Produktionsförderung. Aufgaben der Dokumentation (Herausgeber des Schweizer Filmkatalogs, 4 Ausgaben seit 1972; s. Bibliografie) und der Distribution. Inlands- und Auslandspromotion (verantwortlich: Ursula Rindlisbacher) durch Veranstaltung von Wochen des Schweizer Films, Repräsentation bei den Festivals. Das wichtigste Instrument für die inländische Arbeit ist der Film-Pool, der Verleih der schweizer Filmautoren, der mit einer Niederlassung in Zürich und einer in Genf allen Regisseuren zur Verfügung steht, die keinen kommerziellen Verleih finden oder wollen. Hat den umfangreichsten Bestand an schweizer Filmen. Die Stiftung ist Herausgeber des *CinéBulletins,* einem zentralen Mitteilungsblatt für eine Reihe von Filmfachverbänden (s. Bibliografie).

Gesellschaft Schweizer Film. Postfach 171, 8025 Zürich. – Die Basisorganisation der Stiftung. Unterstützt das schweizerische Filmschaffen ideel und materiell. Die Mitgliederbeiträge fließen an die Stiftung. Die Mitglieder erhalten kostenlos die Zeitschrift *CINEMA.*

Ministerium

Eidgenössisches Departement des Inneren. Amt für kulturelle Angelegenheiten. Chef der Sektion Film: Alex Bänninger. Bundeshaus, 3000 Bern 6. – Zuständig für die Filmförderung des Bundes. Zur Verfügung stehen jährlich etwa 2,8 Mill. Franken. Sie werden als Herstellungsbeiträge, Qualitätsprämien, Studienprämien und als Beiträge an die Ausarbeitung von Drehbüchern und für kulturelle Organisationen (z. B. Cinémathèque) vergeben, unter Zuziehung von Begutachtungsausschüssen der vom EDI berufenen Eidgenössischen Filmkommission und der Stiftung Pro Helvetia.

Verbände

Association cinématographique Suisse romande (Lichtspieltheaterverband der französischen Schweiz). Präsident: W.-P. Wachtl. Sekretariat: René Dasen. Riponne 3, 1005 Lausanne. – Groupement Suisse du Film d'Animation (Schweizer Trickfilmgruppe). Sekretariat: Ernst Ansorge. 1037 Etagnières. – Schweizerischer Filmtechniker Verband. Präsident: Georg Janett, Vizepräsidenten: Renato Berta, Madeleine Fonjallaz. Postfach 183, 8025 Genf. Sekretariat: Ombretta Berta, Case Postale 237, 1211 Genf. – Schweizerischer Filmverleiher-Verband. Sekretariat: Dr. R. v. Graffenried. Bollwerk 15, 3011 Bern. – Schweizerischer Lichtspieltheater-Verband. Präsident: Manfred Fink. Geschäftsstelle: Effingerstraße 11, 3011 Bern. – Schweizerische Vereinigung für Filmkultur. Präsident: Walter Weber. Sekretär: Xaver Zach. C/o SSVK, Donnerbühlweg 32, 3000 Bern 9. – Verband Schweizerischer Filmgestalter. Präsident: Thomas Koerfer. Sekretariat: Sonja Crespo. Forchstraße 28, 8008 Zürich. – Verband Schweizerischer Filmproduzenten. Präsident: Peter-Christian Fueter. Sekretariat: Alfred Keller. Seegartenstraße 2, 8034 Zürich. – Vereinigung Schweizerischer Filmkritiker. Präsident: Urs Jaeggi. Sekretariat: Felix Bucher. Töpferstraße 10, 6004 Luzern.

Danksagung:
Die Herausgeber danken für die Bildbeschaffung den Autoren (darunter besonders Wilhelm Roth und Martin Schaub) und dem privaten Filmarchiv Köln.
Ohne die freundliche Unterstützung des Schweizerischen Filmzentrums Zürich wären die Retrospektiven für diesen Band und wären zahlreiche bibliographische Recherchen, trotz der Mithilfe der Filmmacher nicht möglich gewesen. Dafür danken wir an dieser Stelle allen, die uns halfen und unterstützten.